FRAUEN UND MIGRATION

D1671449

STUTTGARTER BEITRÄGE
ZUR HISTORISCHEN MIGRATIONSFORSCHUNG

HERAUSGEGEBEN VOM
STUTTGARTER ARBEITSKREIS
HISTORISCHE MIGRATIONSFORSCHUNG e.V.

BAND 5

FRANZ STEINER VERLAG STUTTGART
2001

MARITA KRAUSS,
HOLGER SONNABEND, Hrsg.

FRAUEN
UND
MIGRATION

FRANZ STEINER VERLAG STUTTGART
2001

Die Deutsche Bibliothek - CIP-Einheitsaufnahme
Frauen und Migration / Marita Krauss ; Holger Sonnabend, Hrsg. –
Stuttgart : Steiner, 2001
    Stuttgarter Beiträge zur historischen Migrationsforschung ; Bd. 5)
    ISBN 3-515-07815-0

ISO 9706

Jede Verwertung des Werkes außerhalb der Grenzen des Urheberrechtsgesetzes ist unzuläs-
sig und strafbar. Dies gilt insbesondere für Übersetzung, Nachdruck, Mikroverfilmung oder
vergleichbare Verfahren sowie für die Speicherung in Datenverarbeitungsanlagen.Gedruckt
auf säurefreiem, alterungsbeständigem Papier. © 2001 by Franz Steiner Verlag Wiesbaden
GmbH, Sitz Stuttgart. Druck: Druckerei Peter Proff, Eurasburg.
Printed Germany

Inhalt

Vorwort   7

Interdisziplinäre Aspekte zur Frauenmigration

Marita Krauss
Frauen und Migration. Eine einleitende Problemskizze   9

Barbro Eberan
*Fremdsein und Selbstsein – Migration und binationale
Ehen aus psychoanalytischer Sicht*   20

Hatice Yurtdas
Frauen, Migration und der Stellenwert des Geldes   29

Frauenmigration im Umfeld politischer Ereignisse

Sabine Geldsetzer
*Frauen im Umfeld der Kreuzzüge des 12. Jahrhunderts:
Ein vorläufiger Zwischenbericht*   37

Sibylle Quack
Deutsch-jüdische Frauen in Exil und Emigration   76

Arbeitsmigration der Frauen in Europa und Übersee

Beate Wagner-Hasel
*Wanderweidewirtschaft und Migration von Frauen in der Antike
Einige vorläufige Überlegungen*   94

Renate Dürr
Die Migration von Mägden in der frühen Neuzeit   117

Rita Müller/Sylvia Schraut
Weibliche Migration im Industrialisierungsprozeß
am Beispiel von Stuttgart und Feuerbach   133

Peter Maidl
Transatlantische Auswanderinnen aus Bayerisch-Schwaben
im 19. Jahrhundert   159

Christiane Harzig
Beruf und Berufung: Zum Arbeitsbegriff von deutschen
Einwanderinnen in den USA um die Jahrhundertwende   174

Autorinnen und Autoren   191

Vorwort

Migration und Migrationserfahrung waren und sind bis heute eng mit der Geschlechtszugehörigkeit verbunden: So sind zwar alle Migranten während der Reise und vor ihrer Neuverwurzelung Gefahren ausgesetzt und fühlen sich oft schutzlos; doch für Frauen gilt dies in ganz besonderem Maße. Die Mobilität von Frauen unterlag daher in vielen Gesellschaften engen Beschränkungen und Vorschriften. Die Möglichkeit körperlicher und damit auch geistiger Selbstbemächtigung durch kräftiges Ausschreiten auf den eigenen zwei Beinen und selbstbestimmte Lebensgestaltung wurde Frauen vielfach bis in das 20. Jahrhundert hinein verwehrt: Grenzen der Standes, Grenzen der Konventionen und Grenzen projizierter Weiblichkeitsvorstellungen bestimmten das adelige oder bürgerliche Frauenleben vergangener Jahrhunderte. Die Frau blieb in der Vorstellung der Zeitgenossen meist beschränkt auf ein Dasein innerhalb von ,Gehäusen', sei es das Haus oder das ,rollende Heim' der Kutsche. Wollte sie diesem Gehäusedasein entfliehen oder auch nur ihr Gehäuse betreten oder verlassen, mußte sie bereits eine Grenze überschreiten. Dennoch waren durch alle Jahrhunderte hindurch Frauen unterwegs, auf der Suche nach Arbeit oder nach besseren Lebensbedingungen, zur Eheschließung, auf Pilgerfahrt, auf der Flucht. Vielfach erweist sich daher die Vorstellung vom Frauenleben in geschlossenen Räumen als Fiktion.

Dem Konzept unseres Stuttgarter Arbeitskreises für Historische Migrationsforschung und seiner Reihe entsprechend standen in unserem Kolloquium vom Januar 1997 Frauenmigrationen von der Antike bis zur Gegenwart im Mittelpunkt der Betrachtung. Dabei wurden viele verbindende Aspekte sichtbar: Zunächst einmal, im gewissermaßen negativen Sinne, stellt sich die Quellenlage vor allem für frühere Jahrhunderte doch häufig als schwierig dar. Frauen werden oft nur beiläufig oder gar nicht erwähnt, wenn es um Migrationen geht. Ihre Teilnahme an Migrationsbewegungen muß daher meist aus vielen kleinen Mosaiksteinchen rekonstruiert werden. Ein weiteres sind die Bemühungen von Frauen, sich trotz der Migration ihre sozialen Netze zu erhalten; diese sind bereits in der Antike, aber auch in heutigen Gesellschaften ohne dichtes Sozialversicherungssystem meist eng mit Verwandtschaftsbeziehungen verknüpft. Überdies gibt es vielfältige Verhaltensformen, die mit den Frauen zugewiesenen Rollenmustern verbunden sind: Da Frauen beispielsweise meist für die Kinderbetreuung zuständig waren, sind sie es, die ihre Aufgabe während oder nach Migrationen darin sehen, den Kindern den Übergang in ein neues Leben zu erleichtern. Oft verstehen sie sich dabei als Hüterinnen der Tradition und Bewahrerinnen der kulturellen Identität. Ihre besondere Gefährdung, durch Männergewalt oder Ausbeutung zu Schaden zu kommen, hat darüber hinaus spezifische Wanderungs- und Lebensformen im neuen Land zur Folge.

So entfaltet sich rund um das Thema „Frauen und Migration" ein Spektrum an Fragen und Überlegungen, das zumindest die Konturen des umfänglichen Forschungsfeldes erahnen läßt.

Das ungemein facettenreiche Thema konnte in unserem Band in keiner Weise vollständig abgehandelt werden. Es ist jedoch zu hoffen, daß er weitere epochenübergreifende und vergleichende Studien anregt. Vor allem der interdisziplinäre Ansatz sollte weiter verfolgt werden, hat er sich doch als überaus bereichernd für die historischen Fragestellungen erwiesen.

Für die Durchführung des Kolloquiums und die Drucklegung ist herzlicher Dank abzustatten. Dieser gilt Herrn Vincent Sieveking und dem Franz Steiner Verlag für die Betreuung des Bandes, Frau Claudia Haase, Bremen, für die Herstellung der Druckvorlagen und ihre Geduld bei allen Verzögerungen. Schließlich trugen der Verein der Freunde des Historischen Instituts und die Frauenbeauftragte der Universität Stuttgart mit ihren Druckkostenzuschüssen dazu bei, daß dieses Buch erscheinen konnte.

Marita Krauss und Holger Sonnabend

Marita Krauss

Frauen und Migration. Eine einleitende Problemskizze

I. Migrationsforschung und Geschlechtergeschichte

Die deutsche Migrationsforschung beschäftigt sich vor allem mit den Migrationen des 19. und 20. Jahrhunderts:[1] Es geht dabei einmal um Deutschland als Auswanderungsland mit den frühen Migrationen in den Osten und den späteren nach Nordamerika, einschließlich der Emigration während der NS-Zeit. Dazu gehört als lange unterschätztes Randphänomen inzwischen auch die Rückwanderung aus der Neuen Welt mit ihren erneuten Eingliederungsproblemen.[2] Es werden des weiteren untersucht die Stadt-Land-Wanderung der Menschen im Industrialisierungs- und Urbanisierungsprozeß, ebenso die Handwerkerwanderungen. Es geht aber auch um Deutschland als Arbeitskräfteeinfuhrland, einschließlich der Fragen von Fremd-, Zwangs- und Gastarbeiterbeschäftigung. Es werden betrachtet Flucht, Vertreibung und Integration nach dem Zweiten Weltkrieg.[3] Darüber hinaus nimmt man die Akkulturationsprozesse nach Ein- oder Auswanderungen in den Blick.[4]

---

1 Vgl. zum Überblick über die wichtigsten Untersuchungsfelder Klaus J. Bade (Hrsg.), Deutsche im Ausland, Fremde in Deutschland. Migration in Geschichte und Gegenwart, München 1993.
2 Für das 19. Jahrhundert Karin Schniedewind, Begrenzter Aufenthalt im Land der unbegrenzten Möglichkeiten. Bremer Rückwanderer aus Amerika 1850–1914, Stuttgart 1994. Für die Rückkehr Emigrierter nach 1945 demnächst Marita Krauss, Remigration nach Deutschland, München (2001).
3 Als Beispiel Dierk Hoffmann / Michael Schwartz (Hrsg.), Geglückte Integration? Spezifika und Vergleichbarkeiten der Vertriebenen-Eingliederung in der SBZ/ DDR, München 1999; Dierk Hoffmann / Marita Krauss / Michael Schwartz (Hrsg.), Vertriebene in Deutschland. Interdisziplinäre Ergebnisse und Forschungsperspektiven, München 2000.
4 Vgl. z. B. Marita Krauss, Integration und Akkulturation. Eine methodische An-

Diese Auflistung ist beträchtlich zu ergänzen, blickt man über die deutschen Grenzen hinaus und stellt nicht nur das 19. und 20. Jahrhundert in den Mittelpunkt der Betrachtung. Um die zeitübergreifenden und die zeittypischen Folgen von Migration, die Rolle der jeweiligen Ausgangs- und Aufnahmegesellschaft, das allgemein Menschliche und das historisch Gewordene voneinander zu unterscheiden, erscheint es notwendig und sinnvoll, diese Perspektive zu erweitern.

Dies erweist sich als besonders ergiebig, verknüpft man die Fragen der Migrationsgeschichte mit einem geschlechtsspezifischen Ansatz:[5] In ihren Anfängen hatte sich die Historische Frauenforschung um die Geschichte bedeutender Frauen bemüht, die sich den großen Männern zur Seite stellen ließen. Dann richtete sich die Aufmerksamkeit zunehmend auf den Anteil der weniger bedeutenden weiblichen Personen an der Geschichte, den man mit sozialhistorischen Mitteln zu beschreiben suchte. Dabei wurde sichtbar, daß es nicht ausreicht, nur den weiblichen Teil der Geschichte ans Licht zu holen. Finden sich nicht eigene Kategorien, durch die sich die unterschiedlichen oder gleichen Bedingungen für Mann und Frau greifen lassen, so verschwinden Frauen oft als statistische Zahlen in den historischen Prozessen und Strukturen.

So gewann die Kategorie „Gender", „genus" bzw. „Geschlecht" an Bedeutung, durch die neben Frauen nun auch Männer als soziale Geschlechtswesen beschreibbar wurden;[6] daher gibt es neben vielen Studien zur Frauengeschichte inzwischen auch einige zur Männergeschichte. Geschlecht wird dabei nicht nur als ein rein biologisches Unterscheidungskriterium zwischen Menschen verstanden, sondern als sozial ge-

---

näherung an ein vielschichtiges Phänomen, in: Mathias Beer / Martin Kintzinger / Marita Krauss (Hrsg.), Migration und Integration. Aufnahme und Eingliederung im historischen Wandel, Stuttgart 1997, S.11–25; dort auch weitere Literatur. Unter dem Eindruck der globalen Wanderungsbewegungen spielt auch die Frage eine wichtige Rolle, inwiefern es sich nicht längst um globale Mischkulturen handelt. Vgl. dazu Elisabeth Bronfen / Benjamin Marius / Therese Steffen (Hrsg.), Hybride Identitäten. Beiträge zur anglo-amerikanischen Multikulturalismusdebatte, Tübingen 1997.

5   Christiane Harzig, Die analytische Kategorie „Geschlecht" (Gender) in der historischen Migrationsforschung, in: GHM Bulletin 1995, Nr. 1, S. 3–22.

6   Vgl. z. B. Hanna Schissler (Hrsg.), Geschlechterverhältnisse im historischen Wandel, Frankfurt a.M. 1993; Ute Frevert, „Mann und Weib und Weib und Mann". Geschlechter-Differenzen in der Moderne, München 1995; Gisela Bock, Geschichte, Frauengeschichte, Geschlechtergeschichte, in: GG 13 (1988), S. 364–391.

formt und historischem Wandel unterworfen. Sicherlich weist jede Gesellschaft Frauen und Männern unterschiedliche Tätigkeiten oder Verhaltensweisen zu, doch dies sind nicht in jeder Gesellschaft die gleichen. Zudem geht es bei Geschlechtergeschichte nicht nur um die sozialen Rollen von Mann und Frau, sondern auch um ihr Verhältnis zueinander innerhalb des sozialen Gefüges, also um geschlechterbestimmte Hierarchien. Zu betrachten sind Machtverhältnisse innerhalb und zwischen den Geschlechtern, geschlechtsbedingte soziale Chancen und Rollenzuweisungen sowie die vielfältigen Beziehungen, in denen Geschlechterverhältnisse historisch wirkungsmächtig wurden. Neben sozialhistorischen Kategorien wie Klasse oder Schicht erweist sich Gender als weiterführender Frageansatz.

II. Untersuchungsfelder

Wendet man sich unter diesen Voraussetzungen dem Thema Frauen und Migration zu, so lassen sich einige Themenbereiche nennen, die zeit- und gesellschaftsübergreifend abzufragen wären. Sie sind meist nur schwer voneinander abzugrenzen, und es kommt daher immer wieder zu Überschneidungen. Zum Einstieg in die Thematik sollen sie im folgenden skizziert werden.
Es handelt sich dabei

1. um die Folgen der Migration von Männern für die Frauen, die zurückbleiben oder aber mitgehen;
2. um die Auswirkungen der freiwilligen Migration von Frauen;
3. um die Folgen erzwungener Migration für Frauen;
4. um die durch die Migration von Frauen sich wandelnden Geschlechterrollen;
5. um den Blick von außen auf zu- oder abwandernde Frauen, also um die Haltung der abgebenden oder aufnehmenden Gesellschaft.

Zunächst zu den Folgen der Migration von Männern für die Frauen, seien sie nun gewissermaßen „Mitläuferinnen" oder Zurückbleibende. Wandert der Mann aus oder geht in fremde Dienste, zieht für Jahre in den Krieg oder sucht sich für viele Monate Arbeit in einem anderen Land, so ändert sich viel für die Frauen, die bleiben, es ändert sich aber noch mehr für diejenigen, die mitgehen. Nimmt man beispielsweise die

Berichte über die Kriegszüge früherer Jahrhunderte, so gab es im Troß neben Marketenderinnen, Wäscherinnen oder Köchinnen auch immer Ehefrauen, die mitzogen, Frauen, deren Leben sich vielfach kaum von dem der Soldaten unterschied. Ähnliches gilt für die ausländischen Arbeiter im Deutschen Kaiserreich: So betrug um 1910 beispielsweise der Anteil der Frauen an der italienischen Ausländerbevölkerung rund dreißig Prozent; viele von ihnen arbeiteten selbst, andere kamen als Angehörige ins Land. Daher waren auch zwei Drittel dieser Arbeiterinnen verheiratet.[7] Der Entschluß ihrer Männer und Söhne zur Migration hatte das Leben dieser Frauen drastisch verändert. Und ein drittes Beispiel: Als der bayerische Prinz Otto König in Griechenland wurde, zog mit ihm und seiner Frau ein ganzer Hofstaat nach Athen, daneben Beamte, Handwerker, Förster, Kaufleute oder Landwirte. Waren bei Hofe auch viele Frauen beschäftigt, sei es als Köchinnen, Zofen oder Wäscherinnen, so nahmen überdies viele Männer ihre Frauen und Kinder mit in das neue Land. Dort lebten diese Familien dann oft zwanzig Jahre lang, teils privilegiert, teils befeindet.[8] Für die Frauen bedeutete das ein neues Leben in einer Umgebung, der sich viele niemals anpaßten.

Andererseits änderte sich für die zu Hause bleibenden Frauen oft die Rechtsstellung und die Form der Geschäftsfähigkeit, von ihrer verstärkten Bedeutung innerhalb der Familie und bei der Kindererziehung ganz zu schweigen. Männer, die nur zeitweise nach Hause zurückkehrten, fanden sich oft in Randpositionen der Familie wieder, deren innere Struktur sich durch die langen Abwesenheiten veränderte. Bei einem Leben ohne männlichen Ehepartner entdeckten Frauen vielfach erst ihre eigene Stärke und Unabhängigkeit.[9]

Als zweites sind zu untersuchen die Auswirkungen der selbstgewählten, d. h. der freiwilligen Migration von Frauen; es kann sich dabei um

---

7　Ina Britschgi-Schimmer, Die wirtschaftliche und soziale Lage der italienischen Arbeiter in Deutschland. Ein Beitrag zur ausländischen Arbeiterfrage, Karlsruhe 1916, S. 40–50, 112–121. René Del Fabbro, Transalpini. Italienische Arbeitswanderung nach Süddeutschland im Kaiserreich, Osnabrück 1991, S. 264–266.

8　Vgl. Marita Krauss, Das Ende des Traums – bayerisches Flüchtlingselend in Griechenland, in: Reinhard Heydenreuter / Raimund Wünsche (Hrsg.), Die erträumte Nation. Griechenlands Wiedergeburt im 19. Jahrhundert, München 1993, S. 183–191.

9　Vgl. zu den psychischen Folgen z. B. Anita Eckstaedt, Nationalsozialismus in der zweiten Generation. Psychoanalyse von Hörigkeitsverhältnissen, Frankfurt a.M. 1989; Del Fabbro (wie Anm. 7), S.264 f.; demnächst auch Andreas Gestrich / Marita Krauss (Hrsg.), Die Zurückbleibenden, Stuttgart (2001).

Arbeitsmigration, um Heiratsmigration oder auch um Migration zum Zwecke von Ausbildung oder Studium handeln. Hier war meist eine hohe Akkulturationsleistung gefragt, es ging darum, sich mit ganz neuen Verhältnissen zurechtzufinden, möglicherweise auch ein neues Frauenbild zu prüfen und zu übernehmen. Das galt für Frauen, die vom Land in die Stadt gingen, um hier in Dienst zu treten, um Arbeit in den Fabriken oder im Handel zu suchen, dies galt aber auch für transnationale oder interkontinentale Auswanderinnen. Die Veränderungen der „immigrant women" in Nordamerika durch die Begegnung mit einem anderen Frauenbild ist vielfach eindrucksvoll beschrieben worden.[10] Für manche Frauen z. B. mit ledigen Kindern bot sich hier auch die Chance zu einem neuen, freieren, selbständigen Leben, das ihnen in der Heimat wohl immer verwehrt geblieben wäre. Anderen Frauen, die in früheren Jahrhunderten mit ihrer Glaubensgemeinschaft auswanderten, ermöglichte das fremde Land, in den selbstgewählten Traditionen zu leben. Diese überdauerten oft Jahrhunderte.

Der freie Entschluß zur Migration setzte bereits eine Zäsur, entsprach dies doch nicht der traditionellen Frauenrolle. Er war zwar sicherlich oft mehr von Not, Ausbeutung und Unterdrückung bestimmt als von Abenteuerlust, doch er gab vielen Frauen die Möglichkeit, ihr Leben stärker selbst zu gestalten. Nimmt man hier die Veränderungen hinzu, die Frauen durch neue Erfahrungen oder gar durch ein Studium durchliefen, so läßt sich der Entschluß zur Migration meist getrost als Ablösung von der Tradition, Beginn einer neuen Lebensform und oft auch als Heraustreten aus der Fremdbestimmtheit beschreiben. Meist erwies sich daher dieser Weg als irreversibel, da eine Rückkehr in die Ausgangsgesellschaft wiederum mit einer Revision dieser Veränderung verbunden gewesen wäre. So war auch die Rückkehrquote von Frauen aus der Neuen Welt nach Europa sehr viel geringer als die der Männer.[11] Ähnliches zeigt der Blick auf die erste und zweite Generation weiblicher Studenten: Die Medizinabsolventinnen, für die das Studium mit einem Ortswechsel verbunden gewesen war, praktizierten häufig am Studienort oder in einer anderen großen Stadt.[12] Sie waren ihrer Herkunftsgesellschaft

---

10 Christiane Harzig, Familie, Arbeit und weibliche Öffentlichkeit in einer Einwanderungsstadt: Deutschamerikanerinnen in Chicago um die Jahrhundertwende, St. Katharinen 1991; dort auch weitere Literaturangaben.

11 Karen Schniedewind, Fremde in der Alten Welt: Die transatlantische Rückwanderung, in: Bade (Hrsg.) (wie Anm. 1), S. 179–185.

12 Vgl. die Aufsätze in Eva Brinkschulte (Hrsg.), Weibliche Ärzte. Die Durchsetzung des Berufsbildes in Deutschland, Berlin 1993.

entwachsen, wollten die gewonnene Selbständigkeit und Freiheit nicht mehr aufgeben oder sahen sich, da die akademische Qualifikation der Frauen noch nicht allgemein akzeptiert war, in ländlichen Bezirken mit zu großen Vorurteilen konfrontiert. Ihre freiwillige Migration war für sie von größter Tragweite.

Als drittes sind zu nennen die Folgen erzwungener Migration für Frauen, beispielsweise bei Zwangsarbeit, Deportation, Flucht und Vertreibung oder Exil.[13] Erzwungene Migration unterlag anderen Bedingungen als die freiwillige, der ein eigener Entschluß vorausging und die von positiven Zukunftswünschen begleitet war. Die erzwungene Migration hingegen führte oft zu schwerwiegenden psychischen Einbrüchen, zu Depressionen, Verhaltensstörungen, Verlustängsten. Häufig waren mit Zwangsmigrationen auch gerade für Frauen traumatische Erlebnisse verbunden, so vor allem durch Vergewaltigungen, aber auch durch den Verlust der Kinder, die Trennung vom Lebenspartner und das Zerreißen des Familienzusammenhalts. Da Frauen häufig noch enger in Traditionen eingebunden waren als Männer, empfanden sie die Vereinzelung als besonders bedrückend. Das Ausgesetztsein in der fremden Umwelt, die körperlich schwere, oft ungewohnte und entwürdigende Arbeit trafen Frauen anders als Männer, hinzu kamen die Probleme von ungewollter Schwangerschaft, von Abtreibung oder traumatisierender Niederkunft. Hier zeigte sich jedoch oft auch die Kraft der Frauen, die sich Situationen meist mit viel praktischem Sinn stellten. Die Probleme und Erfahrungen belasteten jedoch noch jahrelang die Psyche und kamen oft erst in der zweiten Generation wieder zum Vorschein.[14]

Als viertes sind zu nennen die sich durch Migration wandelnden Geschlechterrollen, die Veränderung der Positionen innerhalb der Gruppe, der Familie, der Geschlechterbeziehungen. Angesprochen wurde dies bereits als eine mögliche Auswirkung aller Migrationsvorgänge; doch explizit formuliert ist es einer der zentralen Untersuchungsbereiche für geschlechtergeschichtliche Migrationsforschung. Oft wird erst durch den Wandel deutlich, wie die Rollenzuweisungen vor der Migration ausgesehen hatten und welche Gründe eine Veränderung herbeiführten.

---

13 Dazu z. B. Andreas Heusler, Ausländereinsatz. Zwangsarbeit für die Münchner Kriegswirtschaft 1939–1945, München 1996, 358–372.

14 Vgl. z. B. Heinz Stefan Herka, Die Kinder der Verfolgten: die Nachkommen der Naziopfer und Flüchtlingskinder heute (Beiheft zur Praxis der Kinderpsychologie und Kinderpsychiatrie 29), Göttingen 1989.

Nimmt man die Biographien von Emigrantinnen der NS-Zeit als Beispiel,[15] so lassen sich hier deutliche Unterschiede im Verhalten der Männer und der Frauen beschreiben: Die Frauen ergriffen oft viel früher die Möglichkeit des Geldverdienens, während die Männer um ihren verlorenen Status trauerten. Dies veränderte die Rolle der Frauen innerhalb der Familien, da diese jetzt die Haupternährerinnen wurden. Konnten sich die Männer dann etablieren, so kam es zu einem erneuten Wandel. Überdies gelten Frauen durch viele Migrationsvorgänge als die Bewahrerinnen kultureller Tradition im Übergangsprozeß der Akkulturation. Sie halten damit eine wichtige Brücke zwischen dem Alten und dem Neuen aufrecht, häufig um den Preis eigener Selbstverwirklichung im Neuen.

In beiden Fällen spielen die Kinder meist eine zentrale Rolle, die diese sich wandelnden Familienstrukturen als Konflikt erleben, dem sie in der fremden Umgebung sehr viel stärker ausgesetzt sind als im größeren verwandtschaftlichen Gruppenverband. Da sie andere Familien der neuen Umgebung als intakt erleben, kann dies zu Verlustängsten und Außenseitergefühlen führen. Frauen versuchen solchen Entwicklungen dann entgegenzusteuern, indem sie den familiären Zusammenhalt, die Pflege der heimatlichen Kultur und die traditionelle Rollenverteilung verstärkt erleben.[16] Insofern kann Migration einen Wandel der Geschlechterrollen forcieren oder aber eine Verstärkung der Tradition zur Folge haben.

Als fünftes Untersuchungsfeld sind die Blicke von außen auf wandernde Frauen zu nennen, die besonderen Vorurteile und Schwierigkeiten, mit denen sich Frauen konfrontiert sahen, die sich aus einem bestehenden Gefüge lösten und in ein neues hineinbegaben.[17] Frauen erfuhren durch Fremdheit oder Andersartigkeit oft sehr viel mehr soziale Ausgrenzung als Männer in ähnlicher Lage.

---

15 Vgl. Sybille Quack, Zuflucht Amerika. Zur Sozialgeschichte der Emigration deutsch-jüdischer Frauen in die USA 1933–1945, Bonn 1995.

16 Vgl. die Aufsätze in Frauen und Exil. Zwischen Anpassung und Selbstbehauptung (Exilforschung. Ein internationales Jahrbuch, Bd. 11), München 1993; Christa Herrmann, Wandel der Sozialstruktur und geschlechtsspezifische Integrationschancen – Zur Eingliederung der weiblichen und männlichen Vertriebenen und Flüchtlinge des Zweiten Weltkrieges in das Bildungs- und Erwerbssystem Bayerns, in: Hoffmann / Krauss / Schwartz (Hrsg.), (wie Anm. 3), S. 313–330.

17 Einige Einblicke in die Ursachen bei Leon und Rebeca Grinberg, Psychoanalyse der Migration und des Exils, München/Wien 1990.

Dies lenkt die Aufmerksamkeit auf die jeweilige Gesellschaft, innerhalb derer oder in die hinein Migration stattfindet.[18] Das Gelingen oder das Scheitern von Migration ist immer eng mit dieser Frage verbunden. Es ist sicherlich kein Zufall, daß gerade Frauen meist im Schutz des Familienverbandes wanderten oder Familienangehörigen in die Fremde nachfolgten. Oft suchten auch die Alleinwandernden Dienst in einer fremden Familie, die wiederum Schutz bot, waren doch alleinstehende Frauen oft gesellschaftlich geächtet. Anders stellte sich dies bei großem Frauenmangel dar, der auch in der Heimat ausgegrenzten Frauen die Möglichkeit zu einer respektablen Ehe bot.

Das Thema Frauen und Migration verspricht zwar vielfältige neue Ergebnisse, zeigt sich aber auch überaus spröde: Für die interessantesten Fragen sind die Quellen meist besonders dünn gesät. So gibt es nur höchst selten autobiographische Quellen, ebensowenig Briefwechsel oder Tagebuchaufzeichnungen.[19] Wichtige Ergebnisse lassen sich jedoch manchmal aus der fiktionalen Literatur gewinnen, in der zeitgenössische Vorstellungen und Bilder zur Frauenmigration greifbar werden.[20]

Hinzu kommt ein Forschungsproblem: Das Frauenspezifische ist meist erst dadurch herauszuschälen, daß man es mit dem Männerspezifischen vergleicht. Fragen der Akkulturation und Integration von Frauen, von ihrer Rolle bei der Bildung von ethnischen Communities, das Besondere ihres Heirats- und Reproduktionsverhaltens, all das läßt sich nur dann beschreiben, wenn man die Rollen und das Verhalten der Männer bereits kennt und überdies in Rechnung stellt, wie es im Vergleich dazu den Frauen der Herkunfts- und der Aufnahmegesellschaft erging. Dies macht die Forschungen zu diesem Thema schwierig und reizvoll zugleich.

---

18 Hierzu sind ethnologische Untersuchungen hilfreich; vgl. Werner Schiffauer, Die Migranten aus Subay. Türken in Deutschland: Eine Ethnographie, Stuttgart 1991; Barbara Wolbert, Migrationsbewältigung – Orientierung und Strategien. Biographisch-interpretative Fallstudien über die ‚Heirats-Migration‘ dreier Türkinnen, Aachen 1997.

19 Wolfgang Helbich u.a. (Hrsg.), Deutsche Auswanderer schreiben aus der Neuen Welt 1830–1930, München 1988.

20 Juliane Mikoletzky, Die deutsche Amerikaauswanderung im 19. Jahrhundert in der fiktionalen Literatur, Tübingen 1988.

III. Ergebnisse und Problemstellungen

Nun zu den Ergebnissen und Überlegungen des vorliegenden Bandes. Im ersten Teil werden einige interdisziplinäre Aspekte von Frauenmigration angesprochen: Im Mittelpunkt des psychoanalytisch fundierten Aufsatzes von *Barbro Eberan* (Hamburg) stehen die psychischen Folgen von Migrationen, ein Thema, das bisher erst in Ansätzen untersucht ist. Am Beispiel binationaler Ehen entfaltet sie die geschlechtsspezifischen Schwierigkeiten, die aus Migrationen erwachsen können: Die Erwartungen, Idealisierungen, Enttäuschungen in der Folge von Migration werden in der Geschichte mancher Ehe wie in einem Spiegel sichtbar. *Hatice Yurtdas* (Köln) beschreibt als Ethnologin Migration als einen lebenslangen Prozeß der Veränderung: Der Umgang türkischer Arbeitsmigrantinnen der ersten Generation mit dem Geld steht im Mittelpunkt ihrer Betrachtungen. Das in Deutschland selbstverdiente Geld wirkte nachdrücklich auf das Selbstvertrauen der Migrantinnen ein; es floß zunächst noch in die Stärkung der alten sozialen Netze, also der Verwandtschaftsbeziehungen in der Heimat, wurde später aber zunehmend anders investiert: Geld erweist sich einmal mehr als manifester Ausdruck sozialer Beziehungen.

Im zweiten Teil des Bandes stehen Frauenmigrationen im Mittelpunkt, die im Umfeld politischer Ereignisse stattfanden. *Sabine Geldsetzer* (Bochum) zeigt Frauen als Kreuzzugteilnehmerinnen des 12. Jahrhunderts. Neben einigen hochadeligen Damen nahmen auch einfachere Frauen als Pilgerinnen ins heilige Land oder als Nonkombattantinnen mit vielfältigen Aufgaben bei der Versorgung der Kreuzfahrer an den Zügen teil. Die Chronisten, meist Mönche, sahen ihre Anwesenheit mit Mißbilligung und schoben ihnen ab und an die Schuld für das Scheitern einer militärischen Aktion zu. Sie wurden offenbar wie die anderen Nonkombattanten auch von Kampfhandlungen ferngehalten, wenn sie nicht logistische Aufgaben in der Nähe der Front zu erfüllen hatten. Jedenfalls läßt sich die Vorstellung von den Kreuzzügen als einem primär männlichen Erfahrungsraum nicht aufrechterhalten. In ganz andere frauenspezifische Erfahrungen führt der Aufsatz von *Sybille Quack* (Berlin): Sie beschäftigt sich mit den deutsch-jüdischen Frauen, die allein oder mit ihren Familien vor Hitler ins Exil fliehen mußten. Zunächst wurde die Auswanderung der Frauen meist hinausgeschoben, da sie für die Pflege der Alten und Kranken zuständig waren. Andererseits drängten gerade die Frauen den Kindern zuliebe früh auf eine Emigration. An dieser Gruppe lassen sich geschlechtsspezifische Verhaltensweisen beobachten, wie sie auch für andere Einwanderungsgruppen typisch sind: Die Bedeutung der Frauen erstarkte nach der Ankunft im Exilland vorübergehend, bis die Integration gelungen war. Dies ging jedoch häufig zu Lasten des in der Heimat erworbenen Status, nahmen doch Frauen meist jede Arbeit an, um ihre Familie zu ernähren, während ihre Männer versuchten, ihren alten Status wiederzuerlangen.

Der dritte Teil des Bandes beschäftigt sich mit der Arbeitsmigration von Frauen, einem zentralen Bereich weiblicher Migrationserfahrung. *Beate Wagner-Hasel* (Darmstadt) trägt Quellenhinweise auf Hirtinnen im antiken Griechenland zusammen und deutet sie im Kontext des Wanderweidewirtschaftssystems. Sie fragt aber auch nach den Folgen von Ehemigration und kriegsbedingter Zwangsmigration in der Antike: Mit den Migrantinnen, die in der Fremde arbeiteten, wanderten oft auch Kulturtechniken und Kenntnisse. Dies ist ein wichtiges Phänomen, das für die Frauenmigration anderer Zeiten noch ausführlich untersucht werden müßte. *Renate Dürr* (Stuttgart) betrachtet die Migration von Mägden in der Frühen Neuzeit. Obwohl Autoren der zeitgenössischen Hausliteratur die Mobilität des Gesindes kritisierten, war die Migration von Mägden und die Anmietung von fremden Dienstboten wohl eher die Regel. Aus ordnungspolitischen Gründen sah die Obrigkeit es im Gegensatz zu den wandernden Handwerksgesellen nicht gern, wenn Dienstleute selbständig unterwegs waren. Dennoch gehörte die Wanderung der Mägde zur frühneuzeitlichen Normalität. Ganz ähnliche Vorbehalte gegen weibliche Wanderung lassen sich auch im ausgehenden 19. Jahrhundert beobachten: *Rita Müller* und *Sylvia Schraut* (Mannheim) untersuchen die Reaktionen auf den Zuzug von Arbeiterinnen und Dienstmädchen am Beispiel von Stuttgart und Feuerbach. Die kirchliche und bürgerliche Wohlfahrtsbewegung versuchte, junge wandernde ledige Frauen vor den Versuchungen der Großstadt zu bewahren. Vor allem das Alleinleben solcher Frauen erschien bedenklich, weshalb man für sie Mädchenheime gründete, in denen Unterkunft und Essen zu haben war, aber nur bei Berücksichtigung einer strengen Hausordnung. Erst zu Beginn des 20. Jahrhunderts verblaßten langsam die moralischen Appelle an die Migrantinnen.

Auch transatlantische Auswanderinnen, die *Peter Maidl* (Augsburg) am Beispiel von Bayerisch-Schwaben beleuchtet, durften auf der Überfahrt nicht in schlechten Ruf kommen, wollten sie sich in Amerika gut verheiraten. Für viele Frauen stand neben einer möglichen Heirat der

Wunsch nach einer Verbesserung der Verdienst- und Arbeitsmöglichkeiten im Mittelpunkt ihrer Migration. Gerade in Gegenden mit großem Frauenmangel konnten auch ledige Mütter damit rechnen, sich zu verheiraten. Als Hilfe im Geschäft, als Dienstbotin, aber auch als Partnerin im fremden Land hatten die Frauen eine große Bedeutung. *Christiane Harzig* (Bremen) untersucht den Arbeitsbegriff deutscher Einwanderinnen in den USA. Sie macht deutlich, welch großen Stellenwert Arbeit bei ihnen besaß: Arbeit läßt sich bei diesen Frauen nicht auf eine bestimmte Lebensphase beschränken, Arbeit ist fester Bestandteil ihres Begriffs von Frau-Sein in der Gesellschaft. In den deutsch-amerikanischen Frauenzeitungen spiegelt sich dieser Diskurs: Es wird der prinzipielle Wert jeder Arbeit anerkannt, sei es Dienstbotentätigkeit, Hausarbeit, Tätigkeit zur Unterstützung der Familie oder Berufsarbeit. Diese Haltung hatte ein gewandeltes Selbstbewußtsein zur Folge, da diese Frauen ihre Bedeutung und ihren Wert einzuschätzen wußten.

Weitere Forschungen zum Thema Frauen und Migration sind wichtig und notwendig. Letztlich handelt es sich um eine Möglichkeit, geschlechtspezifischen Bedingungen und Reaktionen in einer durch die Jahrhunderte zentralen Lebenslage näher zu kommen. Es ist zu hoffen, daß hier im Verbund verschiedener Disziplinen weitergearbeitet wird.

Barbro Eberan

Fremdsein und Selbstsein – Migration und binationale Ehen aus psychoanalytischer Sicht

Unsere Welt ist im Umbruch und im Aufbruch. Die Zahl der Menschen, die ihre Heimat verlassen, um ihr Leben in einem anderen Land neu aufzubauen, wird immer größer. Laut Schätzungen der UNO gibt es heute mehr als eine halbe Milliarde Migranten auf der Erde. Man rechnet damit, daß die Zahl bis zur Jahrtausendwende auf eine Milliarde steigen wird – d. h. auf ein Sechstel der dann zu erwartenden Weltbevölkerung.

Aus welchen Gründen und in welcher Form sich eine Migration auch vollzieht: Sie ist immer ein tiefer Einschnitt im Leben eines Menschen. Sie hat nicht nur schwerwiegende Folgen für das praktische Leben, sondern wirkt sich tiefgreifend auf die Psyche aus. Von der psychoanalytischen Forschung blieben die Folgen einer Migration jedoch lange unbeachtet. Zwar wurden besonders auffällige Migrantengruppen, wie vor allem Flüchtlinge, unter psychohygienischen oder sozialpsychiatrischen Gesichtspunkten untersucht, aber ein klinisch gesichertes Material aus Analysen lag nur selten vor.[1] Erst in den letzten Jahrzehnten, seit immer mehr Migranten psychotherapeutische Hilfe suchen, hat sich die tiefenpsychologische Forschung systematisch der Frage angenommen, welche spezifischen Ängste und Abwehrmechanismen, welche psychischen und physischen Krankheiten mit einer Migration verbunden sind.

Die migratorische Erfahrung hängt von vielen unterschiedlichen Faktoren ab. Wer sein Heimatland freiwillig verläßt, erlebt die Migration anders als derjenige, der vor Hunger, Armut und Verfolgung flieht. Wer auf eine Rückkehr in die Heimat eingestellt ist, empfindet seine Situation anders, als wenn der Bruch mit alten Bindungen einen endgül-

---

1   Leon und Rebeca Grinberg, Psychoanalyse der Migration und des Exils, München/Wien 1990, S. IX.

tigeren Charakter hat. Wer im neuen Land schon einen Status hat, macht andere Erfahrungen als derjenige, der sich erst einen neuen Standort sichern muß. Wer in einer stabilen Partnerschaft lebt, ist besser gewappnet gegen Probleme als derjenige, der keine familiären Bindungen hat. Und nicht zuletzt spielt das Alter eine zentrale Rolle, weil junge Menschen die Umstellung naturgemäß besser verkraften als alte. Trotz aller unterschiedlichen Voraussetzungen machen jedoch fast alle Migranten ähnliche emotionale Erfahrungen: Der migratorische Prozeß durchläuft Phasen von Überanpassung, Desorientierung, Schmerz, Angst, Nostalgie und Trauer.

Migration bedeutet meist Kulturkollision, manchmal sogar Kulturschock. Wer für einen beschränkten, klar definierten Zeitraum in ein anderes Land geht, kann gelassen auf Probleme reagieren und das, was fremd ist, als Exotikum bestaunen. Es mag irritieren, trifft aber nicht in der Tiefe. Wer aber seine Heimat für einen unübersehbaren Zeitraum und vielleicht für immer verläßt, dem bleibt eine Auseinandersetzung mit dem neuen Land kaum erspart, wenn er sich dort wirklich heimisch fühlen will.

Viele gehen dieser Auseinandersetzung aus dem Weg, indem sie an Gewohnheiten und an der Sprache der Heimat festhalten und Umgang ausschließlich mit ihren eigenen Landsleuten suchen. So nehmen sie sich aber die Möglichkeit, am Leben in der neuen Heimat wirklich teilzuhaben. Und die psychischen Probleme können auch so nicht überwunden werden, sie verlagern sich allenfalls auf die nächste Generation, wie das bei Einwanderer- und Gastarbeiterfamilien häufig der Fall ist.

In der ersten Phase der Migration reagieren viele Migranten mit manischer Überanpassung und verdrängen dabei das Eigene zugunsten des Neuen.[2] Oft ist dies eine Notwendigkeit, um zu überleben, wie bei Flüchtlingen, die alles zurückgelassen haben und ihre Existenz ganz von Neuem aufbauen müssen. Aber auch wer ohne Zwang seine Heimat ver-

---

2   Vgl. hierzu und zum folgenden Barbro Eberan, Fremdsein und Selbstsein – Migration aus psychoanalytischer Sicht, Manuskript einer Sendung im Norddeutschen Rundfunk mit vielen Interviews mit Betroffenen (Sendetermine 28. Dezember 1983 und 29. Juli 1995); dies., Du willst nur einen Teil von mir – Probleme binationaler Ehen aus psychoanalytischer Sicht, Manuskript zu einer Sendung im Norddeutschen Rundfunk mit vielen Interviews mit Betroffenen (Sendetermine 28. Dezember 1993 und 8. April 1995). Grinberg (wie Anm. 1), S. 99f.

läßt, macht eine ähnliche Entwicklung durch – es sei denn, der Standort im neuen Land ist von vornherein ganz gesichert, was aber nur selten der Fall ist. Teilweise paßt sich der Migrant freiwillig an, aus dem Wunsch heraus, sich die neue Heimat möglichst schnell anzueignen, teilweise fühlt er sich dazu gezwungen, um sich seine soziale Stellung und beruflichen Status wiederzuerkämpfen, über die er im Herkunftsland verfügt hat.

Denn Migration geht in den meisten Fällen mit sozialer Degradierung einher. Das Gefühl, nicht für seine Fähigkeiten geschätzt und respektiert zu werden, wirkt sich destruktiv auf das Selbstbewußtsein aus. Die Verunsicherung wird dadurch verstärkt, daß gleichzeitig mit dem Verlust der Heimat auch Anteile des Selbsts verlorengehen. Unter Menschen, die weder mit der Kultur seines Heimatlandes vertraut sind, noch seinen familiären Hintergrund kennen, empfindet der Migrant einen starken Persönlichkeitsverlust. Das Gefühl, nur zum Teil gesehen zu werden, wird durch Sprachprobleme verstärkt, da normalerweise nur derjenige, der über uneingeschränkte Sprachbeherrschung verfügt, sich der Umgebung als vielseitige Persönlichkeit präsentieren kann.[3] Der Zwang, auf einen Teil der eigenen Individualität zu verzichten, also einen Teil des Ichs zu leugnen, bedeutet einen tiefen Konflikt: Der Verzicht läuft dem Bedürfnis, die individuelle Eigenart und Einzigartigkeit zu sichern, zuwider und wird daher häufig als psychische Kastration erlebt. Daraus entstehen Angst und Verwirrung.

Eine spezifische Reaktion auf die Migration ist das Gefühl der Verlassenheit. Der Migrant fühlt sich in der neuen Heimat verlassen, weil er seine gewohnte familiäre Umgebung vermißt und weil ihm alte Freunde fehlen, die seinen Hintergrund kennen und seine Probleme daher verstehen würden. Oft leidet er aber auch darunter, Menschen verlassen zu haben, die ihn brauchen und vermissen. Diese Schuldgefühle binden ihn an die alte Heimat. Sie führen leicht zu einer Idealisierung der dort Zurückgebliebenen und verstärken so das Heimweh.

In der ersten Migrationsphase können Gefühle von Entwurzelung, Verlassenheit, Einsamkeit und Schutzlosigkeit konfusionale und depressive Ängste auslösen, bis hin zu Momenten totaler Desorientierung.[4] Viele Migranten suchen sich gegen diese schmerzhaften Erfahrungen zu schützen, indem sie die Tragweite der Veränderung in ihrem Leben

---

3   Grinberg (wie Anm. 1), S. 113ff.
4   Grinberg (wie Anm. 1), S. 111.

verharmlosen und die Vorteile ihrer neuen Situation überbewerten. Durch Verdrängung und Überanpassung läßt sich oberflächlich eine schnelle Integration erreichen. Sie ist aber nicht von Dauer, und mancher bezahlt die Anstrengung zur Überwindung der Probleme auf emotionaler Ebene mit einer Konfliktverlagerung auf die körperliche. Mit einer Migration oft verbundene psychosomatische Störungen sind Verdauungsprobleme (man kann das Neue nicht verdauen), Atemstörungen (man fühlt sich durch das Neue erstickt), Kreislaufstörungen (das Neue erdrückt den Organismus) und Unfallneigung als verdeckte Suizidversuche.[5]

In der zweiten Phase der Migration fängt der Assimilationsprozeß an. Der Migrant empfindet seine Situation jetzt so stabil, daß er bisher abgespaltene und verleugnete Gefühle zulassen kann. Er vermag den Schmerz über das Verlorene zu ertragen, er braucht ihn nicht mehr zu verdrängen und zu kompensieren. Indem er nun fähig ist, Trauerarbeit zu leisten, kann er sich dem Neuen öffnen und nach und nach Elemente der Kultur seiner neuen Umgebung einverleiben. Die Interaktion zwischen seiner inneren und seiner äußeren Welt wird fließender.[6] Je nachdem, unter welchen Bedingungen sich die Migration vollzieht, kann dieser Prozeß sehr lange dauern. Für manche ist das Trauma so groß, daß sie Jahrzehnte brauchen, bis sie die schmerzhaften Gefühle zulassen können. Die Tiefenpsychologen sprechen dann von der „übergangenen Trauer".

Der entscheidende Schritt zur Integration ist die Einsicht, daß die alte Welt in die neue integriert werden muß – daß sie also nicht verdrängt werden kann oder nostalgisch idealisiert werden darf, sondern auf ihren Wert genau geprüft werden muß, nicht nur für das bisherige Leben, sondern auch für das zukünftige. Dieser Prozeß des Integrierens des Alten in das Neue ist verwirrend und belastend, denn das Erkennen, daß vieles aus der alten Welt in die neue nicht eingebracht werden kann, bedeutet Abschied nehmen, nicht nur von Altvertrautem in der Umwelt, sondern auch in sich selbst. Sich mit dem Neuen wirklich einzulassen, heißt, sich verändern zu müssen.

Von den schmerzhaften Erfahrungen der Migration bleiben auch nicht die Migranten verschont, die ihre Heimat freiwillig verlassen, um in einem anderen Land zu heiraten. In binationalen Beziehungen kommen zu den individuellen Schwierigkeiten, die immer entstehen, wenn zwei

---

5 Grinberg (wie Anm. 1), S. 107.
6 Grinberg (wie Anm. 1), S. 111.

Menschen eng zusammen leben, noch diejenigen dazu, die sich aus der Migration des einen Partners ergeben.

In einer binationalen Ehe ist in den meisten Fällen ein Ungleichgewicht da. Einer muß seine Ziele zurücknehmen, um dem anderen die seinen zu lassen, einer muß sein Leben neu aufbauen, damit der andere sein vertrautes weiterführen kann, einer muß die Auseinandersetzung mit dem Fremden auf sich nehmen, während der andere verschont bleibt. Eine binationale Beziehung wird daher gleich von Anfang an auf eine harte Probe gesetzt. Der migrierte Partner fühlt sich durch Sprachprobleme und Anpassungsschwierigkeiten oft abhängig und depressiv. Hat der heimische Partner keine Einsicht in die spezifischen Probleme einer Migration, fehlt ihm meist das Verständnis für die Probleme des Partners. Er fühlt sich in seiner Bewegungsfreiheit eingeengt und empfindet die Beziehung zunehmend als Belastung. Dies wiederum verstärkt das Unterlegenheitsgefühl des migrierten Partners und vertieft seine Depression. So schließt sich ein Teufelskreis.

Es ist für jeden Menschen eine bittere Erfahrung, daß man von seinem Partner wenig Hilfe bei der Bewältigung der eigenen Probleme erwarten kann und darf. Wer wegen der Beziehung seine Heimat verlassen hat, um dem Partner zu folgen und sich nun auf sich gestellt sieht, fühlt sich besonders leicht betrogen und verraten. Die Enttäuschung über die mangelnde Unterstützung des Ehepartners macht ihn oder sie oft blind dafür, daß auch der Ehepartner Probleme bewältigen muß – Probleme, die er vorher nicht überblickt hat und daher oft selbst schwer durchschaut.

Meist steckt auch er in einem schwierigen Prozeß, der mit Selbstzweifel und Verunsicherung einhergeht. Jemanden aus einer fremden Kultursphäre zu heiraten, ist ein schwerwiegender Entschluß. Er erfordert nicht nur Mut zur Konfrontation mit den Vorurteilen der eigenen Gesellschaft, sondern auch Überwindung einer durchaus berechtigten Bindungsangst. Denn dem Partner alles zu ersetzen, was er verloren hat – Eltern, Geschwister, Freunde, vielleicht auch Beruf – bedeutet schnell eine Überforderung. Und falls der Partner die migrationsbedingten Probleme nicht bewältigt und daher unselbständig und depressiv bleibt, sieht man sich an einen Menschen gekettet, den man gerade wegen seiner Entwurzelung nicht im Stich lassen kann.

Frauen, die dazu erzogen worden sind, eigene Ansprüche zugunsten des Mannes zurückzustellen, neigen in binationalen Beziehungen dazu, ihre migrationsbedingten Probleme zu verschweigen und durch Überanpassung überwinden zu wollen. In dem eigenen Kulturkreis können Frauen meist den Mangel an offizieller Gleichberechtigung auf verschiedene Weise kompensieren, indem sie eine gewichtige Rolle in anderen Bereichen spielen. In einer fremden Kultur ist es für sie schwerer, diesen Ausgleich zu finden. Die Gefahr, in tiefe innere Isolation zu geraten, ist dann groß.

Binationale Ehen leiden oft unter Sprachlosigkeit, auch dann, wenn die Sprachkenntnisse für eine tiefere Kommunikation ausreichen würden. Probleme werden nicht angesprochen, teilweise aus Angst, den Partner zu verletzen und zu belasten, teilweise aber auch aus dem resignativen Gefühl, eine richtige Verständigung sei ohnehin nicht möglich. Die innere Einsamkeit, die sich aus dieser Sprachlosigkeit ergibt, ist für beide Ehepartner eine Belastung.

Sprachlosigkeit in der Ehe, Sprachlosigkeit aber auch gegenüber der Umwelt. Den Partnern einer binationalen Ehen fällt es oft besonderes schwer, Beziehungsprobleme einzugestehen. Sie halten ihre Beziehung für so speziell, daß sie nicht erwarten, andere könnten sich in die Probleme hineinversetzen. Vorurteile in Familie und Gesellschaft führen aber auch zu einer Trotzhaltung, und die Angst, diese Vorurteile durch ein Eingeständnis der Probleme noch zu schüren, hält viele davon ab, Hilfe im Gespräch zu suchen.

Oft fangen binationale Beziehungen auf neutralem Boden an, in einem Land oder in einer Umgebung, wo beide Partner nicht zu Hause sind. Wer in der Fremde lebt, kann sich von dem Wertekodex seiner Heimat entfernen. Bei der Partnerwahl legt er daher oft andere Maßstäbe an als in der eigenen Gesellschaft. Mancher sucht sich – gezielt oder unbewußt – einen andersartigen Partner, um sich aus sozialen Gefügen und Denkweisen zu lösen, die er als fragwürdig und einengend empfindet.

Eine binationale Ehe funktioniert daher häufig am besten im Drittland, weil die gemeinsame Erfahrung des Fremdseins verbindet. Problematisch werden solche Beziehungen schnell, wenn das Paar in die Heimat des einen Partners zurückkehrt. Dort kann dieser sich den Denkstrukturen seiner Kindheit kaum entziehen, wie bewußt er sich auch in der Fremde davon distanziert haben mag. Er fällt in anerzogene Denkstrukturen und Verhaltensweisen zurück und wird weniger tolerant und flexibel. Oft lehnt er dann gerade die Eigenschaften ab, die er vorher – fern der Heimat – an dem Partner bewundert hatte, eben weil sie ihm neu, anders und daher erstrebenswert erschienen waren.

Dies gilt nicht nur für Ehen mit großen Kulturdifferenzen, in denen solche Probleme offenkundig sind, sondern auch für Ehen zwischen Partnern aus benachbarten Ländern, wo sie weniger vorhersehbar sind. Wer von einer Kultur in eine andere migriert, rechnet von vornherein mit Schwierigkeiten. Wer aber in ein Land der gleichen Kultursphäre zieht, erwartet meist nicht, daß die Migration mit größeren Problemen verbunden sein könnte. Das ist, wie sich oft herausstellt, eine Illusion. Schon der Schritt über die Grenze zum Nachbarn in unserem vereinten Europa bringt – mehr oder weniger ausgeprägt – die meisten der hier angesprochenen Schwierigkeiten. Oft ist die Belastung besonders groß, weil die Probleme schwer zu orten und zu ergründen sind und daher nicht angepackt werden können.

Öfter als bei Partnern der gleichen Nation verbinden binationale Beziehungen Menschen, die vom Hintergrund und von der Lebenseinstellung her sehr verschieden sind. Bei einem Ausländer werden gravierende Unterschiede der Persönlichkeit leichter übersehen als bei einem Partner aus der eigenen Gesellschaft, weil der Reiz des Fremden den klaren Blick trübt. So ist die Gefahr, eigene Träume auf den Partner zu projizieren und ihn oder sie nicht als Person, sondern als Symbol zu erleben, in binationalen Beziehungen besonders groß.

Wenn Schwierigkeiten auftreten, werden dann schnell Vorurteile aktiviert. Offenkundig wird das Problem, wenn deutsche Männer Frauen aus exotischen Kulturen heiraten, weil sie die unterwürfige, allzeit anpassungsbereite Partnerin suchen, die sie im eigenen Land vermissen. Solche Ehen münden oft in Katastrophen, weil der Hang zum Exotischen schnell in offenen Rassismus umschlägt, wenn die Erwartungen nicht erfüllt werden. Sonst versinken solche Ehen meist in resignatives Schweigen. Aber auch bei Partnern aus benachbarten Ländern werden nationale Vorurteile schnell aktiviert, wenn es Probleme in der Partnerschaft gibt.

In gewisser Hinsicht haben es die binationalen Ehen leichter, in denen die Kulturdifferenz so groß ist, daß sie von vornherein unübersehbar ist und als Herausforderung in Angriff genommen werden muß. Für viele Ehen zwischen Schwarz und Weiß ist das Verhalten der Umwelt daher ein größeres Problem als die Beziehung selbst. Eine rassistisch ablehnende Haltung der Gesellschaft schweißt die Partner oft zusammen. Sie empfinden sich als Pioniere in einer Welt, die immer internationaler wird und die sich daher auch auf privater Ebene verändern muß. Der gemeinsame Kampf verbindet.

In binationalen Ehen sind die Partner stärker auf einander angewiesen als in Beziehungen zwischen Menschen aus dem gleichen Land. Eine Auflösung der Ehe ist meist mit sehr großen praktischen Problemen verbunden, besonderes wenn Kinder da sind. Auch wenn der migrierte Partner wegen der Kinder dazu bereit ist, im fremden Land zu bleiben und die Kinder mitzubetreuen, bestehen Probleme weiter. Denn das Scheitern einer binationalen Ehe bedeutet eine Intensivierung der Identitätskonflikte. Der migrierte Partner weiß nicht mehr, wo er hingehört. Wenn er wegen der Kinder bleibt, ist er entwurzelt und vereinsamt, kehrt er nach Hause zurück, muß er meist die Erfahrung machen, daß er auch in seiner alten Heimat inzwischen ein Fremder ist und dort ohne seine Kinder nicht leben möchte. Zu den spezifischen Belastungen binationaler Beziehungen gehört daher eine oft durchaus berechtigte Angst vor Entführungen der Kinder durch den Ex-Partner.

All dies mag erklären, warum binationale Ehen, in denen die Kulturkollision besonders groß ist, wie in deutsch-arabischen und deutsch-afrikanischen Ehen, statistisch gesehen besser halten als diejenigen, die geringere Differenzen zu verkraften haben: Man kann es sich einfach nicht leisten, auseinanderzugehen, weil die Probleme, die sich dann auftun, unüberwindbar sind. Dieses starke Auf-einander-angewiesen-Sein ist eine Chance für die Ehe, weil es die Partner daran hindert, sofort die Flinte ins Korn zu werfen, wenn Probleme entstehen. Es birgt aber auch Gefahren, denn die Angst, durch Konflikte und offene Aussprache die Beziehung zu belasten, kann dazu verleiten, Probleme hinzunehmen und in die innere Emigration auszuweichen.

Bestimmen Ressentiments und Vorurteile die Haltung zum Land des Partners, ist eine bereichernde Partnerschaft kaum möglich. Um sich als eigenständige und vollwertige Persönlichkeit zu fühlen, muß der Migrant seine alte Heimat integrieren, diesen Teil seiner Identität bejahen können. Das kann er aber nur schaffen, wenn auch der Partner bereit ist, diesen Teil zu akzeptieren und in die Beziehung zu integrieren. Interesse und Respekt vor dem Land und der Kultur des anderen ist also eine zentral wichtige Voraussetzung einer binationalen Ehe.

Der Kampf um partnerschaftliche Nähe kostet oft viel Kraft und bedeutet periodenweise auch eine Überforderung, begleitet von entsprechenden Krisen. Die Sehnsucht nach dem Vertrauten, dem Selbstverständlichen, das gar nicht erst erklärt, erobert, erworben, erkämpft werden muß, haben beide Partner dann meist gemeinsam. Diese ständige Auseinandersetzung mit dem Fremden ist aber auch eine Chance zu einer besonders bereichernden Partnerschaft, weil sie die Beziehung immer in Spannung hält und somit eine Stagnation verhindert. Wenn ein Grundkonsens vorhanden ist, und wenn auch noch Wertmaßstäbe, Bildungsniveau und Interessen übereinstimmen, ist das Anderssein meist eine Bereicherung.

Migrant zu sein ist eine Lebensaufgabe, die immer neu bewältigt werden muß. Wer sich dieser Herausforderung stellt, wird aber belohnt. Denn wenn der Verarbeitungsprozeß gelingt, führt er meist zu einer Steigerung der kreativen Fähigkeiten. Der Immigrant kann jetzt seine persönlichen Eigenheiten – Sprache, Gewohnheiten, Kultur – als zu ihm gehörig erleben und bejahen, und er kann sie befruchtend in die neue Umgebung einbringen. Er fühlt sich nicht mehr zwischen seinen beiden Identitäten hin- und hergerissen, sondern erlebt es als eine Bereicherung, die Spielregeln verschiedener Gesellschaften zu kennen und nach Bedarf anzuwenden. Das Zuhause-Sein in zwei Welten gibt ihm die Fähigkeit, sich in andere Menschen hineinzuversetzen und damit tiefere Kontakte und tragende Beziehungen herzustellen. Die migratorische Erfahrung macht sowohl flexibel als auch einfühlsam.

Gelungene Integration ist daher für jede Gesellschaft ein Gewinn. Dies gilt erst recht für binationalen Ehen, deren Gelingen auch für die Zukunft von gesellschaftlicher Relevanz ist. Denn Kinder, denen Toleranz, Interesse und Respekt vor dem Andersdenkenden vorgelebt wird, wachsen zu aufgeschlossenen, differenziert denkenden Menschen auf. So tragen binationale Ehen, wie auch soziologische Untersuchungen bestätigt haben, dazu bei, Fremdenfeindlichkeit und Rassismus abzubauen.

Daher ist es so wichtig, daß die spezifischen Probleme der Migration zur Sprache gebracht werden, ohne Hemmungen und Scham. Sie sind kein persönliches Versagen, wie es oft empfunden wird, sondern die natürliche Folge der Kulturkollision. Wenn sie ins Bewußtsein geholt und analysiert werden, lassen sie sich konstruktiv bearbeiten und so am leichtesten überwinden.

Hatice Yurtdas

Frauen, Migration und der Stellenwert des Geldes[1]

Im Rahmen meiner Untersuchung über Arbeitsmigrantinnen habe ich mich mit den Frauen aus der Türkei befaßt, die zwischen 1963 und 1973 als Arbeitskräfte angeworben wurden oder über Familienzusammenführung nach Deutschland kamen. Diese Frauen waren vor ihrer Migration nur im Haus und in der Landwirtschaft tätig. Ihre erste Erfahrung mit Industriearbeit machten sie im Anwerbeland. Die Migrantinnen aus der Türkei waren nach Deutschland gekommen, um zu arbeiten und Geld zu verdienen, damit sie ihrer Familie einen ökonomischen Aufstieg verschaffen konnten. Zu fragen ist: Was hat die materielle Besserstellung durch langjährige Erwerbstätigkeit in ihrem Leben bzw. in ihren Beziehungen verändert?

Alle fünf von mir interviewten Frauen sind ländlicher Herkunft, stammen aus Südost-Anatolien und gehören der ersten Generation der Arbeitsmigrantinnen an. Sie waren zu dem Zeitpunkt der Interviews unter 50 Jahre alt und lebten mindestens seit zwölf Jahren in Deutschland.

Zum Thema ‚Frauen, Migration und Stellenwert des Geldes‘ haben sich nun folgende Ergebnisse herausgebildet, die ich thesenartig der Analyse voranstellen möchte:

---

[1] Dem vorliegenden Beitrag liegt die Untersuchung Hatice Yurtdas, Pionierinnen der Arbeitsmigration in Deutschland. Lebensgeschichtliche Analysen von Frauen aus Ost-Anatolien, Diss. Hamburg 1996, zu Grunde. Die Kapitel „Erwerbstätigkeit und Stellenwert des Geldes" und „Sozialbeziehungen und Geld" wurden für die Tagung „Frauen und Migration" des Stuttgarter Arbeitskreises für historische Migrationsforschung ausgearbeitet und mit weiteren Beispielen ergänzt.

I. Erwerbstätigkeit und Stellenwert des Geldes

– Die Industriearbeit hat bei den Migrantinnen zunächst das Ziel des Geldverdienens und nicht der Selbstverwirklichung.
– Die Erwerbstätigkeit, d. h. das Geldverdienen, erzeugt bei den Migrantinnen das Bewußtsein von Macht und den Mut zum selbständigen Handeln.
– Das verdiente Geld bietet der Frau in Krisensituationenen mehr Lösungsmöglichkeiten. Diese nimmt sie auch wahr.

Für Migrantinnen bedeutet Migration den Einstieg in einen neuen Lebensbereich: in Erwerbstätigkeit im neuen Stil, d. h. Industriearbeit. Für alle fünf Frauen ist diese Art von Arbeit im Vergleich zu Haushalt, Dienstleistungen und Landwirtschaft neu und fremd. Eine der Informantinnen spricht diesbezüglich von hohem Arbeitstempo und Monotonie, einhergehend mit der als sehr fremd empfundenen Art der Tätigkeit. Sie ist mit dieser Art von Arbeit unzufrieden und vermißt in der Fabrikarbeit Abwechslung. Ihr fehlt die Befriedigung und Selbstverwirklichung durch Arbeit. Nur den Monatslohn erkennt sie als Sinn und Zweck der Industriearbeit an.

Eine andere Informantin begründet ihren häufigen Arbeitsplatzwechsel mit besseren Verdienstmöglichkeiten. Als Ziel ihrer Erwerbstätigkeit sieht sie neben der Sicherung der Ausbildung ihrer Kinder auch einen höheren Lebensstandard.

Eine weitere Frau fühlt sich erst durch ihre Erwerbstätigkeit von ihren Angehörigen akzeptiert. Für sie bedeutet das Migrationsland Deutschland einen sicheren Arbeitsplatz und Geldverdienen. Andererseits betrachtet sie den Arbeiterstatus als nicht erstrebenswert. Sie unterstützt ihre Neffen und Nichten materiell, damit sie keine Arbeiter werden müssen wie sie.

Das Geldverdienen spielt für die Migrantinnen auch dann eine besondere Rolle, wenn es sich um selbständiges Handeln oder eigenständiges Entscheidenkönnen handelt. Eine Informantin folgt nicht ihrem Mann, als er feste Rückkehrabsichten äußert, sondern setzt sogar ihre Ehe aufs Spiel. Eine andere Frau bleibt ihrem Prinzip, ‚niemandem zur Last fallen‘, treu; auch sie folgt dem Vorschlag ihres Mannes zur Rückkehr nicht, sondern will bis zum Rentenalter erwerbstätig bleiben.

Nach dem Tod ihres Mannes[2] steht eine der Frauen vor der Entscheidung, ob sie als Witwe mit den Kindern alleine aus der Türkei in
die Bundesrepublik zurückkommen soll oder sich dem Gebot ihrer Angehörigen beugt und in deren Obhut bleibt. Sie entscheidet sich für die
Rückkehr. Anders als bei ihrer ersten Migration nach Deutschland[3] fragt
sie niemanden, ob sie gehen darf.

Eine weitere Informantin bekam für ihre Dienstleistungen in der
Heimat kein Geld. Das Geld, das sie in einem anderen Zusammenhang
als Geschenk erhält, investiert sie in ein Arbeitsmittel, eine Nähmaschine. Einen Beruf zu haben und Geld zu verdienen, hängt aus ihrer Sicht
eng miteinander zusammen. Deshalb haben ihre Dienstleistungen in der
Heimat und die Fabrikarbeit im Migrationsland für sie nicht den Stellenwert eines Berufes. Sie verbindet Beruf mit fachlicher Qualifikation
und Bildung, womit sich sowohl leichter Geld verdienen läßt als auch
eine berufliche Erfüllung einstellt. Sie bildete sich vor ihrer Migration
fort, um ihre Erwerbschancen zu verbessern. Das Geld alleine macht sie
aber nicht glücklich.

Alle Informantinnen haben ihr Geld in der Heimat in Immobilien
investiert. Allgemein verschafft das ihnen bzw. ihren Kindern Zukunfts-
sicherheit. „Geldverdienen", d. h. ökonomische Besserstellung, ist also
der primäre Zweck von Migration. Somit ist das unausgesprochene Ziel
und die gemeinschaftliche Erwartung an die Migration vorgegeben: Geld
verdienen, sparen und in der Heimat in Immobilien investieren. Diejenigen, die der allgemeinen Erwartung entsprechend dieses Ziel erreicht
haben, erwähnen das nicht gesondert. Erst bei Nicht-Erreichen dieses
Zieles wird es als „Mangel und Versagen" empfunden. Das macht die
gesellschaftliche Seite des Drucks bzw. der Erwartung an die Migranten
aus.

II. Verwandtschaftsbeziehungen und Geld

Im Laufe der Untersuchung hat sich herausgestellt, daß sich die sozialen
Beziehungen der befragten Frauen aufgrund des eigenen Einkommens
anders gestalteten als dies in der Heimat der Fall gewesen wäre. Dazu
wieder einige Thesen:

---

2   Während einer Urlaubsreise in der Türkei verunglückt ihr Mann bei einem Ver-
    kehrsunfall tödlich.
3   Sie kommt alleine nach Deutschland. Die Einwilligung zu ihrer Migration muß
    sie wochenlang von ihrem Mann und ihren Angehörigen erbitten.

– Die sozialen Beziehungen werden mit Geld ausgedrückt.
– Die Formen sozialer Gegenseitigkeit verändern sich durch die Migration.
– Die Verwandtschaftsbeziehungen werden aufgrund der räumlichen Distanz und der hohen Anforderungen insbesondere in der Anfangsphase der Migration intensiviert und gepflegt.
– Mit der Verlängerung der Migrationsdauer wird Verwandtschaft durch neu gewonnene Freundschaften ersetzt oder erweitert.
– Das alte patriarchale Ehre- und Schutz-Prinzip funktioniert nicht mehr in seiner ursprünglichen Form.

Die Ehemänner von drei Befragten sind gleichzeitig ihre Vettern. Sowohl bei der Migrationsentscheidung als auch bei der Bewältigung der Anfangsphase der Migration waren die Verwandten für vier Befragte ihre Wegweiser bzw. wichtige Bezugspersonen. Alle fünf Migrantinnen haben in Deutschland sowohl nahe Verwandte als auch Dorfangehörige, die zum Teil am selben Ort oder in umliegenden Orten leben.

Vor der Migration nach Deutschland, als die Familie sich in einer wirtschaftlichen Notsituation befand, wurden die angeheirateten Verwandten einer Informantin einseitig von ihrem Mann unterstützt. Die Gegenseitigkeit der Beziehung war damit unausgewogen. Unter den Bedingungen der Migration (zumindest in der Anfangsphase) stellen sich jedoch die Vorteile dieser Gegenseitigkeit heraus: Betreuung der Kinder durch die Verwandten in der Heimat und materielle Unterstützung der Verwandten durch die Migrantenfamilie. Nach dem Tod des Mannes wollen die Angehörigen die Migrantin nun ihrerseits unterstützen. Sie lehnt dies ab und zieht die eigene Verantwortung vor: Damit löst sie sich weitgehend aus dem System gegenseitiger Sicherung. Ihre Eigenverantwortlichkeit zieht die Lockerung bzw. den Bruch der verwandtschaftlichen Beziehung nach sich. An die Stelle von Verwandtschaft tritt dann Freundschaft,[4] die aber nicht so verpflichtend ist. Die Pflege der Verwandtschaftsbeziehungen würde materielle Verpflichtungen mit sich bringen. Als Alleinverdienerin kann sie diese Verpflichtungen nicht einlösen. Das hat nun die Folge, daß sie gar nicht mehr in die Heimat fährt. Aufgrund ihrer Herkunft als Kind einer Einwandererfamilie fehlt ihr im

---

4   Es handelt sich um zwei eng befreundete Familien. Die Freundschaft liegt ebenso lange zurück wie ihr Bruch mit der Heimat und mit ihren Verwandten in Deutschland.

Vergleich zu anderen eine dicht vernetzte Verwandtschaftsgruppe. Dies erleichtert es ihr wiederum, sich aus dieser Beziehung zu lösen. Zu Lebzeiten ihres Mannes diente ihr Geld jedoch zur Aufrechterhaltung der sozialen Beziehungen in der Heimat.

Bei einer anderen Informantin verläuft die verwandtschaftliche Bindung kontinuierlich und beruht auf dem Gegenseitigkeitsprinzip: Bei Verletzung der Normen durch die Befragte wird mit Nicht-Einhalten der Verpflichtungen seitens der Angehörigen geantwortet. Bei ihrer Migration haben ihre Verwandten das letzte Wort; sie drohen bei Zuwiderhandeln mit dem Verstoßen aus der Verwandtschaftsgruppe. In der Anfangsphase ihrer Migration wurde sie von ihren Verwandten aufgenommen und geduldet. In diesem Fall funktioniert das Prinzip des gegenseitigen Anspruchs auf Schutz und Hilfeleistung, das ein Sich-Fügen und Erhalten der Respektabilität der Familie seitens der Migrantin erfordert. Nach ihrem Statuswechsel zur Arbeiterin ändern sich die Verpflichtungen beider Seiten, z. B. durch das Verteilen von Geldsummen innerhalb der Verwandtschaft. Als Gegenleistung erfolgt Akzeptanz und Anerkennung durch die Angehörigen. Um diese Anerkennung aufrechtzuerhalten, wird der Verdienst weiterhin in diese Beziehungen investiert. Angesichts der durch Erwerbstätigkeit gewonnenen Kontaktmöglichkeiten, die zu sozialen Beziehungen außerhalb des engen Verwandtschaftsverbandes führen, kann schließlich auch der Schutz des weiblichen Geschlechts durch die Angehörigen in Frage gestellt werden. In diesem Zusammenhang wirft eine Befragte ihren Angehörigen Doppelmoral und Eigennützigkeit vor: Die gegenseitige Unterstützung geht in erster Linie auf Kosten der Migrantin. Die verwandtschaftlichen Verpflichtungen können schließlich als Verhängnis empfunden werden, wenn z. B. eine Migrantin noch nicht in der Lage ist, ihr Autonomiestreben zu realisieren, ohne die Beziehung abzubrechen. Mit dem Status einer von ihrem Mann getrennt lebenden Frau hat die Migrantin bei ihren Verwandten und in der kurdisch-türkischen Gemeinschaft einen weniger tolerierten Stand als eine Witwe mit Kind.

Angesichts der räumlichen Trennung und der Erfahrungen der selbstgewollten Migration kann sich auch die Versöhnung mit der Herkunftsfamilie ergeben. Die Beziehung zur Herkunftsfamilie intensiviert sich bei einer der Frauen[5] erst nach der Migration. Sie beruht auf gegenseiti-

---

5   Diese Informantin wurde im Kindesalter von dem Großgrundbesitzer (Aga) ihren Eltern weggenommen und nach Ankara gebracht, wo die Familie des Großgrundbesitzers lebte. Ihre Eltern standen dem Aga gegenüber in feudaler Abhän-

ger Hilfe und Zuwendung: Sie unterstützt ihre Verwandten bei Heimfahrten mit Geld und Geschenken und erhält dafür im Austausch ein
Zuhause, Achtung und Fürsorge. Im Unterschied hierzu setzt sie sich
dagegen von der Familie weiterhin ab, bei der sie aufwuchs, diente und
sich zuletzt loslöste. Für zwei der Befragten, die keine leiblichen Kinder
haben und von ihren Ehemännern getrennt leben, hat das Geld die Funktion des Eingehens bzw. der Aufrechterhaltung von sozialen Beziehungen. Der Kontakt zur Heimat bzw. zu den Angehörigen und Verwandten
in Form von Heimfahrten bleibt bei einer der Befragten während der
Anfangsphase der Migration erhalten, wird aber während des Zusam-
menlebens mit ihrem Freund unterbrochen, und erst nach der Beendigung der außerehelichen Beziehung nimmt sie den Kontakt wieder auf.

III. Geschlechter-Beziehungen und Geld

–   Die Partnerschaftsbeziehung (in und außerhalb der Ehe) nimmt mit
    dem Geldverdienen der Frauen neue Formen an.
–   Geld ist für die Migrantinnen ein Mittel, das sie in ihren Beziehun-
    gen einsetzen und gegebenfalls wieder zurückverlangen.
–   Mit dem eigenständigen Geldverdienen geben die Frauen die Er-
    wartung, ihre Zukunft über den Ehemann abzusichern, nicht ganz
    auf.

Außer einer Frau waren alle Informantinnen bereits vor ihrer Migration
verheiratet und hatten Kinder. Ihre Familie war allerdings nicht vollständig; das ist zum Teil als Folge der Migration zu betrachten. Eine
Migrantin verliert ihren Mann als junge Frau und bleibt mit ihren Kindern alleine; eine andere kämpft um Versöhnung mit ihrem Ehemann,
den sie nach dem Tod ihrer kleinen Tochter vor 22 Jahren verlassen hatte; eine andere Migrantin befindet sich in der Anfangsphase ihrer Ehe,
wobei der Ehemann mehr bei seinen Kindern in der Heimat lebt als mit
ihr zusammen.
    Eine harmonische Partnerbeziehung und glückliches Eheleben zeich-
net sich bei den Migrantinnen ab, die die turbulente Anfangsphase ihrer

---

gigkeit. Sie wuchs bei dieser neuen Familie auf und erfüllte die Aufgaben eines
Dienstmädchens. Die Entscheidung, nach Deutschland zu gehen, ist die Fortsetzung der Schritte, die sie für ihre Autonomie gegangen war.

Migration hinter sich gebracht haben und nach dem Nachzug der Ehepartner und der Kinder über eine vollständige Familie verfügen. Bei diesen Ehepaaren wird der Verdienst von beiden als gemeinsames Einkommen betrachtet und für die Realisierung der gemeinsam gesteckten Ziele verwendet.

Die Migrantin, die alleine nach Deutschland kommt umd von ihrem Mann und ihren Kindern getrennt lebt, übernimmt die Rolle des Familienoberhaupts: Sie holt ihren Mann nach,[6] schickt Geld nach Hause und läßt ein Haus für die Familie bauen.

Im Gegensatz zu anderen heiratet eine Migrantin in Deutschland einen Landsmann aus der Heimat. Dem Ehepaar fehlen gemeinsame Erfahrungsbereiche – wie z. B. Arbeiten und Leben im Migrationsland –, die die beiden näher verbinden würden. Die Informantin bringt neben den Pflichten als Ehefrau auch Liebe und Dienstleistungen z. B. bei der Haushaltführung ein, sowie das Geld. Die Konflikte zwischen ihr und ihrem Mann basieren auf dem unterschiedlichen Kaufwert der beiden Verdienste: Als Fabrikarbeiterin ihren als Lehrer pensionierten Ehemann finanziell auszuhalten und seine Kinder aus der ersten Ehe in ihrer Wohnung in der Heimat wohnen zu lassen, bereitet der Migrantin schwere Konflikte. Der Ehemann verliert seine Rolle als (Haupt-) Geldverdiener, übernimmt aber keine neue Rolle bzw. bringt keine neuen Leistungen ein. Ihre Erwartung an die Ehe, ein partnerschaftliches Zusammenleben zu führen, tritt nicht ein. Im Gegensatz hierzu will eine andere Informantin, die von ihrem Mann dauernd getrennt lebt, auf den Anspruch des Unterhalts und die finanzielle Absicherung ihrer Zukunft über ihren Ehemann nicht verzichten: Sie läßt sich von ihm nicht scheiden.

Die beiden Migrantinnen, die eine Beziehung vor bzw. während der Ehe pflegten, gestalten ihre Beziehungen ähnlich: Sie investieren materiell in ihren Beziehungen. Im Gegensatz zu verwandtschaftlichen Beziehungen, die innerhalb des Gegenseitigkeitssystems die Balance halten, enden dagegen ihre Liebesbeziehungen mit Enttäuschung; sie erhalten keinen vergleichbaren Gegenwert wie z. B. Ehe oder Akzeptanz des gemeinsamen Kindes. Bei nicht-eingelösten Leistungen in ihren Liebesbeziehungen werden ihre materiellen Investitionen nach der Beendigung der Beziehung in Rechnung gestellt, die in Ausbeutung ausge-

---

6 Achtzehn Monate nach ihrer Migration holt sie ihren Mann nach Deutschland. Er weigert sich aber, als Hilfsarbeiter zu arbeiten. In der Heimat war er gelegentlich als Bürokaufmann tätig. Nach kurzer Zeit kehrt er wieder zurück.

arteten Geschlechterbeziehungen in ihren Ehen hingegen schicksalhaft in Kauf genommen.

Sabine Geldsetzer

Frauen im Umfeld der Kreuzzüge des 12. Jahrhunderts: Ein vorläufiger Zwischenbericht[1]

Eine Bemerkung vorweg: Es wird im folgenden nicht darum gehen, einen umfassenden Überblick über das Leben von Frauen während eines Kreuzzuges zu geben oder nachzuzeichnen, wie sich die Kreuzzugsbewegung auf das Leben von Frauen auswirkte, die nicht selbst an einem Kreuzzug teilnahmen. Ein solches Bild ließe sich anhand der Forschungsliteratur zwar entwerfen. Es hätte jedoch den entscheidenden Makel, nicht nur blaß und lückenhaft zu sein, sondern auf Prämissen zu basieren, die in der Regel nur unzureichend reflektiert wurden und daher den Zugang zu Frauen im Umfeld der Kreuzzüge eher verstellen als erhellen. Mir geht es vielmehr darum, die Perspektive derjenigen näher zu betrachten, die von außen auf Frauen im Umfeld der Kreuzzüge blikken: die Perspektive der Kreuzzugshistoriker und -historikerinnen auf der einen und den diesen Blickwinkel nachhaltig prägenden Horizont der Verfasser zeitgenössischer und zeitnaher Quellen auf der anderen Seite. Im Anschluß an einen Überblick über das gegenwärtige Bild von Frauen im Umfeld der Kreuzzüge in der Literatur möchte ich anhand einiger häufig zitierter Quellen zu den Kreuzzügen des 12. Jahrhunderts exemplarisch zeigen, wie der Wahrnehmungs- und Aussagehorizont der Quellen aussah und welche Schlußfolgerungen sich daraus ergeben bzw. wo Alternativen zur gängigen Interpretation weiblicher Lebens- und Handlungsräume innerhalb dieser Migrationsbewegung liegen können.

---

1   Dieser Aufsatz basiert auf Beobachtungen im Rahmen meiner Dissertation zum Thema „Frauen im Umfeld der Kreuzzüge des 12. und 13. Jahrhunderts. Lebensbedingungen und Handlungsspielräume im Spiegel zeitgenössischer englischer Quellen", die demnächst erscheinen wird.

Die folgenden Überlegungen haben in vieler Hinsicht noch einen
tastenden, vorläufigen Charakter, denn sie basieren auf Beobachtungen
im Rahmen einer regional begrenzten und noch nicht abgeschlossenen
Studie zu Lebensbedingungen und Handlungsspielräumen von Frauen
in England in dem Jahrhundert zwischen der Ausrufung des zweiten
Kreuzzuges 1145 bis zum zweiten Kreuzzug des französischen Königs
Ludwigs IX. (1270–1272).[2] In dieser Hochzeit der Kreuzzugsbewegung

---

2 Insgesamt sieben „offizielle" Kreuzzüge werden traditionell zwischen 1096 und
   1291 gezählt. Neben diesen großen Unternehmungen, an denen Tausende oder
   Zehntausende teilnahmen, gab es in der knapp 200jährigen Hochzeit der Kreuzzugsbewegung zahlreiche kleinere und größere Expeditionen von Einzelpersonen bzw. Gruppen, zum Teil parallel zu den großen Kreuzzügen, zum Teil unabhängig davon. Innerhalb der Kreuzzugsforschung gibt es abweichende Defini-
   tionen des Phänomens Kreuzzug. Einige Forscher begrenzen die Kreuzzüge auf
   die christlich-islamische Auseinandersetzung im Nahen Osten. Trotz vieler Ab-
   weichungen haben Kreuzzüge danach ein gemeinsames festumrissenes geogra-
   phisches Ziel: das Heilige Grab in Jerusalem. Sie beginnen mit dem ersten Kreuz-
   zugsaufruf Papst Urbans II. in Clermont im Jahr 1095 und enden in den sog.
   „Nachspielen" des 14. und 15. Jahrhunderts. Das einschneidende Ereignis ist der
   Verlust der letzten Küstenstadt Akkon im Jahr 1291. In dieser Forschungsrich-
   tung gilt das Hauptaugenmerk daher nicht den einzelnen Kreuzzügen, sondern
   der Erforschung der sog. „Kreuzfahrerstaaten" in Syrien und Palästina. Als Kreuzzüge im engeren Sinne gelten nur die „offiziellen", d. h. von den Päpsten ausgerufenen Kreuzzüge, nicht jedoch die zahlreichen Kreuzfahrten einzelner Herrscher oder kleinerer Gruppen während und zwischen den Zügen der großen Heere. Ein Vertreter dieser Richtung ist Hans Eberhard Mayer, Geschichte der Kreuzzüge, 8., verb. u. erw. Aufl., Stuttgart/Berlin/Köln 1995, S. 13ff.; dort auch weiterführende Literaturangaben. Andere Historiker wie z. B. Jonathan Riley-Smith
   fassen die Definition weiter und beziehen auch die nichtorientalischen Kreuzzüge mit ein, die Kreuzzüge gegen die islamischen Herrscher auf der iberischen
   Halbinsel im Rahmen der sog. „Reconquista", die sog. „Wendenkreuzzüge" gegen die Slawen östlich der Elbe und ins Baltikum, außerdem innereuropäische
   Kreuzzüge wie die südfranzösischen Albingenserkreuzzüge des 13. Jahrhunderts.
   Letztere waren gegen häretische Bewegungen wie die Katharer und politische
   Gegner des Papsttums gerichtet. Die Vertreter dieser Richtung sehen in der Kreuzzugsbewegung den universalen Versuch der römischen Papstkirche, ihre Interessen weltweit gegen jeden inneren und äußeren Feind durchzusetzen. Die Kreuzzugsbewegung beginnt danach 1095, endet aber auf den verschiedenen Schau-
   plätzen völlig uneinheitlich. Einige Forscher setzen das Ende sogar erst im 17.
   oder 18. Jahrhundert an. Sie sehen in den Türkenkriegen dieser Zeit die letzten
   Ausläufer der Kreuzzugsbewegung. S. dazu Jonathan Riley-Smith, The crusades, a short history, London ²1992, S. XXVII–XXX, S. 208ff.; ders., What were
   the crusades?, London ²1992.

lassen sich Männer und Frauen aus England in größerer Anzahl in den Quellen nachweisen, sowohl auf den ‚offiziellen‘, von den Päpsten ausgerufenen Kreuzzügen als auch auf kleineren Kreuzfahrten von Einzelpersonen und kleineren Heereskontingenten. Eine führende Rolle spielten sie u. a. auf dem dritten Kreuzzug (1189–1192) unter König Richard I. Im Verlauf des 13. Jahrhunderts wurde die Kreuzzugsbewegung in England zum festen Bestandteil des religiösen Lebens.[3] Es kann daher davon ausgegangen werden, daß in dieser Zeit Kreuzzüge in irgendeiner Form im Leben von Männern und Frauen aller Schichten und Regionen präsent waren und daß zumindest für bestimmte Lebens- und Erfahrungsbereiche Auswirkungen quellenmäßig faßbar sind. Die Voraussetzungen, um solche Einflüsse nachzuweisen, sind für England im Vergleich zu Frankreich und Deutschland relativ günstig, da sich dort in etwa zeitgleich mit den Kreuzzügen seit Mitte des 12. Jahrhunderts die Formen der Herrschaftsausübung nachhaltig veränderten. Ausgehend von der königlichen Hofhaltung setzte dort schon relativ früh die Institutionalisierung von Verwaltung und Rechtssprechung ein, verbunden mit einer zunehmenden Verschriftlichung des Herrschaftshandelns. Ausgehend von der königlichen Hofhaltung manifestierte sich diese zunehmende Institutionalisierung und Verschriftlichung seit Ende des 12. Jahrhunderts auf allen gesellschaftlichen Ebenen in der Entstehung zahlreicher Urkunden und Akten.[4] Neben den klassischen historiographischen Kreuzzugsquellen liegt daher für England eine Fülle von sozialgeschichtlichen Zeugnissen aus den verschiedensten Lebensbereichen vor, die aufgrund der Quellendichte über längere Zeiträume und für verschiedene Regionen Einblicke in die Auswirkungen der Kreuzzugsbewegung auf die englische Gesellschaft bieten. Da die englische Kreuzzugsbewegung bereits gut erforscht ist, existiert für Beobachtungen und Interpretationsangebote zu Frauen im Umfeld der Kreuzzüge bereits ein Vergleichsrahmen. Zwar lassen sich die Ergebnisse einer solchen Studie

---

3   Ronald C. Finucane, Soldiers of faith, crusaders and moslems at war, London, Melbourne 1983, S. 46; Christopher Tyerman, England and the Crusades 1095–1588, Chicago/London 1988, S. 21 ff., 152–228; Simon Lloyd, English society and the crusades, 1216–1307, Oxford 1988, S. 8–70.

4   Einen guten Überblick zur Institutionalisierung und Verschriftlichung von Herrschaft in England bietet Michael T. Clanchy, From memory to written record, England 1066–1307, Oxford ²1993. S. dazu auch Wilfried L. Warren, The governance of Norman and Angevin England 1086–1272 (The governance of England, Bd. 2), London [u. a.] 1987.

nur bedingt verallgemeinern. Zum gegenwärtigen Zeitpunkt ist es für
eine umfassende Darstellung ohnehin noch zu früh, denn sie hätte in
erster Linie weitere Vergröberungen und Verzerrungen des in der Literatur existierenden Bildes zur Folge.

I. Der Forschungsstand

Wie sieht dieses Bild gegenwärtig aus? Die Kreuzzüge sind eine viel-
schichtige Migrationsbewegung. Sie waren gleichzeitig Kriegs- und
Eroberungszüge, Glaubenskriege, Pilgerfahrten, Siedlungsbewegungen
und, trotz der damit verbundenen Gewalt, eine ernstzunehmende religiöse Bewegung der Laien, eingebettet in den tiefgreifenden Transfor-
mationsprozeß, der im 12. und 13. Jahrhundert die religiöse, kulturelle,
soziale, politische und wirtschaftliche Entwicklung in allen Gesellschaften Europas nachhaltig prägte und sich u. a. in mehreren religiösen Mas-
senbewegungen manifestierte.[5]
   Die Kreuzzüge gehören zu den am besten erforschten Bewegungen
des Mittelalters. Es gibt kaum eine Frage, die in diesem Zusammenhang
noch nicht gestellt worden wäre.[6] Die Rollen und Beziehungen der Ge-

---

5   Zu den Kreuzzügen als religiöse Bewegung s. z. B. Mayer (wie Anm. 2), S.
    13ff., Riley-Smith 1990 (wie Anm. 2), S. 10ff.; dort jeweils Angaben zu weiter-
    führender Literatur oder auch Sylvia Schein, Die Kreuzzüge als volkstümlich-
    messianische Bewegung, in: Deutsches Archiv für die Erforschung des Mittelal-
    ters (DA) Bd. 47 (1991), S. 1–21. Zur Rolle von Frauen in den religiösen Bewe-
    gungen des 12. und 13. Jahrhunderts s. z. B. Peter Dinzelbacher/Dieter R. Bauer
    (Hrsg.), Religiöse Frauenbewegung und mystische Frömmigkeit im Mittelalter,
    Köln/Wien 1988; Herbert Grundmann, Religiöse Bewegungen im Mittelalter.
    Untersuchungen über die geschichtlichen Zusammenhänge zwischen der Ketze-
    rei, den Bettelorden und der religiösen Frauenbewegung im 12. und 13. Jahrhun-
    dert und über die geschichtlichen Grundlagen der deutschen Mystik, Anhang:
    Neue Beiträge zur Geschichte der religiösen Bewegungen im Mittelalter, Darm-
    stadt ⁴1977; Ute Weinmann, Mittelalterliche Frauenbewegungen, ihre Beziehun-
    gen zu Orthodoxie und Häresie, Pfaffenweiler 1991; dort jeweils weitere Litera-
    turangaben.
6   S. dazu Mayer und Riley-Smith (wie Anm. 2); weitere Überblicksdarstellungen
    mit Literaturangaben zu den verschiedenen Aspekten: Rainer C. Schwinges, Die
    Kreuzzugsbewegung, in: Handbuch der europäischen Geschichte, Bd. 2: Europa
    im Hoch- und Spätmittelalter, hrsg. von Ferdinand Seibt, Stuttgart 1987, S. 174–
    198; Jonathan Riley-Smith, Theologische Realenzyklopädie, hrsg. von Gerhard
    Krause, Berlin (u.a.) 1990, S. 1–10, s. v. Kreuzzüge; A history of the crusades,

schlechter gehören dabei zu den am wenigsten untersuchten Aspekten. Ungeachtet der von der historischen Frauenforschung bzw. der Geschlechtergeschichte ausgegangenen Impulse ist dieses Thema in der klassischen Kreuzzugsforschung bislang nur auf geringe Resonanz gestoßen. Das ist verständlich, denn auf den ersten Blick evoziert der Begriff „Kreuzzug" das Bild von Glaubenskriegen, zu denen mit Billigung und Unterstützung der Kirche und der weltlichen Autoritäten seit 1096 Bewaffnete und Ritter aus ganz Europa wiederholt aufbrachen, um im Namen der gesamten Christenheit den Glauben gegen Angriffe innerer und äußerer Feinde zu verteidigen und ehemals christlich besiedelte oder der Christenheit als heilig geltende Orte zurückzuerobern, allen voran das Heilige Grab in Jerusalem. Da in allen Gesellschaften des mittelalterlichen Europa das Waffentragen und die aktive Teilnahme an Kampfhandlungen prinzipiell Männern vorbehalten war, haben Frauen in diesem Szenario scheinbar keinen Platz.

Diese Sichtweise war lange Zeit kennzeichnend für die Wahrnehmung von Frauen innerhalb der Kreuzzugsforschung. Zwar sind die Untersuchungsergebnisse thematisch und chronologisch sehr differenziert, dennoch erscheint die Kreuzzugsbewegung sowohl in den grundlegenden Überblicksdarstellungen als auch in den zahlreichen Untersuchungen zu einzelnen Kreuzzügen, zur Kreuzzugsidee, zur zeitgenössischen Kreuzzugskritik, zur Kreuzzugspolitik der Päpste, Kaiser und Könige, zur Kreuzzugsfinanzierung, zu Struktur von Kreuzfahrerheeren etc. ingesamt als eine in erster Linie von Männern getragene und in ihren Auswirkungen primär Männer betreffende Bewegung.

Frauen werden, sofern sie als Gruppe überhaupt wahrgenommen werden, meist als Randerscheinung oder auch als besondere Minderheit behandelt.[7] Größere Aufmerksamkeit haben vor allem Frauen im Um-

---

hrsg. von Kenneth M. Setton [u.a.]. 6 Bde, Madison/Wisc. 1969–1989. Ausführliche Literaturübersichten bietet Hans Eberhard Mayer, Bibliographie zur Kreuzzugsgeschichte, Hannover ²1965; ders., Literaturbericht über die Geschichte der Kreuzzüge, in: Historische Zeitschrift, Sonderheft 3 (1969); Hans Eberhard Mayer/Joyce McLellan, Selected bibliography of the crusades, redigiert von Harry W. Hazard, in: ders./Norman P. Zacour (Hrsg.): A history of the crusades, Bd. 6: The impact of the crusades on Europe, Madison/Wisc. 1989, S. 511–664; außerdem Mayers fortlaufende Rezensionen von Werken zur Kreuzzugsgeschichte im DA sowie die jährlich aktualisierten Literaturübersichten im Bulletin of the Society for the Study of the Crusades and the Latin East (SSCLE), Bd. 1 (1981) ff., erschienen bis Bd. 18 (1998).

7 So z. B. ganz deutlich bei Finucane (wie Anm. 3), Chapter 8: Minorities at risk: women and jews, S. 174–190.

feld hochrangiger Kreuzfahrer und einzelne hochadelige Frauen gefunden. Berühmteste Kreuzzugsteilnehmerin ist eine bekanntesten Frauen
des 12. Jahrhunderts, Eleonore von Aquitanien, durch ihre beiden Ehen
nacheinander Königin von Frankreich und England. Mit ihrem ersten
Ehemann, König Ludwig VII. von Frankreich, nahm sie zwischen 1147–
1149 am zweiten Kreuzzug teil.[8] Häufiger erwähnt wird auch ihre jüngste Tochter Johanna aus ihrer zweiten Ehe mit dem englischen König
Heinrich II. Sie begleitete eine Generation später kurz nach dem Tod
ihres Ehemannes, König Wilhelms II. von Sizilien, ihren Bruder, den
englischen König Richard I., auf dem dritten Kreuzzug (1189–1192).
Vergleichbare Beachtung haben in der Forschung ansonsten nur die Frau-
en der Führungsschicht in den Kreuzfahrerstaaten des Nahen Ostens
gefunden, insbesondere die Königinnen des Königreiches Jerusalem.[9]

---

8   Sie war als Ehefrau Ludwigs VII. und Heinrichs II. nacheinander Königin von
     Frankreich (1137–1152) und England (1152–1204), gleichzeitig Mutter eines
     der berühmtesten Kreuzfahrer, des englischen Königs Richard I. Löwenherz.
     Ihre Kreuzzugsteilnahme wird in allen einschlägigen Überblicksdarstellungen
     erwähnt und hinsichlich ihrer politischen Folgen bewertet. S. dazu auch Curtis
     H. Walker, Eleanor of Aquitaine and the disaster at Cadmos mountain on the
     second crusade, in: American Historical Review Bd. 55 (1950), S. 857–861, so-
     wie Régine Pernoud, Frauen zur Zeit der Kreuzzüge, aus dem Französischen
     von Lieselotte Lüdicke (Frauen in Geschichte und Gesellschaft; Bd 29), Pfaffen-
     weiler 1993, S. 77–92. Daneben gibt es diverse Aufsätze und Monographien zu
     verschiedenen Aspekten von Eleonores politischen und kulturellen Funktionen.
     S. z. B. Edmond-René Labande, Pour une image véridique d'Aliénor d'Aquitaine,
     in: Bulletin de la Société des Antiquaires de l'Ouest, Quatorze séries 2 (1952), S.
     175–234 (eine kritische Analyse der erzählenden Quellen zu Eleonores Leben);
     Henry G. Richardson, The letters and charters of Eleanor of Aquitaine, in: The
     English Historical Review (EHR), Bd. 74 (1959*)*, S. 193–213 (erste systemati-
     sche Untersuchung der Urkunden zu Eleonore, deren Anregungen nie konse-
     quent weiterverfolgt wurden); William W. Kibler (Hrsg.), Eleanor of Aquitaine,
     patron and politican. (Symposia in the arts and the humanities); 3rd rev. version
     of papers presented at a symposium at the Univ. of Texas at Austin April 23–25,
     1973, Austin/Texas, London 1976; Amy Kelly, Eleanor of Aquitaine and the four
     kings, Cambridge/Mass./London 1978; Régine Pernoud, Königin der Trouba-
     doure, Eleonore von Aquitanien, aus dem Französischen von Rosemarie Heyd,
     München [6]1987; Janet Martindale, Eleanor of Aquitaine, in: Richard Coeur de
     Lion in history and myth (King's College London medieval studies series, Bd.
     7), London 1992, S. 17–50.
9   Zu Frauen in den Kreuzfahrerstaaten z. B. Jean Richard, Le statut de la femme
     dans l'orient latin, in: Recueils de la Société Jean Bodin pour l'histoire compara-
     tive des institutions Bd. 12 (1962), S. 377–388, sowie Bernard Hamilton, Wo-

Vor allem dann, wenn Untersuchungen in erster Linie auf historiographischen Quellen basieren, läßt sich eine Tendenz zur Paraphrasie-
rung der Aussagen zur Anwesenheit von Frauen beobachten, ohne daß
erkennbar die Rahmenbedingungen historiographischen Schreibens berücksichtigt und der jeweilige Wahrnehmungs- und Aussagehorizont
hinterfragt wird. Wo die Quellen von den häufig dürren Fakten abgesehen keine Hinweise auf Motive, Gefühle, Charakter etc. von Frauen enthalten, werden solche „Lücken" darüber hinaus nicht selten durch Rück-
projektion moderner Rollenzuweisungen oder gar durch Verweise auf
die vermeintlich über die Jahrhunderte hinweg unveränderliche Natur
„der Frau" überbrückt.[10] Infolgedessen prägen in der Forschungsliteratur in hohem Maße Perspektive und Urteile der mittelalterlichen Chronisten ebenso wie die Frauenbilder und Stereotype der Gegenwart die
Darstellung von Frauen auf und im Umfeld von Kreuzzügen, ein im
übrigen nicht nur hier (noch) anzutreffendes Phänomen. Notorisch ist
diese methodisch problematische Vorgehensweise bei Eleonore von
Aquitanien. Die Geschichte ihres angeblichen Ehebruchs mit ihrem
Onkel, Raimund von Poitiers, Fürst von Antiochia, wird häufig kolpor-
tiert, aber selten analysiert.[11]

---

men in the crusader states, the queens of Jerusalem (1100–1190), in: Medieval
women, hrsg. von Derek Baker, dedicated and presented to Rosalind Hill on the
occasion of her 70th birthday (Studies in church history, Subsidia, Bd. 1), Oxford 1978. S. auch Pernoud (wie Anm. 8), S. 93ff., sowie die demnächst erschei-
nende Übersicht von Sylvia Schein, Women in the latin kingdom of Jerusalem.
Das Fürstentum Antiochia, gegründet 1098, gehörte zu den Herrschaften, die
während bzw. kurz nach dem ersten Kreuzzug von Kreuzfahrern errichtet wurden; in chronologischer Reihefolge ihre Gründung sind dies die nur wenige Jahrzehnte (1098–1144) existierende Grafschaft Edessa, das Fürstentum Antiochia,
das Königreich Jerusalem und die Grafschaft Tripolis. S. dazu Mayer (wie Anm.
2), S. 138ff.; Riley-Smith, The crusades (wie Anm. 2). S. 61ff., 179ff.; A history
of the crusades, Bd. 1: The first hundred years, hrsg. von Marshall W. Baldwin,
Bd. 2: The later crusades, 1189–1311, hrsg. von Robert L. Wolff, Bd. 4: The art
and architecture of the crusader states, hrsg. von Harry W. Hazard, Bd. 5: The
impact of the crusades on the Near East, hrsg. von Norman P. Zacour [u. a.],
Madison/Wisc. ²1969, 1977, 1985; dort jeweils Angaben zu weiterführender Literatur.

10 Exemplarisch dafür sind z. B. die beiden älteren Aufsätze von Giles Constable,
    The second crusade as seen by contemporaries, in: Traditio Bd. 9 (1953), S.
    213–279 sowie Walter Porges, The clergy, the poor and the non-combattants in
    the first crusade, in: Speculum Bd. 21 (1946), S. 1–23.

11 Über den (angeblichen) Ehebruch berichten: Gervase von Canterbury, Chronica;

Durchbrochen wird die traditionelle Konzentration auf ‚berühmte'
Frauen und die Verwendung stereotyper Interpretationsmuster ansatzweise seit Mitte der 1980er Jahre.[12] Auswirkungen von Kreuzzügen auf
die Lebensgegebenheiten von Frauen oder geschlechtsspezifische Wir-
kungen der Kreuzzugsbewegung finden seitdem zwar mehr Beachtung
als in älteren Arbeiten, werden jedoch noch nicht als eigenständiger
Forschungsgegenstand gesehen und systematisch untersucht. Eine allmähliche Trendwende scheint sich erst seit Mitte der 1990er Jahre abzuzeichnen. Sowohl die Anwesenheit von Frauen auf Kreuzzügen als auch
ihre Situation an der „home front"[13] geraten seitdem stärker in den

---

ders., Gesta Regum, in: The historical works of Gervase of Canterbury, hrsg. von
William Stubbs, Bd. 1, S. 149, Bd. 2, S. 75, Rolls Series, Rerum Britannicarum
medii aevi scriptores, The chronicles and memorials of Great Britain and Ireland
during the middle ages (RS), Bd. 73,1–2, London 1879, 1880; Gerhoh von Rei-
chersberg, De investigatione antichristi liber I, Gerhohis praepositi Reichersber-
gensis libelli selecti, hrsg. von E. Sackur, Monumenta Germaniae Historica
(MGH), Libelli de lite 3, Hannover 1897, I, c. 60, S. 376; Richard von Devizes,
Chronicon Ricardi Divisensis de tempore Regis Ricardi Primi, the chronicle of
Richard of Devizes of the time of King Richard the first, hrsg. von John T. Ap-
pleby (Nelsons medieval texts, Bd. 23), London 1963, S. 25f.; Wilhelm von Ty-
rus, Wilhelmi Tyrensis Archiepiscopi Chronicon (Guillaume de Tyr, Chronique).
Edition critique par Robert B. C. Huygens, Identification des sources historiques
et détermination des dates par Hans Eberhard Mayer et G. Rösch, 2 Bde (Corpus
Christianorum, Continuatio Medievalis; 63; 63A), Turnhout 1986, XVII, c. 8, S.
770. S. dazu neben den in Anm. 8 genannten Titeln z. B. auch E. Carney, Fact
and fiction in „Queen Eleanor's confession", in: Folklore Bd. 95, 2 (1984), S.
167–170.

12 Z. B.: James M. Powell, Anatomy of a crusade, 1213–1221, Philadelphia 1986,
S. 142, 161–163, 187, 209–251; Alan Forey, Women and the military orders in
the 12th and 13th centuries, in: Studia Monastica Bd. 29 (1987), S. 63–92; Christopher Tyerman, Who went to the crusades to the Holy Land?, in: The Horns of
Hattin, hrsg. von Benjamin Z. Kedar (Proceedings of the 2nd conference of the
SSCLE, Jerusalem and Haifa, 2–6 July 1987), Jerusalem 1992, S.13–26; James
Powell, The role of women in the fifth crusade, in: The Horns of Hattin, S. 294–
301; Tyerman (wie Anm. 3), S. 61–63, 180, 209–211, 221, 283; Lloyd (wie Anm.
3), S. 18ff., 72–78, 172–177. Interessant im Hinblick auf die Zusammenhänge
zwischen Frauenbild der Verfasser und (meist negativer) Wahrnehmung von Frau-
en in erzählenden Quellen ist die Studie von Elizabeth Siberry zur zeitgenössischen Kreuzzugskritik, in der sie u. a. auch Hintergründen wie der hochmittelal-
terlichen Kriegsethik nachspürt: Elizabeth Siberry, Criticism of crusading, 1095–
1274, Oxford 1985, S. 28, 44–46, 90f., 102f., 217.

13 Tyerman (wie Anm. 3), Kap. 8: „The home front", S. 187–228.

Blick.[14] Umfassende Untersuchungen zur Rolle, Funktion und Stellung von Frauen in der Kreuzzugsbewegung insgesamt bzw. auf einzelnen Kreuzzügen liegen meines Wissens bislang nicht vor,[15] weder im Bereich der Kreuzzugsforschung im engeren Sinne noch aus angrenzenden Forschungsgebieten wie der Sozial- und Religionsgeschichte oder der Geschlechtergeschichte. Hier ist das Thema bislang ebensowenig behandelt worden. Das ist um so augenfälliger, als die von der historischen Frauenforschung bzw. der Geschlechtergeschichte ausgehenden Anregungen seit den 1970er Jahren eine intensive Beschäftigung mit weiblicher Religiosität im Mittelalter in Gang gesetzt haben, aus der eine Reihe von Untersuchungen zu Rollen, Lebensgegebenheiten und

---

14 S. dazu die Bibliographie im Bulletin of the SSCLE (wie Anm. 6). Dort finden sich seit Mitte der 1990er Jahre häufiger Untersuchungen zu Frauen im Umfeld der Kreuzzüge, vielfach noch unveröffentlichte Vorträge auf Kongressen und Tagungen bzw. „works in progress", z. B.: Randell Rogers, Women and siege warfare in the age of the crusades, Paper read at the 28th International Congress of Medieval Studies, Kalamazoo/Michigan, May 1993; Sophia Menache, Fighting women in medieval exempla. Paper read at the International Medieval Congress, Leeds, July 4–7, 1994; Helen J. Nicholson, Women on the third crusade, in: Journal of Medieval History (JMH), Bd. 23 (1997), S. 335–349; Anne Derbes, Constructing sisterhood: Amazons images in the Paris „Histoire universelle" (BNfr 20123), Paper read at the College Art Association, San Antonio/Texas, Jan. 1995; Yvonne Friedmann, Women in captivity and their ransom during the crusader period, in: Cross cultural convergences in the crusader period, essays presented to Aryeh Grabois on his 65th birthday, hrsg. von Michael Goodich/Sophia Menache/Sylvia Schein, New York [u. a] 1995, S. 75–87; Maria Dobozy, Eine Braut aus dem Orient. Traditionelles und Fremdes in der Kreuzzugsdichtung, in: Alles was Recht war: Rechtsliteratur und literarisches Recht, Festschrift für Ruth Schmidt-Wiegand zum 70. Geburtstag, hrsg. von Hans Höfinghoff/Werner Peters/Wolfgang Schild/Timothy Sodmann (Item mediävistische Studien, Bd. 3), Essen 1996, S. 47–53.

15 Powell, The role of women in the 5th crusade (wie Anm. 12), S. 300 weist auf die lange Zeit in der Forschung dominierende Konzentration auf die negativen Seiten der Anwesenheit von Frauen („prostitution and drunkenness in the crusader camps", S. 300) hin und betont ihre Rolle im Vorfeld von Kreuzzügen, vor allem bei der Kreuzzugsfinanzierung, gestützt auf Beispiele aus Italien (S. 294–298), und ihre logistischen Funktionen im Kreuzfahrerlager während der Belagerung des ägyptischen Damiette (S. 300). Bei Pernoud (wie Anm. 8), liegt der Schwerpunkt trotz des allgemein gehaltenen Titels noch ganz traditionell auf biographischen Skizzen prominenter und politisch aktiver Frauen vor allem in den Kreuzfahrerstaaten, besonders im Königreich Jerusalem; angerissen werden allerdings auch die Rahmenbedingungen weiblicher Existenz in Europa und „Outremer".

-modellen von Frauen im Umfeld der religiösen Bewegungen des 12. und 13. Jahrhunderts hervorgegegangen sind.[16]

II. Indizien für die Kreuzzüge als weiblicher Lebens- und Erfahrungsraum

Gegen die Konzentration auf männliche Aktivitäten im Umfeld der Kreuzzüge und die unreflektierte Marginalisierung von Frauen sprechen auf den zweiten Blick eine Reihe von Anhaltspunkten, die nahelegen, daß die Auswirkungen der Kreuzzugsbewegung auf die Lebens- und Handlungsräume von Frauen weitaus vielfältiger waren, als es die bisherigen Forschungsergebnisse vermuten lassen. Es sind dies die zeitgenössische Terminologie zur Bezeichnung des Phänomens ‚Kreuzzug‘ und die Tradition der Jerusalemwallfahrt, die Praxis mittelalterlicher Kriegsführung, die Kreuzzugsfinanzierung und natürlich die entsprechenden Nachrichten in den zeitgenössischen Quellen.

Der Begriff Kreuzzug ist ein moderner Ordnungsbegriff. In seiner mittellateinischen Form findet er sich erst relativ spät, seit Mitte des 13. Jahrhunderts, sporadisch in den Quellen, in seiner deutschen Form ist er erst seit Ende des 18. Jahrhunderts gebräuchlich. In den zeitgenössischen Quellen dominieren dagegen Umschreibungen wie „iter in terram sanctam“, „iter hierosolimitanum“, d. h. „Reise in das Heilige Land“ bzw. „Reise nach Jerusalem“ oder auch „peregrinatio“, Pilgerfahrt.[17]

---

16 S. dazu Anm. 5 sowie die Hinweise in der Bibliographie der „Geschichte der Frauen“, hrsg. von Georges Duby/Michelle Perrot, Bd. 2: Mittelalter, hrsg. von Christiane Klapisch-Zuber, Frankfurt/Main 1993, S. 557ff., wo im übrigen keinerlei Hinweise auf den Komplex „Frauen und Kreuzzüge“ zu finden sind. Ein Überblick über Frauen und religiöses Leben im mittelalterlichen England findet sich in: British women's history, a bibliographical guide, hrsg. von June Hannam/Ann Hughe/Pauline Stafford, Manchester/New York 1996, S. 30–34.

17 Mayer (wie Anm. 2); zum Pilgerwesen im Mittelalter allg. s. z. B. Ludwig Schmugge: Die Anfänge des organisierten Pilgerverkehrs im Mittelalter, in: Quellen und Forschungen aus italienischen Archiven und Bibliotheken (QFIAB), Bd. 64 (1984), S. 1–83; ders., Die Pilger, in: Unterwegssein im Spätmittelalter, hrsg. von Peter Moraw (Zeitschrift für Historische Forschung, Beiheft 1), Berlin 1985, S. 17–47; Jan van Heerwarden, Pilgrimage and social prestige, some reflections on a theme, in: Wallfahrt und Alltag in Mittelalter und Früher Neuzeit, Internationales Round-Table Gespräch, Krems an der Donau, 8. Okt. 1990, vorgelegt von M. Herwig Wolfram (Österreichische Akademie der Wissenschaften,

Pilgerfahrten zu den heiligen Stätten der Christenheit im „Heiligen Land" und den angrenzenden Regionen haben eine lange, bis in die Spätantike zurückreichende Tradition. An solchen Pilgerfahrten, die parallel zu den Kreuzzügen und darüber hinaus stattfanden, nahmen seit jeher Frauen teil. Für spätere Jahrhunderte existieren ebenfalls Belege für solche Pilgerfahrten von Frauen.[18] Pilger und Pilgerinnen waren stets unbewaffnet, während Kreuzfahrer Waffen trugen. Dennoch waren Kreuzzüge zumindest von ihrer Grundidee her nichts anderes als bewaffnete, zusätzlich zu den traditionellen Pilgerprivilegien mit besonderen geistlichen Privilegien ausgestattete Pilgerfahrten in konsequenter Fortbildung

---

Philosophisch-Historische Klasse, Sitzungsberichte, Bd. 592) (Veröffentlichungen des Instituts für Österreichische Realienkunde des Mittelalters und der Frühen Neuzeit, Nr. 14), Wien 1992, S. 27–79; dort jeweils weiterführende Literaturangaben.

18 Einen Überblick über die Reiseberichte der nach Jerusalem Pilgernden bietet Reinhold Röhricht, Bibliotheca Geographica Palestinae, Chronologisches Verzeichnis der von 333 bis 1878 verfaßten Literatur über das Heilige Land mit dem Versuch einer Kartographie, verb. u. erw. Neuausg. Jerusalem 1963, 1. Ausg. Berlin 1890. Zur Jerusalemwallfahrt z. Zt. der Kreuzzüge s. z. B. John Wilkinson/Joyce Hill/W. F. Ryan, Jerusalem pilgrimage 1099–1185 (Works issued by the Hayklut Society, 2nd series, no. 167), London 1988. Zur Tradition der Jerusalemwallfahrt von Frauen s. z. B. Jonathan Sumption, Pilgrimage: an image of mediaeval religion, London 1975, bes. S. 261–263; Louis Carlen, Wallfahrt und Recht im Abendland (Freiburger Veröffentlichungen aus dem Gebiete von Kirche und Staat, Bd. 23), Freiburg/Schweiz 1987, bes. S. 1ff., 11, 115ff., 118, 147ff.; Anthony Luttrell, Englishwomen as pilgrims to Jerusalem: Isolda Parewastell 1365, in: Equally in God's image, Women in the middle ages, hrsg. von Julia B. Holloway/Constance S. Wright/Joan Bechthold, New York [u. a.] 1990, S. 184–197. Die bekannteste Jerusalempilgerin zur Zeit der Kreuzzüge ist Margaret of Beverley (aus Yorkshire), die während ihrer Pilgerfahrt 1187 bei der Rückeroberung Jerusalems durch Sultan Saladin in muslimische Gefangenschaft geriet, nach weiteren abenteuerlichen Erlebnissen schließlich nach Europa zurückkehrte, wo ihr Bruder, der Mönch Thomas von Froidmont, ihren Bericht in Versform aufschrieb: Thomas de Froidmont, in: Bibliothèque des croisades, hrsg. von Joseph F. Michaud, Paris 1829, Bd. 3, S. 369–375; Paul Gerard Schmidt, „Peregrinatio periculosa": Thomas von Froidmont über die Jerusalemfahrten seiner Schwester Margarete, in: Kontinuität und Wandel, Franco Munori zum 65. Geburtstag, hrsg. von Ulrich J. Stache/W. Maaz/F. Wagner, Hildesheim 1986, S. 461–485. Der Anteil der Pilgerinnen wird für das Mittelalter auf ca. 30 bis 50% geschätzt. (Ronald C. Finucane, Miracles and popular beliefs in medieval England, London 1977). Zur Kritik an der Jerusalempilgerfahrt von Frauen s. Jan van Heerwarden (wie Anm. 17), S. 75–78.

der Pilgeridee.[19] Angesichts der engen Anlehnung des Kreuzzugsgedankens an das etablierte Modell der Jerusalempilgerfahrt spricht m. E. einiges dafür, daß sich die Zeitgenossen auch bei der praktischen Umset-
zung, etwa bei der Rekrutierung von Kreuzzugsteilnehmern und -teil-
nehmerinnen, an den bereits bestehenden, vertrauten Traditionen orien-
tierten, die übernommen, und, soweit dies erforderlich war, der neuen
Situation angeglichen werden konnten.[20]

Seit dem ersten Kreuzzug (1096–1099) nahmen an allen Kreuzzügen neben kampffähigen Männern, den Rittern und Fußsoldaten, Gruppen nicht kampffähiger Personen, sog. Nonkombattanten, teil. Zu den
Nonkombattanten gehörten all diejenigen, die aufgrund ihres Status, ihres Alters, ihrer persönlichen Situation oder ihrer Geschlechtszugehörigkeit nicht kämpfen konnten oder durften: Neben Frauen waren dies
Kleriker, Pilgernde, Alte, Kinder, Kranke und die „pauperes", Personen
ohne ausreichende finanzielle Ressourcen und Ausrüstung.

Die Absicht der Initiatoren und Anführer von Kreuzzügen, der Päpste, Kreuzzugprediger, Könige und Fürsten, scheint zwar aus Gründen
der Effizienz wie der Moral tendenziell dahin gegangen zu sein, den
Kreis der Kreuzfahrer auf die kampffähigen Männer zu beschränken
und Nonkombattanten von der Teilnahme abzuhalten. Entsprechende
Bestrebungen hat es, wie z. B. die päpstlichen Kreuzzugssaufrufe zeigen, wiederholt gegeben.[21] Offen ist jedoch, inwieweit solche Vorgaben
die Vorstellungen derjenigen widerspiegelten, die sich von der Kreuzzugsidee angesprochen fühlten, inwieweit sie beachtet wurden, welche

---

19 Das Kreuzzugsgelübde und der besondere Rechtsstatus von Kreuzzugsteilneh-
    mern und Kreuzzugsteilnehmerinnen entwickelte sich in Anlehnung an Gelübde
    und Status von Pilgern und Pilgerinnen. Neben dem Stoffkreuz als Zeichen der
    Kreuznahme erhielten Kreuzfahrer noch Ende des 12. Jahrhunderts die traditio-
    nellen Symbole der Pilgerschaft, die Pilgertasche und den Pilgerstab. Mayer (wie
    Anm. 2), S. 33. Zur Entwicklung des Kreuzzugsgelübdes und des Ritus der Kreuz-
    nahme im Hinblick auf Frauen s. James A. Brundage, The crusader's wife: a
    canonistic quandary, in: Studia gratiana Bd. 12 (Collectanea Stephan Kuttner II)
    (1967), S. 426–441; ders., The crusader's wife revisited, in: Studia Gratiana Bd.
    14 (Collectanea Stephan Kuttner IV) (1967), S. 243–251; Maureen Purcell,
    „Women crusaders": a temporary canonical aberration?, in: Principalities, powers
    and estates, hrsg. von Leighton O. Frappell, Adelaide 1979, S. 57–64.
20 Zur Entstehung des Kreuzzugsgedankens s. Mayer (wie Anm. 2), S. 13ff.; dort
    auch weiterführende Literaturangaben.
21 Porges (wie Anm. 10), S. 2, Siberry (wie Anm. 12), S. 44ff., Tyerman (wie Anm.
    3), S. 61.

gesellschaftlichen Normen und praktischen Überlegungen für die Anwesenheit von Nonkombattanten sprachen bzw. in welchem Maße die Menschen zur Zeit der Kreuzzüge tatsächlich zwischen Kreuzzügen und Pilgerfahrten differenzierten. Grundsätzlich denkbar ist z. B. eine funktionale Differenzierung zwischen dem Status von Kreuzzugsteilnehmern und -teilnehmerinnen, etwa in der Weise, daß zumindest für einen Teil der Frauen die Kreuzzüge unter veränderten Vorzeichen Pilgerfahrten blieben.

Für die Anwesenheit von Frauen auf Kreuzzügen und die Adaption traditioneller Modelle spricht darüber hinaus die Praxis mittelalterlicher Kriegsführung. Offene Feldschlachten bildeten zur Zeit der Kreuzzüge eher die Ausnahme. Bevorzugte Strategien zur Eroberung feindlicher Territorien waren stattdessen Plünderungszüge zur Zerstörung der materiellen Existenzgrundlagen des Gegners sowie die Belagerung und Eroberung seiner Stützpunkte (Burgen, Städte, etc.). Gerade solche oft wochen- und monatelangen Belagerungen setzten die Existenz einer gewissen Logistik beim Angreifer voraus. Mittelalterliche Heere wurden daher stets von einem Troß aus Nonkombattanten begleitet, zu deren Aufgaben z. B. Transport- und Botendienste oder die Beschaffung, Verarbeitung und Verteilung von Lebensmitteln gehörten. In diesem Rahmen gab es eine Reihe von Funktionen, die aufgrund der geschlechtsspezifischen Arbeitsteilung in den mittelalterlichen Gesellschaften Europas frauenspezifisch waren. Kreuzzüge unterschieden sich hinsichtlich der militärischen Strategien nicht von „normalen" Kriegszügen.[22] Es erscheint daher möglich, daß Frauen Kreuzzugsheere nicht nur in der traditionellen Rolle als Pilgerinnen, sondern auch aufgrund praktischer Notwendigkeiten begleiteten.

Hinzu kommt, daß die Teilnahme an Kreuzzügen stets kostspielig war. Wer das Kreuz nahm, benötigte erhebliche finanzielle Mittel, um die Ausrüstung, die Reisekosten und den Lebensunterhalt während der nicht selten ein Jahr oder länger dauernden Reise zu finanzieren. Die Kosten einer Kreuzfahrt betrugen etwa das Vier- bis Fünffache des Jahreseinkommens eines Ritters. Bargeld war trotz der Zunahme von Geld-

---

22 John B. Gillingham, Richard I and the science of war in the middle ages, in: War and government in the middle ages, essays in honour of J. O. Prestwich, hrsg. von John Gillingham/James C. Holt, London 1984, S. 78–91, hier 87f., Anm. 49 u. 50; s. dazu auch: Raymond C. Smail, Crusading Warfare 1097–1193, bibliographical introduction by Christopher Marshall, rev. Ausg. Cambridge 1994 (1. Ausg. 1956).

verkehr und überregionalem Handel in den überwiegend agrarischen Gesellschaften des 12. und 13. Jahrhunderts knapp und konnte daher in aller Regel nur durch den Verkauf, die Verpfändung oder die Beleihung von Land, Nutzungsrechten, Wertgegenständen etc. aufgebracht werden. Auch Stiftungen und Schenkungen an Kirchen, Klöster, Stifte etc. waren im Verbindung mit einer Kreuzfahrt an der Tagesordnung. Daneben drohte immer die Gefahr der gewaltsamen Entfremdung von Besitz durch Verwandte, Nachbarn, Lehnsherren oder Kreditgeber. Auch der Kreuzfahrerstatus, der nicht nur die Kreuzfahrer selbst, sondern auch ihre Familien und ihren Besitz für die Dauer der Kreuzfahrt schützte, erwies sich manchmal als nur bedingt wirksam.[23] Daher bemühten sich Kreuzzugsteilnehmer und -teilnehmerinnen häufig schon im Vorfeld, solche Risiken zu vermeiden, so durch die Einsetzung von Bevollmächtigten, die Übergabe von Kindern in die Obhut eines Vormundes, die Verheiratung von Erben und Erbinnen noch vor dem Aufbruch, den Erwerb von Privilegien zum Schutz ihre Familien und ihres Besitzes, die Vereinbarung von Sicherungsklauseln bei Besitztransaktionen, die Rückzahlung von Schulden vor der Abreise etc. Unabhängig davon, welche Maßnahmen Kreuzfahrer im Vorfeld getroffen hatten: Ihre lange Abwesenheit von der Heimat oder gar ihr Tod auf dem Kreuzzug hatten i. d. R. spürbare Auswirkungen auf die Besitz- und Machtverhältnisse innerhalb ihrer Verwandtschaft oder ihres Personenverbandes. Häufig kam es zu Konflikten zwischen den von solchen Transaktionen direkt oder indirekt Betroffenen. Die mit den verschiedenen Maßnahmen und Auseinandersetzungen verbundenen Aktivitäten haben in Form von Urkunden, Privilegien, Klagen vor den weltlichen und kirchlichen Gerichten, Gerichtsurteilen, gerichtlichen Vergleichen, Gebührenabrechnungen usw. ihren Niederschlag gefunden. Da z. B. von Schenkungen, Beleihungen oder Verkäufen das Wittum oder die Mitgift von Ehefrauen und Töchtern betroffen sein konnten, finden sich dort entsprechende Hinweise. Aus England sind z. B. in den Akten der zentralen königlichen Gerichts-

---

23 Anläßlich des Aufrufs zum zweiten Kreuzzug stellte Papst Eugen III. in seiner Bulle „Quantum praedecessores" im Dezember 1145 die Person von Kreuzfahrern sowie ihre Familien, ihren Besitz und ihre bewegliche Habe ausdrücklich unter den Schutz der Kirche. Dazu Otto von Freising, Gesta Frederici seu Cronica, Die Taten Friedrichs oder richtiger Cronica, übers. von Adolf Schmidt, hrsg. von Franz-Josef Schmale (Ausgewählte Quellen zur deutschen Geschichte des Mittelalters, Freiherr-vom-Stein-Gedächtnisausgabe, Bd. 17), Darmstadt 1965, I, c. 37, S. 201–207.

höfe eine Reihe von Fällen überliefert, deren Ausgangspunkt eine Pilger- oder Kreuzfahrt war.[24]

Am überzeugendsten sind naturgemäß die Aussagen der Quellen. Als eines der zentralen Phänomene der mittelalterlichen Geschichte Europas und des Nahen Ostens hat die Kreuzzugsbewegung mit unterschiedlicher Intensität in den meisten zeitgenössischen und zeitnahen Quellen ihren Niederschlag gefunden: In Annalen und Chroniken aus den wichtigsten Anwerbungsgebieten in Europa (Frankreich, England, dem Reichsgebiet und Italien) und aus den von den ersten Kreuzfahrern in Syrien und Palästina gegründeten Kreuzfahrerstaaten tauchen ebenso wie in Quellen aus dem byzantinischen Reich und dem islamischen Raum immer wieder auf Frauen bezogene Nachrichten, Andeutungen, Gerüchte, Namensnennungen, kritische oder lobende Bemerkungen auf. Sie zeigen, daß seit dem ersten Kreuzzug Frauen nicht nur an Kreuzzügen selbst teilnahmen, sondern auch ihr Alltag zumindest zeitweise mehr oder weniger nachhaltig davon beeinflußt wurde. Gleiches gilt trotz ihrer unterschiedlichen Formen, Funktionen und Inhalte für andere Quellengruppen: für Gerichtsakten ebenso wie für Kreuzzugspredigten, Exemplasammlungen, Wunderberichte, Heiligenviten, Memorialbücher, Genealogien, Hausüberlieferungen einzelner Adelsfamilien oder Beschlüsse von Konzilien, päpstliche Kreuzzugsbullen, Briefe, Teilnahmestatuten etc., die teilweise in den historiographischen Quellen inseriert sind.

Sucht man also in den zeitgenössischen Quellen gezielt nach Frauen im Umfeld der Kreuzzüge, finden sich überraschend viele Nachrichten, die direkt oder indirekt die Auswirkungen der Kreuzzugsbewegung auf Lebenssituation und Handlungsspielräume von Frauen widerspiegeln. Sie lassen sich grob in zwei Gruppen gliedern: einerseits Nachrichten zur Anwesenheit von Frauen auf Kreuzzügen, andererseits Nachrichten

---

24 Zu Urkunden als Kreuzzugsquellen s. Jane E. Sayers, English charters from the third crusade, in: Tradition and change, essays in honour of Marjorie Chibnall, hrsg. von Diana Greenaway/Christopher Holdsworth/Jane E. Sayers, Cambridge 1985, S. 195–213; Giles Constable, Medieval charters as a source for the history of the crusades, in: Crusade and settlement, papers read at the first conference of the SSCLE and presented to Raymond C. Smail, hrsg. von Peter W. Edbury, Cardiff 1985, S. 73–89. Zur Kreuzzugsfinanzierung s. z. B. ders., The financing of the crusades in the twelfth century, in: Outremer, studies in the history of the crusading kingdom of Jerusalem, presented to Joshua Prawer, Jerusalem 1982, S. 64–88; Fred A. Cazel Jr., Financing the Crusades, in: A history of the Crusades, Bd. 6 (wie Anm. 6), S. 116–149.

zu den Auswirkungen der Kreuzzüge auf Frauen, die selbst nicht auf Kreuzfahrt gingen, aber in Regionen lebten, wo der Kreuzzug gepredigt wurde und die Kreuzzugsbewegung fester Bestandteil des religiösen Lebens war. Auf ihr Leben hatten Kreuzzüge vor allem dann einen mehr oder weniger intensiven Einfluß, wenn Familienmitglieder an einem Kreuzzug teilnahmen.

Obwohl die Trennlinie nicht eindeutig zwischen historiographischen Quellen auf der einen Seite und Urkunden und Akten auf der anderen Seite verläuft, lassen sich doch gewisse Tendenzen erkennen: Aufschlußreich im Hinblick auf die wirtschaftlichen, sozialen und rechtlichen Konsequenzen für Frauen an der „home front" sind in erster Linie Quellen aus der zweiten Gruppe. Sie lassen Rückschlüsse darauf zu, wie der Sozial- und Rechtsstatus von Frauen zur Zeit der Kreuzzüge aussah, wie sich dieser in Hinblick auf ihre Kreuzzugsteilnahme und Motivation auswirkte, welche Rückwirkungen eine Kreuzfahrt auf die Lebenssituation und Handlungsspielräume weiblicher Familienmitglieder haben konnte. In den erzählenden Quellen treten dagegen solche praktischen Auswirkungen nur selten zutage. Entsprechende Indizien finden sich in aller Regel nur dann, wenn Chronisten über die Vorbereitungsphase eines Kreuzzuges berichten und in diesem Zusammenhang beispielsweise Situationen beschreiben, denen sich Kreuzzugsprediger bei der Anwerbung von Teilnehmern gegenübersahen, wenn Ehefrauen ihre Männer oder Mütter ihre Söhne zur Kreuznahme ermunterten bzw. sie davon abzuhalten versuchten.[25] Historiographische Quellen gewähren dafür, sofern sie ausführlicher über Kreuzzüge berichten, Einblicke in die Lebensbedingungen und den Alltag von Frauen während eines Kreuzzuges.

---

25 Beispiele zum dritten Kreuzzug nennen Finucane (wie Anm. 3), S.49, 181; Peter W. Edbury, Preaching the crusade in Wales, in: England and Germany in the high middle ages, hrsg. von Alfred Haverkamp/Hanna Vollrath, in honour of Karl J. Leyser, Oxford 1996, S. 221–233, hier S. 225–228; zum fünften Kreuzzug s. Powell (wie Anm. 12), S. 60–63.

III. Wahrnehmung von Kreuzzugsteilnehmerinnen in erzählenden
Quellen des 12. Jahrhunderts

Da sich die Erkenntnisse zu Frauen im Umfeld der Kreuzzüge gegenwärtig auf Frauen in den Kreuzzugsheeren konzentrieren und in erster
Linie auf den klassischen, erzählenden Kreuzzugsquellen basieren, soll
im folgenden anhand einiger in der Literatur häufig zitierter Quellen zu
den Kreuzzügen des 12. Jahrhunderts gezeigt werden, welche Charak-
teristika Berichte über Kreuzzugsteilnehmerinnen aufweisen, welche Frau-
en überhaupt als Teilnehmerinnen in Erscheinung treten, in welchem
Kontext die entsprechenden Nachrichten stehen und wo quellen- und
kreuzzugsübergreifende Schwerpunkte der Berichterstattung über Frauen
liegen. Augenzeugenberichte geben ebenso wie Berichte aus zweiter oder
dritter Hand oder Kompilationen älterer Quellen aufgrund der strukturellen und individuellen Rahmenbedingungen historiographischen
Schreibens nur einen begrenzten Einblick in die Situation von Kreuzzugsteilnehmerinnen. Diese Rahmenbedingungen können hier nur kurz
angedeutet werden: Neben der Herkunft und den persönlichen Lebens-
umständen ihrer Verfasser, ausnahmslos Mönche oder Kleriker, der spo-
radischen Schriftlichkeit und deren Einfluß auf das Realitätsverständnis
und die Begriffswelt der Chronisten, dem allgemeinen Weltbild der
Menschen zur Zeit der Kreuzzüge, denen die hierarchische Gesellschafts-
ordnung mit Papst und Kaiser bzw. Königen an der Spitze als von einem
omnipotenten Schöpfergott eingesetztes Ordnungsprinzip galt, gehört
dazu das mittelalterliche Geschichtsverständnis. In enger Verklamme-
rung von Glauben und Geschichtsdeutung galten Partikular- wie Uni-
versalgeschichte als Elemente teleologisch ausgerichteter Heilsgeschichte. Konkrete historische Ereignisse wie ein Kreuzzug erhielten vor diesem Hintergrund eine doppelte Bedeutung, denn sie waren sowohl ein-
malige Ereignisse in bestimmten funktionalen Zusammenhängen als auch
Offenbarungen des göttlichen Handelns und Willens. Vergangenheit und
Gegenwart wurden unter diesen Vorzeichen selektiv wahrgenommen,
Geschichte in Form von warnenden oder nachahmungswürdigen Exempla tradiert. Maßgeblich für die Wahrnehmung und Darstellung von Frau-
en im Umfeld der Kreuzzüge waren darüber hinaus das Frauenbild der
Verfasser und nicht zuletzt ihre individuelle, eng mit ihrer „Schreibmo-
tivation" zusammenhängende Darstellungsabsicht.[26]

---

26   S. dazu Franz-Josef Schmale, Funktion und Formen mittelalterlicher Geschichts-

Der Berichtshorizont historiographischer Quellen läßt die zentrale Problematik der Frage nach der Rolle von Frauen im Umfeld der Kreuzzüge besonders deutlich sichtbar werden: Nachrichten über die Anwesenheit von Frauen in einem Kreuzfahrerheer haben beiläufigen Charakter. Sie finden sich gewöhnlich in Verbindung mit den Ereignissen, Personen und Phänomenen, denen das Hauptaugenmerk ihrer Verfasser galt. Entsprechend stark variieren Häufigkeit und Inhalte solcher Nachrichten. Längere Berichte zu einzelnen Kreuzzügen beginnen ebenso wie kürzere, annalistische Nachrichten i. d. R. mit einer hierarchisch oder funktional strukturierten Aufzählung der Angehörigen eines Kreuzfahrerheeres. An erster Stelle werden, meist namentlich, die vornehmsten Kreuzfahrer genannt, die königlichen oder hochadeligen Anführer der einzelnen Heere, meist gefolgt von der Erwähnung der Gruppe der Ritter – deren Anteil, obwohl für den militärischen Erfolg entscheidend, auf allen Kreuzzügen relativ gering war und nur bei ca. zehn Prozent lag – und der übrigen Bewaffneten, der Fußsoldaten. Sie erscheinen nicht immer als gesonderte Gruppe, sondern werden teilweise zum Rest des gemeinen Fußvolkes aus den bäuerlichen und städtischen Unterschichten gerechnet, das auf allen Kreuzzügen das Gros der Teilnehmenden stellte. Erwähnt wird darüber hinaus die Anwesenheit bestimmter Gruppen von Nonkombattanten. Soweit sich in den Quellen pauschale Bemerkungen zur Anwesenheit von Frauen finden, stehen sie meist in diesem Zusammenhang. Wendungen wie „femineus sexus innumerabilis"[27]

---

schreibung: eine Einführung, Darmstadt 1985 sowie Gerd Althoff, Causa scribendi und Darstellungsabsicht, die Lebensbeschreibungen der Königin Mathilde und andere Beispiele, in: Litterae Medii Aevi, Festschrift für Johanne Authenrieth zu ihrem 65. Geburtstag, hrsg. von Michael Borgolte/Herrad Spilling, Sigmaringen 1988, S. 117–133. Zur Situation in England s. die Überblicksdarstellungen von Antonia Gransden, Historical writing in England, Vol. 1: c. 550 to 1307, London 1974 und Nancy Partner, Serious entertainments: the writing of history in twelfth-century England, Chicago/London, 1977.

27 Albert von Aachen, Historia Hierosolymitana, in: RHC Occ. (Recueils des Historiens des Croisades, Historiens Occidentaux), Bd. 4, Paris 1879, VIII, c. 25, S. 574f. zur dritten Welle des ersten Kreuzzuges (1100/1101). Ähnlich äußern sich ders., c. 7, S. 563; c. 34, S. 579, sowie zum zweiten Kreuzzug: Annales Herbipolenses, ad a. 1125–1158, 1202–1204, hrsg. von Georg Heinrich Pertz, MGH SS (Scriptores) 16, Hannover 1859, S. 3; Gislebert von Mons, Chronicon Hanoniense a. 1070–1195, hrsg. von Wilhelm Arndt, MGH SS 21, Hannover 1869, S. 516, Vincenz von Prag, Vincentii Pragenses Annales a. 1140–1167, hrsg. von Wilhelm Wattenbach, MGH SS 17, Hannover 1861, S. 663.

oder „multitudo feminarum"[28] zeigen, daß man Frauen als eigenständige Gruppe unter den Nonkombattanten wahrnahm.

Registriert wurde jedoch nicht allein die Geschlechtszugehörigkeit, sondern ebenso wie bei den Teilnehmern vor allem die soziale Stellung. Frauen aus dem Adel und hier besonders die verheirateten Frauen erscheinen zumeist als gesonderte Gruppe.[29] Ihr sozialer und rechtlicher Status hob sie in den Augen der selbst überwiegend aus dem Adel stammenden Berichterstatter offenbar aus der Menge der übrigen Frauen wie der übrigen Teilnehmer insgesamt heraus. Albert von Aachen, ein zeitgenössischer deutscher Chronist und Verfasser einer ausführlichen Darstellung des ersten Kreuzzuges und der Geschichte der Kreuzfahrerstaaten, berichtet z. B. ausführlich über den Marsch und die vernichtende Niederlage von mehreren Heeren aus Frankreich, der Lombardei, Bayern und Österreich. Beflügelt von den Nachrichten über die Eroberung Jerusalems 1099 wollten sie in den Jahren 1100/1101 auf dem Landweg über den Balkan, das Byzantinische Reich, Kleinasien und Nordsyrien nach Palästina ziehen, wurden aber bereits in Nordanatolien von den Seldschuken, einem das anatolische Hochland kontrollierenden Turkvolk, aufgerieben. Albert von Aachen differenziert in seinem Bericht über die entscheidende Schlacht und die Plünderung des Lagers durch die siegreichen Gegner zwischen den gefangengenommenen und getöteten „mulieres nobilissimas et matronas egregias", deren Leiden er detailliert beschreibt, und den übrigen beim Heer befindlichen Frauen, „totum femineum sexum".[30] Sie werden lediglich pauschal zusammen mit den übrigen Toten erwähnt, um das ganze Ausmaß der Niederlage zu unterstreichen.

Grundsätzlich läßt sich feststellen, daß nichtadelige Frauen im Kontext pauschaler Aussagen zur Anwesenheit von Frauen in keiner Quelle als gesonderte Gruppe aufgezählt werden. Ihre Anwesenheit läßt sich ebenso wie ihr sozialer Status nur indirekt anhand der funktionalen Zusammenhänge erschließen, in denen ihre Teilnahme den Chronisten be-

---

28 Wilhelm von Newburgh, Willelmi Parvi, canonici de Novoburgo Historia Rerum Anglicarum (1066–1198, with a continuation to 1289), hrsg. von Richard Howlett, in: Chronicles of the reigns of Stephen, Henry II and Richard I, Bd 1 (RS, Bd. 82,1), London 1884, I, c. 31, S. 92f. (zum zweiten Kreuzzug, Frauen im französischen Heer).

29 Wie Anm. 27 und 28.

30 Albert von Aachen (wie Anm. 27), VIII, c. 19, S. 571, c. 20, S. 572, c. 31, S. 577, c. 34, S. 581.

merkenswert erschien. So konstatiert Wilhelm von Newburgh, ein englischer Chronist des 12. Jahrhunderts, in seiner „Historia Rerum Anglicarum", einer ausführlichen Geschichte Englands seit der normannischen
Eroberung, im Zusammenhang mit seinem Bericht über den zweiten
Kreuzzug (1147–1149) mit deutlicher Mißbilligung, im französischen
Heer seien die Ehefrauen hochadeliger Kreuzfahrer, allen voran die
Königin, Eleonore von Aquitanien, in Begleitung ihrer „cubiculariae"
gereist.[31] Ganz offensichtlich gehörten diese „cubiculariae" zu dem üblichen Gefolge adeliger Damen,[32] wobei aus dem Kontext nicht klar
hervorgeht, ob es sich dabei um nichtadelige Dienerinnen oder um nie-
derrangigere Adelige handelte. Sie könnten als Inhaberinnen von Hof-
ämtern das weibliche Pendant zu den „cubicularii" gewesen sein, die
z. B. am französischen Hof als Kammerherren fungierten und damit eine
Rangstufe bekleideten, die unterhalb des Amtes eines Kämmerers anzusiedeln ist.[33] Die Nachricht steht in Zusammenhang mit der von Wilhelm beklagten mangelnden Keuschheit der Teilnehmer des zweiten
Kreuzzuges. Er geht nicht konkret auf den Verlauf dieses von großen
Hoffnungen begleiteten Kreuzzuges oder dessen für die Zeitgenossen
desaströses Scheitern ein. Der Kontext der Bemerkung deutet jedoch
an, daß in seinen Augen die Mitnahme der Frauen zum Scheitern beige-
tragen hatte, denn er bemerkt unmittelbar anschließend, der französische König Ludwig VII. sei mit der Schmach einer unvollendeten Aufgabe vom Kreuzzug zurückgekehrt.

    Seine Mißbilligung geht wahrscheinlich darauf zurück, daß die Ent-
haltsamkeit als authentischer Ausdruck der Liebe zu Gott in Wilhelms

---

31 Wilhelm von Newburgh (wie Anm. 28), I, c. 31, S. 92f.
32 Zum Reisen im Mittelalter, auch von Frauen, s. z. B. Margaret Wade Labarge,
    Medieval travellers, the rich and restless, London 1982.
33 S. dazu J. F. Niermeyer, Mediae Latinitatis Lexicon Minus, Leiden 1976, S. 284,
    s. v. Cubicularius. Beispiele für die Ausübung von Hofämtern durch Frauen am
    Hof der Grafen von Flandern bei Ellen E. Kittell, Women in the administration
    of the count of Flanders, in: Frau und spätmittelalterlicher Alltag, Internationaler
    Kongreß Krems an der Donau, 2.–5. Oktober 1986 (Österreichische Akademie
    der Wissenschaften, Philosophisch-historische Klasse, Sitzungsberichte, Bd. 473)
    (Veröffentlichungen des Instituts für mittelalterlicher Realienkunde Österreichs,
    Nr. 9) Wien 1986, S. 487–508. Beispiele für Frauen am Hof des Grafen von
    Hennegau zu Beginn des 13. Jahrhunderts nennt Werner Rösener, Die höfische
    Frau im Hochmittelalter, in: Curialitas. Studien zu Grundfragen der höfisch-rit-
    terlichen Kultur, hrsg. von Josef Fleckenstein (Veröffentlichungen des Max-
    Planck-Instituts für Geschichte, Bd. 100), Göttingen 1990, S. 171–230.

religiösem Empfinden eine zentrale Rolle spielte. Sie zieht sich wie ein roter Faden als Idealvorstellung durch die gesamte „Historia", im Hinblick auf seine Berichte über die Kreuzzüge gekoppelt mit dem zisterziensischen Idealbild eines jungfräulichen Ritters.[34] Möglicherweise spielte hier ebenfalls hinein, daß Kreuzzüge und höfisches Leben von ihrer Konzeption her eigentlich zwei unvereinbare Lebenssphären waren, da die Kreuzzugidee den absoluten Verzicht auf alle persönliche Ziele von den Teilnehmern, vor allem von den Rittern, zugunsten des bedingungslosen, demütigen Einsatzes für die Sache Gottes und den Schutz des Heiligen Landes forderte.[35] Da viele der adeligen Kreuzzugteilnehmer gleichzeitig die Träger der sich im 12. Jahrhundert entwickelnden höfischen Kultur stellten, waren Spannungen unvermeidlich, die in der Praxis offenbar dadurch aufgelöst wurden, daß Adelige auch auf dem Kreuzzug zumindest in materieller Hinsicht nicht auf ihren gewohnten Lebenszuschnitt verzichteten. 1101 fielen den Seldschuken nach Albert von Aachen bei der Plünderung des Lagers neben Gefangenen, zahlreichen Pferden und großen Mengen an Edelmetallen auch weiche Kleider, Pelze aller Art und goldurchwirkte Purpurstoffe in die Hände.[36] Ein byzantinischer Chronist des zweiten Kreuzzuges berichtet über die Anwesenheit einer Frau – in der Forschung allgemein als Eleonore von Aquitanien identifiziert –, der die Griechen „wegen der Goldstickerei auf dem Saum ihres Kleides den Beinamen Chrysopus (Goldfuß)" gegeben hätten.[37] Dabei handelte es sich ganz eindeutig nicht um eine Ausnahmeerscheinung, wie die päpstlichen Kreuzzugsaufrufe des 12. Jahrhunderts zeigen. Eugen III. hatte in seiner für alle späteren päpstlichen Kreuzzugsaufrufe in Form und Inhalt maßgeblich gewordenen Kreuzzugsbulle „Quantum praedecessores", dem 1145 ergangenen Aufruf zum zweiten Kreuzzug, erstmals ausdrücklich den Verzicht auf jegliche Prunk-

---

34 Partner (wie Anm. 26), S. 72f.

35 Rudolf Hiestand, Kreuzzug und höfisches Leben, in: Höfische Literatur, Hofgesellschaft, höfische Lebensformen um 1200, Kolloquium am Zentrum für interdisziplinäre Forschung der Universität Bielefeld (3.–5. Nov. 1983), hrsg. von Gert Kaiser/Jan-Dirk Müller (Studia humaniora, Bd. 6), Düsseldorf 1986, S. 177–211, S. 177.

36 Albert von Aachen (wie Anm. 27), c. 20, S. 572.

37 Niketas Choniates, Historia, deutsche Übersetzung von Franz Grabler, Bd. 1: Die Krone der Komnenen, Die Regierungszeit der Kaiser Joannes und Manuel Komnenos (1118–1180) aus dem Geschichtswerk des Niketas Choniates (Byzantinische Geschichtsschreiber, Bd. 7), Graz-Wien/Köln 1958, S. 95.

entfaltung gefordert. Alle späteren Kreuzzugsaufrufe des 12. Jahrhunderts einschließlich des Aufrufs zum dritten Kreuzzug wiederholen teilweise wörtlich diese Bestimmungen.[38]

Ein eindeutigeres Indiz zu Funktion und Anwesenheit von Frauen, deren Status auf den unteren gesellschaftlichen Rängen anzusiedeln ist, findet sich in Wilhelms „Historia" in Zusammenhang mit seinem Bericht über den dritten Kreuzzug (1189–1192), an dem neben französischen und deutschen Heeren ein großes englisches Heer unter Führung von Eleonores Sohn König Richard I. aufgebrochen war. Er inseriert darin einen Katalog von Bestimmungen, die 1188 im Vorfeld des Kreuzzuges auf zwei Konzilien in Le Mans und Geddington erlassen wurden und die u. a. sicherstellen sollten, daß sich die Teilnehmer während des Kreuzzuges dem religiösen Charakter des Unternehmens angemessen verhielten. Neben Verboten des Glücksspiels, des Tragens kostbaren Pelzwerkes und des Auffahrens von mehr als zwei Gerichten pro Mahlzeit enthält dieser Katalog ein allgemeines Teilnahmeverbot für Frauen, von dem als einzige Gruppe „lotrices", Wäscherinnen im persönlichen Gefolge eines Kreuzfahrers, ausdrücklich ausgenommen werden, wobei den Betreffenden zur Auflage gemacht wird, sich des guten Rufes dieser Frauen zu versichern.[39] Ihre Anwesenheit ist auch in zwei anderen, eng voneinander abhängenden zeitgenössischen Berichten über diesen Kreuzzug überliefert, der jüngeren Fassung des „Itinerarium Peregrinorum et Gesta Regis Ricardi",[40] einer Anfang des 13. Jahrhunderts

---

38 Eugen III. untersagte das Tragen kostbarer Kleider und Pelze, goldener und silberner Zierwaffen und die Mitnahme von Falken und Jagdhunden. Weitere Kreuzzugsaufrufe ergingen 1162–65, 1166 und 1181 durch Alexander III., 1184 durch Lucius III., 1187 rief Gregor VIII. zum dritten Kreuzzug auf. Dazu Hiestand (wie Anm. 35), S. 179.

39 Wilhelm von Newburgh (wie Anm. 28), III, c. 23, S. 274. Inseriert wird dieses Teilnahmeverbot außerdem bei mehreren anderen englischen Chronisten: Gervase von Canterbury (wie Anm. 11), S. 409; ders., Gesta Regum (wie Anm. 11), S. 32; Gesta regis Henrici secundi et Ricardi primi, hrsg. von William Stubbs, The chronicles of the reigns of Henry II. and Richard I., A. D. 1169–1192, known commonly under the name of Benedict of Petersborough (RS, Bd. 49,1), London 1867, S. 32; Roger von Hoveden, Magistri Rogeri de Hovedene chronica, Robert of Hoveden, Chronicle, hrsg. von William Stubbs, Bd. 1 (RS, Bd. 51,1), London 1868, S. 337.

40 Itinerarium peregrinorum et gesta regis Ricardi auctore, ut videtur, Ricardo canonico Sanctae Trinitatis Londoniensis, hrsg. von William Stubbs, in: Chronicles of the reign of Richard I. (RS, Bd. 38,1), London 1864, S. 3–450, hier S. 337.

von einem Londoner Kanoniker verfaßten Kompilation von Augenzeugenberichten, sowie der „Estoire de la Guerre Sainte",[41] einer altfranzösischen Verschronik, die um 1195/1196 ein vermutlich aus der Normandie stammender Kleriker namens Ambroise niederschrieb, der wahrscheinlich selbst Kreuzzugsteilnehmer war. Die alten, ehrbaren Wäscherinnen, die nach der „Estoire" nicht nur die Wäsche der Kreuzfahrer reinigten, sondern auch ihre Köpfe entlausten, werden in beiden Quellen abgegrenzt von anderen, nicht näher bezeichneten Frauen, zu denen Kreuzfahrer im Sommer 1191 während des Aufenthaltes in der kurz zuvor nach langer, verlustreicher Belagerung zurückeroberten Küstenstadt Akkon offenbar von den Chronisten mißbilligte sexuelle Beziehungen unterhielten. Diese Nachrichten stehen im Zusammenhang mit Schilderungen der Vorbereitungen für den im August erfolgenden Weitermarsch des englischen Heeres Richtung Jerusalem.[42] Nach der Eroberung und Plünderung der Stadt hatte das Heer dort einige Wochen kampiert, während Richard I. und die übrigen Heerführer mit dem Oberbefehlshaber der gegnerischen Truppen, Sultan Saladin, über die Auslösung der gefangengenommenen muslimischen Besatzung verhandelten. In dieser Zeit sei es, so die Quellen, zu Ausschweifungen der Kreuzfahrer gekommen, die aus Sicht der Kreuzzugsführung nicht länger tolerierbar gewesen seien – die Rede ist von Gelagen und Beziehungen zu „puellae pulcherrimae".[43] Um die Wiederholung solcher Vorfälle zu verhindern, seien alle Frauen mit Ausnahme der Wäscherinnen in der Stadt zurückgelassen worden – die Dienste dieser Gruppe wurden offenbar für unverzichtbar gehalten.[44] Da hier ausdrücklich von älteren Wäscherinnen die Rede ist, könnte dies in Verbindung mit der Nachricht bei Wilhelm von Newburgh ein Hinweis darauf sein, daß die Moral dieser Berufsgruppe in Zweifel stand. Ebensogut könnte die Betonung des fortgeschrittenen Alters allerdings besagen, daß das Heer nur von solchen Frauen begleitet werden sollte, die auf die Kreuzfahrer keinerlei sexuelle Anziehung

---

41 Ambroise, L'Estoire de la guerre sainte, Historie en vers de la troisième croisade, 1190–1192, publiée et traduite par Gaston Paris (Collection de documents inédits sur l'histoire de France, Bd. 1) Paris 1897, Z. 5693–98.

42 Itinerarium (wie Anm. 40), IV, c. 9, S. 248; Estoire (wie Anm. 41), Z. 5695ff. Zur Vorgeschichte des dritten Kreuzzuges und dem Verlust Jerusalems nach der Schlacht von Hattin s. Mayer (wie Anm. 2), S. 125ff. Dort Angaben zu weiterführender Literatur.

43 Itinerarium (wie Anm. 40), IV, c. 9, S. 248.

44 Ebenda; Estoire (wie Anm. 41), Z. 5695ff.

ausübten. Ob bei den „lotrices" eventuell die Grenzen zur Prostitution fließend waren, läßt sich anhand der Nachrichten nicht entscheiden.

Aus dem Zusammenhang geht ebenfalls nicht eindeutig hervor, wer die Frauen waren, die in Akkon zurückgelassen wurden und erst einige Wochen später nach der Eroberung der strategisch wichtigen Hafenstadt Jaffa wieder zum Heer stießen.[45] In der Literatur wird diese Stelle häufig als Beleg für die Anwesenheit von Prostituierten im Kreuzfahrerheer gedeutet.[46] Das ist denkbar, da sich entsprechende Indizien bei Imad ad-Din, einem der zum Gefolge Saladins gehörenden arabischen Chronisten des dritten Kreuzzuges, finden.[47] Es ist jedoch nicht die einzig mög-

---

45 Estoire (wie Anm. 41), Z. 7041–7050.

46 Z. B. Tyerman (wie Anm. 12), S. 19; Finucane (wie Anm. 3), S. 179f–181; Powell, Anatomy (wie Anm. 12), S. 185.

47 Imad ad-Din, -al-Fath al-qussi l-fath al qudsi (Die Beredsamkeit eines Cicero über die Eroberung der Heiligen Stadt), auszugsweise abgedruckt in: Die Kreuzzüge aus arabischer Sicht, aus den Quellen ausgewählt und übersetzt von Francesco Gabrieli, aus dem Italienischen von Barbara von Kaltenborn-Stachau unter Mitwirkung von Lutz Richter-Berenburg, Zürich/München, S. 256–260, hier S. 256ff. Prostitution war im 12. und 13. Jahrhundert aus kirchlicher Sicht zwar ebenso wie Unzucht und Ehebruch prinzipiell verwerflich; in der Praxis akzeptierten sie die kirchlichen Rechtslehrer und Theologen allerdings als notwendiges Übel, das der Aufrechterhaltung der sozialen Ordnung diente. Prostituierte machten sich danach zwar der Unzucht schuldig. Sie traf jedoch keine schwere Schuld an ihrem Verhalten, da sie, analog zur kirchlichen Lehre von der schwächeren Natur der Frau, eher als Männer in Gefahr gerieten zu sündigen. Wenn sie sexuelle Dienstleistungen anboten, handelten sie nur gemäß der durch ihr Geschlecht vorgegebenen Disposition. Abgesehen von ihrer anderen Rechtsstellung trafen sie daher kirchlicherseits i. d. R. leichtere Sanktionen als diejenigen Personen, die ihre Dienste in Anspruch nahmen oder vermittelten. James A. Brundage, Prostitution, miscegenation and sexual purity in the first crusade, in: Crusade and settlement (wie Anm. 24), S. 151–154, S. 156f.; s. auch ders., Prostitution in medieval canon law, in: Sexual practices and the medieval church, hrsg. von Vern L. Bullough/James A. Brundage, Buffalo/N.Y. 1982, S. 149–160; ders., Law, sex and christian society in medieval Europe, Chicago/London 1987; sowie die Sammlung von Brundage's Aufsätzen zu diesem Thema in: ders., Sex, law and marriage in the middle ages (Variorum Reprints, Collected studies series, Bd. 397), Aldershot/Hamps. 1993. Zur Rechtsstellung z. B. René Metz, Le statut de la femme en droit canonique médiéval, in: Recueils de la Sociéte Jean Bodin (wie Anm. 9), Bd. 12 (1962), S. 59–113; ders.; Recherche sur la condition de la femme selon Gratien, in: Studia Gratiana (wie Anm. 19), Bd. 12 (1967), S. 359–376; beide Aufsätze wiederabgedruckt in ders., La femme et l'enfant dans le droit canonique médiéval (Variorum Reprints, Collected studies series, Bd. 222), London 1985.

liche Interpretation, zumindest nicht, was die lateinischen Quellen betrifft. Prostitution war zur Zeit der Kreuzzüge in Europa ein weitverbreitetes, von den weltlichen und kirchlichen Autoritäten zwar mißbilligtes, aber stillschweigend toleriertes Phänomen. Klagen über die mangelnde sexuelle Enthaltsamkeit der Kreuzzugsteilnehmer und Kritik an Unzucht und Ausschweifungen tauchen seit dem ersten Kreuzzug geradezu leitmotivisch in Verbindung mit Nachrichten zur Anwesenheit von Frauen in den Quellen auf.[48] In den lateinischen Quellen zu den Kreuzzügen des 12. Jahrhunderts wird meines Wissens die Anwesenheit von „meretrices" an keiner Stelle explizit erwähnt, obwohl die mangelnde Keuschheit nicht nur im „Itinerarium" und der „Estoire" beklagt wird. Grundsätzlich gilt für alle Quellen, daß sich rückblickend häufig nur schwer entscheiden läßt, welche Phänomene die Chronisten dabei vor Augen hatten, die Anwesenheit von professionellen Prostituierten oder andere Verhaltensweisen, die dem Gebot sexueller Enthaltsamkeit entgegenstanden, wie Ehebruch oder Unzucht. Die Schwierigkeiten resultieren aus dem weitgespannten Bedeutungshorizont von Unzucht („fornicatio"). Während Gratian, dessen „Decretum" als erste systematische Sammlung kirchlicher Rechtsgrundsätze den Grundstein für die Ausbildung der Kanonistik, der Lehre vom kirchlichen Recht legte, darunter ursprünglich nur den nicht erlaubten außerehelichen Geschlechtsverkehr mit den unter besonderem kirchlichen Schutz stehende Witwen sowie mit Konkubinen und Prostituierten verstand, wurde diese relativ enge Definition in der Folgezeit auf ein weites Spektrum sexueller Aktivitäten außer- und innerhalb der Ehe ausgeweitet. Manche Kanonisten sahen den Tatbestand der Unzucht schon erfüllt, wenn etwa Ehen allein auf der Basis sexueller Anziehung geschlossen wurden, Geschlechtsverkehr innerhalb der Ehe nicht ausschließlich der Zeugung von Nach-

---

48 Wie Anm. 46; Siberry (wie Anm. 12), S. 102f., bietet eine Zusammenstellung von prägnanten Beispielen vom ersten Kreuzzug (1096–1099) bis zum ersten Kreuzzug Ludwigs IX. von Frankreich 1245–1254; Berichte über Unzucht und Ehebruch im deutschen Heer des dritten Kreuzzuges z. B. bei Arnold von Lübeck, Chronica Slavorum, a. 1172–1209, hrsg. von I. M. Lappenberg, in: MGH SS 21 (Scriptores Rerum Germanicarum, Nova Series), Hannover 1869, IV, c. 8, S. 129; über die dagegen verhängten disziplinarischen Maßnahmen (Delinquenten und Delinquentinnen werden an den Genitalien zusammengebunden nackt durchs Lager geführt): Historia de expeditione Friderici imperatoris, der sog. Ansbert; in: Quellen zur Geschichte des Kreuzzuges Kaiser Friedrichs I., hrsg. von Anton Chroust, MGH SRG N. S. 5, Berlin 1928, S. 1–115, hier S. 60; dort auch: Historia peregrinorum, Expeditio asiatica Friderici I., S. 116–172, hier S. 148.

kommen diente oder zu Zeiten (Buß- und Feiertage) stattfand, für die
die Kirche Enthaltsamkeit forderte. Das Gebot völliger sexueller Absti-
nenz galt auch für diejenigen, die sich auf einer Pilgerfahrt befanden.
„Fornicatio" wurde damit faktisch zur Sammelbezeichnung für jede Art
nicht erlaubten Geschlechtsverkehrs und als spirituelle „fornicatio" teilweise sogar auf andere Verhaltensweisen wie z. B. Götzendienst, Hab-
gier oder andere Formen ungezügelten Verlangens nach einem Objekt
ausgeweitet.[49] Die Mißbilligung der Chronisten kann sich daher sowohl
auf Kontakte unverheirateter oder verheirateter Kreuzfahrer zu Prostituierten, als auch auf die Aufrechterhaltung sexueller Beziehungen zwischen Eheleuten, Beziehungen von Kreuzfahrern zu u. U. langjährigen
Konkubinen oder zeitlich befristetes Zusammenleben mit einheimischen
Frauen beziehen. Legt man die engere Bedeutung von „fornicatio" zugrunde, sind die Nachrichten im „Itinerarium" und in der „Estoire" sehr
wohl ein Indiz dafür, daß sich zu diesem Zeitpunkt eine größere Anzahl
Frauen beim Heer befand, nicht jedoch der eindeutige Beleg für die
Anwesenheit von Prostituierten, als der sie normalerweise herangezogen werden.

Angesichts der von Pilgernden geforderten sexuellen Enthaltsamkeit konnte die Absonderung der Frauen vom übrigen Heer auch den
Charakter einer besonderen Bußübung haben. Sie gehörte wie Bitt- und
Bußprozessionen zu den ritualisierten Maßnahmen, auf die seit dem ersten Kreuzzug in Krisensituationen wiederholt zurückgegriffen wurde,

---

49 Eheschließungen fielen in den kirchlichen Kompetenzbereich. Die Grenzen zwi-
    schen Ehebruch und Unzucht konnten je nach Anwendungsweisen des Begriffs
    verschwimmen, obwohl die Definition des Ehebruchs, gegenüber der einfachen
    Unzucht das schwerere Vergehen, im allgemeinen mit größerer Präzision ange-
    wandt wurde. Außerehelicher Geschlechtsverkehr zwischen einer verheirateten
    und einer unverheirateten Person wurde statt als Ehebruch nur als einfache Un-
    zucht gewertet, wenn ein Mitverschulden des betrogenen Ehepartners konsta-
    tiert werden konnte. Das konnte z. B. der Fall sein, wenn ein Mann ohne Zustim-
    mung seiner Frau ein Keuschheits- oder Kreuzzugsgelübde ablegte, sich so ein-
    seitig seinen ehelichen Pflichten entzog und somit seine Frau, die nach Auffas-
    sung der kirchlichen Rechtslehrer aufgrund ihrer schwächeren Natur zu längerer
    Enthaltsamkeit unfähig war, wissentlich der Gefahr aussetzte, der Versuchung
    des Ehebruchs zu erliegen. James A. Brundage, Adultery and fornication: a stu-
    dy in legal theology, in: Sexual practices and the medieval church (wie Anm.
    47), S. 129–140, bes. S. 130–132. S. dazu auch Pierre J. Payer, The early medie-
    val regulations concerning marital sexual regulations, in: Journal of medieval
    history, Bd. 6 (1980), S. 369ff.

um den drohenden Entzug der göttlichen Gnade abzuwenden bzw. rück-
gängig zu machen, und so das Scheitern des Unternehmens abzuwenden.[50] Denkbar ist weiterhin, das es sich um einen Versuch gehandelt
haben könnte, den Bestimmungen von 1188 unter veränderten Umständen erneut Geltung zu verschaffen. In der Praxis scheinen diese Bestimmungen insgesamt nur bedingt wirksam gewesen zu sein. So wurde
z. B. das Glücksspielverbot bereits kurze Zeit nach dem Aufbruch des
englischen Heeres modifiziert, und zumindest Richard selbst scheint dem
Luxusverbot wenig Beachtung geschenkt zu haben.[51] Gut möglich ist
aber auch, daß es sich um eine militärstrategische Maßnahme handelte,
die von den Chronisten nicht als solche wahrgenommen wurde. In Quellen zu allen Kreuzzügen finden sich Belege dazu, daß Frauen ebenso
wie die übrigen Nonkombattanten und der Troß üblicherweise von
Kampfhandlungen ferngehalten wurden. War absehbar, daß eine besonders gefährliche Situation bevorstand, wurden die Nonkombattanten einschließlich der Frauen nach Möglichkeit in sicherer Entfernung vom
Schauplatz der Kampfhandlungen in einem befestigten und bewachten
Lager untergebracht.[52] Eine solche potentiell gefährliche Situation stand
nach dem Abmarsch aus Akkon bevor, da das Heer auf seinem Marsch
entlang der Küste durch muslimisch kontrolliertes Gebiet zog und zu
erwarten war, daß Saladins Truppen jede sich bietende Möglichkeit zum
Angriff nutzen würden.[53]

---

50 Über die Unterbringung der Teilnehmerinnen des ersten Kreuzzuges in einem
    einige Kilometer von der gerade eroberten Stadt Antiochia (in Nordsyrien) ent-
    fernten Lager berichten z. B. Fulcher von Chartres, Historia Hierosolymitana,
    hrsg. von Heinrich Hagenmeyer, Heidelberg 1913, S. 223, 243; die „Gesta Fran-
    corum", hrsg. von Rosemary M. T. Hill, London 1962 (Nelsons medieval texts,
    Bd. 21), S. 58; Raimund von Aguilers, Historia Francorum qui ceperunt Iherusa-
    lem, hrsg. von John H. Hill/Laurita L. Hill, Paris 1969, S. 72ff., 97; Peter Tude-
    bot, Historia de Hierosolymitano itinere, hrsg. von denselben, Paris 1977, S. 99.
    Die Ehefrauen der vornehmen Kreuzfahrer scheinen davon ausgenommen wor-
    den zu sein.
51 Zur luxuriösen Kleidung Richards I. anläßlich der Unterwerfung des zyprioti-
    schen Herrschers Isaak Dukas Komnenos s. z. B. das Itinerarium (wie Anm. 40),
    S. 197f. Zur Lockerung der strengen Glücksspielbestimmungen s. Roger von
    Hoveden (wie Anm. 39), S. 59.
52 Wie Anm. 50.
53 Anlaß für die Ausrufung des dritten Kreuzzuges 1187 war die sukzessive musli-
    mische Rückeroberung fast aller von den Kreuzfahrern kontrollierten Gebiete in
    Palästina und Nordsyrien durch den mächtigsten islamischen Herrscher der Re-
    gion, den ägyptischen Sultan Saladin, die 1187 in der islamischen Rückerobe-

In die Nähe der Frontlinien kamen offenbar nur solche Frauen, die logistische Aufgaben wie das Herbeischaffen von Wasser für die Kämpfenden oder auch das Herbeischleppen von Wurfgeschossen für die großen Steinschleudern übernahmen. Das Risiko war hoch, dabei von einem gegnerischen Pfeil oder Steingeschoß schwer oder sogar tödlich verletzt zu werden.[54] Meines Wissens wird die Anwesenheit von Frauen in solchen Zusammenhängen in keiner Quelle kommentiert bzw. negativ konnotiert; in der „Estorie" etwa wird als lobenswertes Exempel für über den Tod hinausreichenden Glaubenseifer die Opferbereitschaft einer Frau hervorgehoben, die bei der Belagerung Akkons durch einen Pfeilschuß tödlich verwundet wurde, als sie eine Ladung Steine an den äußersten Belagerungsring vor der durch einen Graben und eine Mauer geschützten Stadt schleppte. Während sie im Sterben lag, verfügte sie in Gegenwart der um sie versammelten Männer und Frauen und ihres eilig herbeigerufenen Ehemannes, ihre Leiche solle in den zu verfüllenden Graben geworfen werden.[55]

Aufschlußreich sind im Zusammenhang mit dem Zurückbleiben der Frauen in Akkon die Nachrichten zu den vornehmsten Damen im englischen Heer. Ungeachtet des bereits erwähnten Teilnahmeverbotes begleiteten zwei Frauen den englischen König Richard I.: seine Braut und spätere Ehefrau, Berengaria von Navarra, und seine Schwester Johanna, deren Ehemann, König Wilhelm II. von Sizilien, kurz vor dem Aufbruch des englisch-französischen Heeres gestorben war. Berengaria reiste in Begleitung Eleonores von Aquitanien von Navarra nach Messina auf Sizilien, wo die Heere bis April 1191 überwinterten. Während Eleonore, die zusammen mit anderen Beauftragten Richards während seiner Abwesenheit seine Territorien verwaltete, nach Europa zurückkehrte,[56] blie-

---

rung Jerusalems gipfelte. S. dazu Mayer (wie Anm. 2), S. 125ff. und Riley-Smith (wie Anm. 2), S. 109ff.

54 Margaret of Beverley (wie Anm. 18) beteiligte sich 1187 an der Verteidigung des von Saladins Truppen eingeschlossenen Jerusalem, indem sie mit einem Kochtopf auf dem Kopf Wasser und Steine an die Frontlinie trug. Sie wurde dabei ebenfalls verwundet. Vom ersten Kreuzzug wird berichtet, daß Frauen bei der Schlacht von Doryläum (in Anatolien) den Kämpfenden Wasser in die Nähe der Front brachten. Gleiches wird auch 1219 vom fünften Kreuzzug in Ägypten berichtet. Dazu Edward Peters (Hrsg.), Christian society and the crusades, 1198–1219, Philadelphia 1971, S. 115, 129 (Quelle: Oliver von Paderborn).

55 Estoire (wie Anm. 41), Z. 3625. Ihrer Bitte wurde entsprochen. Zum Umgang mit den Toten allg. s. Finucane (wie Anm. 3), S. 103ff.

56 Zur Verwaltung Englands und der französischen Territorien Richards in seiner

ben Berengaria und Johanna während des gesamten Kreuzzuges zusammen und kehrten nach seiner Beendigung im Oktober 1192 gemeinsam nach Europa zurück. Sie trafen zwar unterwegs immer wieder mit Richard zusammen, reisten aber während der meisten Zeit getrennt von ihm mit eigenem Gefolge, wobei sich Berengaria bis zu ihrer Eheschließung während des Zwischenaufenthaltes auf Zypern offenbar unter der Obhut der älteren und als Königin-Witwe zunächst ranghöheren Johanna befand. Während der Überfahrt der englisch-französischen Flotte von Messina nach Akkon eroberte Richard I. im Mai 1191 die Insel, wohin ein Sturm einen Teil seiner Flotte abgetrieben hatte, darunter das Schiff mit Johanna und Berengaria. Richard nahm die Tochter des besiegten Herrschers der Insel, Isaak Dukas Komnenos, als Geisel. Diese Prinzessin, deren Name in keiner Quelle überliefert wird, übergab er der Obhut der beiden Königinnen.[57]

Nach dem Abmarsch des englischen Heeres aus Akkon blieben die drei unter der „custodia" von Richards Statthalter wie die übrigen Frauen mit Ausnahme der Wäscherinnen ebenfalls in Akkon zurück. Hier spielten offenbar weniger Zweifel an ihrer Tugend eine Rolle als vielmehr der Wunsch, solche potentiell wertvollen Geiseln nicht in die Hände der Gegner geraten zu lassen, zumal Johanna und Berengaria kurz zuvor auf Zypern beinahe dieses Schicksal ereilt hätte.[58] Die Notwendigkeit, derart wertvolle Geiseln auszulösen, hätte das Kräfteverhältnis bei den diplomatischen Verhandlungen zwischen Richard I. und Saladin deutlich zuungunsten der Kreuzfahrer verschoben. Welch nützliche Rollen hochrangige Frauen im übrigen als potentielle „Tauschobjekte" bei solchen Verhandlungen spielten konnten, zeigt nicht nur die Ausliefe-

---

Abwesenheit s. John B. Gillingham, The Angevin Empire, London 1984; dort Angaben zu weiterführender Literatur.

57   Itinerarium (wie Anm. 40), II, c. 41, S. 204 und Estoire (wie Anm. 41), Z. 2081, 2087ff., zur weiteren gemeinsamen Reise s. außerdem z. B. Gesta regis (wie Anm. 39), S. 2167f., 182, 190, 235; Roger von Hoveden (wie Anm. 39), III, S. 128, 228.

58   Itinerarium (wie Anm. 40), II, c. 31, S 187f.; Gesta regis (wie Anm. 39), Roger von Hoveden (wie Anm. 39); Ernoul, Chronique d'Ernoul et de Bernard le Trésorier, hrsg. von Louis de Mas Latrie (Société de l'histoire de France, Bd. 157), S. 270f.; L'Estoire de Eracles Empereur et la conqueste de la terre d'Outremer, in: RHC Occ. II, Paris 1859, XXV, c. 18, S. 159f.: Zu Richards Beweggründen für die Eroberung Zyperns vgl. James A. Brundage, Richard the Lion-Heart and Byzantium, in: Studies im medieval culture, Bd. 6–7 (1976), S. 63–70.

rung der Zypriotin an Richard, sondern geht auch aus Berichten arabischer Chronisten über Johannas Rolle bei Richards Friedensverhand-
lungen mit Saladin hervor. Teil dieser Verhandlungen scheint eine Zeit-
lang das letztlich nicht realisierte Projekt einer Heirat zwischen Johanna
und Saladins Bruder al-'Adil gewesen zu sein.[59]

Bei den Berichten über Johanna, Berengaria und die zypriotische
Prinzessin fällt auf, daß ihre Anwesenheit auf dem Kreuzzug in den
Quellen durchweg nicht negativ konnotiert wird, obwohl sie dem offiziellen Teilnahmeverbot entgegenstand. Lediglich ein englischer Chronist, Richard von Devizes, deutet Zweifel an der Jungfräulichkeit Berengarias an,[60] nachdem er bereits vorher ihre äußere Erscheinung ab-
wertend als „prudentiore quam pulchra"[61] bezeichnet, auch das eine
Anspielung auf ihre zweifelhafte Tugend. Der traditionelle Topos der
äußeren Schönheit als Ausdruck moralischer Vollkommenheit ist ein Element des Frauenbildes in der höfischen Kultur, von dem auch Richard
von Devizes beeinflußt war, der hier möglicherweise Hofklatsch kol-
portiert.[62] Über den früheren Lebenswandel Eleonores von Aquitanien

---

59 Diese Rolle Johannas wird nur bei arabischen Chronisten überliefert; ausführ-
    lich z. B. der zu Saladins persönlichem Gefolge gehörende Baha ad-Din, Saladin
    or what befell Sultan Yusuf, übers. von Charles Wilson, The Palestine Pilgrims'
    Text Society (PPTS), Bd. 13, S. 324–326. Bereits auf Sizilien waren Johannas
    Person und ihr beträchtliches Erbe zum Streitobjekt zwischen dem neuen Herr-
    scher von Sizilien, Graf Tankred von Lecche, und Richard I. geworden. Tankred,
    einem Vetter Wilhelms II., der aufgrund seiner illegitimen Herkunft von der Nach-
    folge ausgeschlossen war, gelang es mit Unterstützung einer einheimischen Adels-
    fraktion nach dem Tod Wilhelms II., für einige Jahre die Herrschaft über Sizilien
    zu usurpieren, bis sich schließlich die Ansprüche der legitimen Erbin, Wilhelms
    Tante Konstanze, der Ehefrau Kaiser Heinrichs VI., durchsetzen konnten. Tank-
    red löste am Ende Johannas Ansprüche durch Zahlung von 40.000 Goldunzen
    ab, die zur Finanzierung des Kreuzzuges eingesetzt wurden. Das Gros der Nach-
    richten zu Johanna konzentriert sich auf diese Auseinandersetzung.
60 Richard of Devizes (wie Anm. 11), S. 35. Im Gegensatz dazu wird Berengaria in
    der „Estoire" mit den positiven Topoi belegt, die Königinnen im Mittelalter üb-
    licherweise zugeschrieben wurden. Dazu Estoire (wie Anm. 41), Z. 1140–44,
    1738–40. Zu den Königinnen-Topoi s. Lois L. Huneycutt, Images of high-me-
    dieval queenship, in: The Haskins Society Journal (1989), 61–71 oder auch den
    Sammelband von John Carmi Parsons (Hrsg.), Medieval queenship, New York-
    Stroud 1994.
61 Richard von Devizes (wie Anm. 11), S. 25f.
62 Joachim Bumke, Höfische Kultur. Literatur und Gesellschaft im hohen Mittelal-
    ter, 2 Bde., München ⁶1992, Bd. 2, S. 452f.

äußert er sich z. B. noch negativer.[63] Fest steht, das Berengarias Bräuti-
gam diese Braut akzeptierte, während er kurz zuvor während des Aufenthaltes auf Sizilien das seit seiner Kindheit bestehende Verlöbnis mit
der französischen Prinzessin Alice, der Schwester seines Mit-Kreuzfah-
rers König Philipp II. August von Frankreich, gelöst und dies nach Aussagen der „Gesta Henrici Secundi", einer anderen zeitgenössischen englischen Quelle zum dritten Kreuzzug, damit begründet hatte, sie sei die
Mätresse seines Vaters Heinrich II. gewesen.[64] Inwieweit dieser Vorwurf auf Tatsachen beruhte oder vom englischen König vorgeschoben
wurde, um eine schon seit längerem politisch nicht mehr nützliche Verbindung zu lösen und sich dem König von Navarra als neuem Bündnis-
partner zuzuwenden, ist in der Forschung umstritten.[65] Die Heiratsver-
bindung mit Navarra war zu diesem Zeitpunkt schon angebahnt, und
Berengaria befand sich bereits auf dem Weg nach Messina. Denkbar
wäre, daß die Kritik des Chronisten an Berengaria nicht auf ihre Person
zielte, sondern gegen die von ihr repräsentierte Ausrichtung von Richards
Bündnispolitik im Südwesten des „Angevinischen Reiches" gerichtet
war.

Die negative Äußerung Richard von Devizes bleibt aber insgesamt
eine Ausnahme. Das Fehlen kritischer Bemerkungen läßt sich nur bedingt auf die herausragende gesellschaftliche Stellung der drei Frauen
zurückführen, da zum Beispiel Eleonores königlicher Rang die Chronisten nicht davon abhielt, negativ über ihr Verhalten während des zweiten Kreuzzuges zu berichten. Ursache für die Zurückhaltung scheint hier
gewesen zu sein, daß keine von ihnen nach dem Kreuzzug in spektaku-
läre Vorfälle mit langfristigen politischen Folgen involviert war, die rückblickend die Wahrnehmung ihrer Kreuzzugteilnahme hätten beeinfluß-
en können.[66] In Eleonores Fall hatte dagegen die Auflösung ihrer Ehe

---

63 Richard von Devizes (wie Anm. 11), S. 25f. Zum Vorwurf des Ehebruchs, von
    dem kaum eine mittelalterliche Königin verschont blieb, s. auch Georges Duby,
    Ritter, Frau und Priester. Die Ehe im feudalen Frankreich, aus dem Französi-
    schen von Michael Schröter, Frankfurt/Main 1985, S. 7ff., 67ff.
64 Gesta regis (wie Anm. 39), S. 160.
65 Zur Bedeutung dieser Heirat für Richard I. und seine Bündnispolitik s. John B.
    Gillingham, Richard I and Berengaria of Navarre, in: BIHR (Bulletin of the In-
    stitute of Historical Research) 53 (1980), S. 157–172, bes. S. 166–168, der darin
    in erster Linie auf die politischen Gründe der Heirat eingeht und die These ver-
    tritt, daß die Initiative zur Heirat nicht von Eleonore von Aquitanien, sondern
    bereits vor dem Aufbruch zum Kreuzzug von Richard selbst ausging.
66 Berengaria spielte weder zu Lebzeiten Richards noch nach seinem Tod irgendei-

mit dem französischen König Ludwig VII. und die unmittelbar darauf-
folgende Wiederverheiratung mit einem von dessen mächtigsten Vasal-
len, dem Grafen von Anjou und künftigen englischen König Heinrich II.
(1154–1189), weitreichende politische Folgen, denn sie war die Erbin
eines der größten französischen Kronlehen, des Herzogtums Aquitani-
en. Ihre neue Ehe schuf die Grundlagen für die Entstehung des „Angevinischen Reiches", das neben England fast den gesamten Nord- und
Südwesten Frankreichs umfaßte. Die Machtbasis der französischen Könige wurde dadurch für mehrere Jahrzehnte empfindlich geschmälert.[67]
Diese politischen Konstellationen scheinen nachträglich die Bewertung
ihrer Kreuzzugsteilnahme beeinflußt zu haben. In mehreren Quellen zum
zweiten Kreuzzug wird ein Zusammenhang zwischen ihrem angebli-

---

ne politische Rolle. Dazu Gillingham (wie Anm. 65), S. 168ff., 173. Johanna
heiratete 1196 Graf Raimund VI. von Toulouse, den mächtigsten Rivalen der
Angeviner im französischen Südwesten, und starb kurze Zeit nach ihrem Bruder, im September 1199, nach der Geburt eines Kindes. S. Edmond-René Laban-
de, Les filles d'Alienor d'Aquitaine: étude comparative, in: Cahiers de Civilisa-
tion médiévale, Bd. 29 (1986), S. 101–112, hier S. 108–111. Die zypriotische
Prinzessin spielte nach dem dritten Kreuzzug wegen ihres Anspruchs auf die
Herrschaft über Zypern für einige Jahre noch eine Rolle im europäischen Macht-
poker. Zusammen mit ihrem ebenfalls gefangengenommenen Vater war sie ein
Objekt in den komplexen Verhandlungen um die Freilassung Richards I., der auf
der Rückkehr vom Kreuzzug im Herbst 1192 zunächst von Herzog Leopold V.
von Österreich gefangengenommen und von diesem dann dem deutschen Kaiser
Heinrich VI. übergeben worden war. Die Komnenen waren durch Heiratsverbin-
dung mit den österreichischen Babenbergern verwandt. Sie scheint in der Nähe
Johannas geblieben zu sein. Nach Richards Tod 1199 wurde sie aus englischer
Gefangenschaft freigelassen und ging irgendwann zwischen 1199 und 1202 eine
kurze Ehe mit Johannas Witwer ein, die bald wieder aufgelöst wurde. Um 1202
heiratete sie erneut, einen flämischen Ritter, der sie im Zuge des vierten Kreuzzuges (1198–1204) wieder in den Osten brachte, um für sie – erfolglos – die
Krone Zyperns zu reklamieren. Danach verliert sich ihre Spur. S. Heinrich Fich-
tenau, Akkon, Zypern und das Lösegeld für Richard Löwenherz, in: Archiv für
österreichische Geschichte, Bd. 125 (1966), S. 11–32, bes. S. 22ff., S. 26, 30;
sowie W. H. Rudt de Collenberg, L'empereur Isaac de Chypre et sa fille (1155–
1207), in: Byzantion, Bd. 38 (1968), S. 123–179 und Gustave Schlumberger:
Les aventures d'une princesse byzantine de Chypre à l'époque des croisades, in:
ders., Recits de Byzance et des croisades, 1. ser. Paris 1923, S. 131–142.

67 S. die Literaturangaben in Anm. 8 sowie Gillingham (wie Anm. 56); Karl-Fried-
rich Krieger, Geschichte Englands, Bd. 1: Von den Anfängen bis zum 15. Jahrhundert, München 1990, S. 126ff., 175ff., 254f., 258f. (mit Angaben zu weiterführender Literatur).

chen Ehebruch mit ihrem Onkel während des Kreuzzuges und der Auflösung ihrer ersten Ehe hergestellt, obwohl tatsächlich drei Jahre und
die Geburt einer zweiten Tochter zwischen den Ereignissen lagen.[68]

Eine weitere Erklärungsmöglichkeit wäre, daß die Kreuzzugsteilnahme Johannas, Berengarias und der zypyriotischen Prinzessin nicht
geplant war, sondern sich offenbar jeweils ad hoc aus einer besonderen
Situation ergab und so durch die Umstände gerechtfertigt werden konnte: Johannas Witwenschaft zog einen Wechsel ihres Geschlechtsvormun-
des nach sich, denn nunmehr oblag die Sorge für ihre Person und die
rechtliche Vertretung ihrem Bruder, Richard I. als ihrem nächsten männlichen Verwandten. Johannas Position und Erbansprüche waren angesichts der verworrenen politischen Situation nach dem Tod des kinder-
los gestorbenen Wilhelm II. bei der Ankunft Richards I. unsicher und
führten während der Überwinterung des Heeres zu Konflikten zwischen
ihm und dem neuen Herrscher Siziliens, Tankred von Lecce. Er löste
schließlich ihre Erbansprüche durch Zahlung einer beträchtlichen Sum-
me ab, die zur Finanzierung des Kreuzzuges verwendet wurde.[69] Die
Zypriotin war eine wertvolle Geisel,[70] und Berengarias Anwesenheit ließ
sich durch ihr verspätetes Eintreffen in Messina rechtfertigen. Ihre Ankunft fiel in die vierzigtägige Fastenzeit vor Ostern, in der Eheschlie-

---

68 Ausschlaggebender Grund für die Auflösung der Ehe scheint der Umstand gewesen zu sein, daß 1152 die Thronfolge nach 15jähriger Ehe noch ungesichert
war, da beide Kinder Eleonores und Ludwigs VII. Mädchen waren. Als offizielle
Begründung diente, wie für die Zeit typisch, die zu nahe Verwandtschaft der
beiden, der einzige nach kirchlichem Recht zulässige Auflösungsgrund. Auch
Ludwig heiratete kurze Zeit nach Eleonores Wiederverheiratung erneut. Aus dieser
Ehe gingen ebenfalls nur Töchter hervor, darunter jene Alice, die bereits als Klein-
kind mit Richard verlobt wurde und an deren Stelle letztlich Berengaria trat. Erst
in Ludwigs dritter Ehe wurde der ersehnte Sohn geboren, Philipp II. Augustus,
der gemeinsam mit Richard auf den dritten Kreuzzug ging. Odo von Deuil, fran-
zösischer Chronist des zweiten Kreuzzuges, als Kaplan im Gefolge Ludwigs
VII. selbst Kreuzzugsteilnehmer, hat offenbar nachträglich alle Hinweise auf die
Anwesenheit Eleonores aus seiner Chronik getilgt. Nur an zwei Stellen erwähnt
er Eleonore beiläufig. Hinzu kommt, daß Odos Bericht in der heute überlieferten
Form abrupt Anfang 1148 mit der Ankunft der französischen Kreuzfahrer im
Fürstentum Antiochia, der Herrschaft von Eleonores Onkel Raimund, endet. Vgl.
Odo von Deuil, La croisade de Louis VII, roi de France, hrsg. von Henri Waquet
(Documents relatifs à l'histoire de croisades, 3), Paris 1949, Vorwort, S. XXIII,
S. 56.
69 Wie Anm. 59.
70 Wie Anm. 66.

ßungen nach kirchlichem Recht nicht gestattet waren. Als pragmatische
Interpretation einer gegebenen Situation kann man eine Bemerkung
Wilhelms von Newburgh zu dieser Heirat deuten. Er erörtert ausführlich die Rechtmäßigkeit einer Eheschließung auf dem Kreuzzug. Zwar
ließe sie sich, so Wilhelm, auf den ersten Blick als Ausdruck unange-
messener Wollust deuten. Letztlich kommt er jedoch zu dem Schluß, sie
könne aus zwei Gründen gerechtfertigt werden: zum einen aus dynasti-
schen Rücksichten, zur Sicherung der Thronfolge für den Fall des plötz-
lichen Todes Richards auf dem Kreuzzug, zum anderen als probates
Heilmittel gegen die latente Gefahr der Unzucht während eines Kreuzzuges, eine Gefahr, die Wilhelm an der oben erwähnten Stelle in Verbindung mit der Anwesenheit vornehmer Damen und ihres Gefolges auf
dem zweiten Kreuzzug andeutet.[71]

IV. Grundzüge des Bildes von Kreuzzugsteilnehmerinnen
in den erzählenden Quellen

Damit sind lediglich einige Facetten der Wahrnehmung von Kreuzzugsteilnehmerinnen in den erzählenden Quellen angedeutet. Sie lassen jedoch bestimmte Tendenzen erkennen. Gemeinsames Merkmal ist die
aus Wortwahl und Kontext der Bemerkungen hervorgehende kritische
Einstellung der Chronisten zur Anwesenheit von Frauen auf dem Kreuzzug. Vor dem Hintergrund der rechtlichen und sozialen Minderstellung
von Frauen gegenüber Männern sowie im Hinblick auf die ungleiche
Geschlechtsmoral, die das sexuelle Verhalten von Frauen wesentlich
strengeren Verhaltensnormen unterwarf, da ihnen die Fähigkeit zur
Selbstkontrolle abgesprochen wurde,[72] erscheint die Anwesenheit von
Frauen auf Kreuzzügen alles in allem nicht als positiver, den Erfolg eines solchen Unternehmens begünstigender Faktor, sondern primär als
Kristallisationspunkt für das Auftreten unerwünschter Verhaltensweisen von Kreuzfahrern. Konfrontiert man die Aussagen der ausnahmslos
dem Mönchs- bzw. Klerikerstand angehörenden Chronisten mit dem aus
zeitgenössischer Theologie und Kirchenrecht ableitbaren misogynen

---

71 Wilhelm von Newburgh (wie Anm. 28).
72 Bumke (wie Anm. 62), Bd. 2, S. 481ff., 541, 552, 559ff.; Brundage., Adultery
    (wie Anm. 49), S. 129ff.; ders., Law, sex and christian society (wie Anm. 47), S.
    229ff., ders., Prostitution, miscegenation (wie Anm. 47), S. 57, 152ff.; Duby
    (wie Anm. 63), S. 79.

Frauenbild,[73] wird ihr Toposcharakter sichtbar. Die Verfasser der meisten untersuchten Quellen stehen der Präsenz von Frauen auf Kreuzzügen kritisch bis offen ablehnend gegenüber; ihre Anwesenheit setzte die Kreuzzugsteilnehmer aus dieser Perspektive latent sexuellen Versuchungen aus, barg daher die Gefahr des Entzugs der göttlichen Gnade und gefährdete so den Erfolg des Gesamtunternehmens. Das Scheitern einzelner militärischer Operationen oder gar des gesamten Kreuzzuges wird daher häufig, wenn auch nicht ausschließlich, mit der Teilnahme von Frauen erklärt.

Die hier genannten Beispiele sind keine Ausnahmen, sondern finden sich in ähnlicher Weise implizit oder explizit auch in den anderen historiographischen Quellen zu den Kreuzzügen des 12. Jahrhunderts. Gerade in Berichten über den zweiten Kreuzzug tritt diese Tendenz besonders deutlich zutage. Das unerwartete Scheitern dieses im Vorfeld von hochgesteckten Erwartungen begleiteten und allgemein als Manifestation des göttlichen Willens gedeuteten Kreuzzuges veranlaßte die zeitgenössischen Chronisten, Erklärungen zu suchen, mit deren Hilfe sich der Mißerfolg verarbeiten ließ, ohne das herrschende, auf der Konzeption von Geschichte als Heilsgeschichte basierende Weltbild zu sprengen. Dabei konnten sich übernatürliche, auf den unerforschlichen Ratschluß des allwissenden und gerechten Gottes rekurrierende Interpretationen und die Suche nach natürlichen Ursachen miteinander verbinden. Nicht selten galt das Scheitern als Strafe Gottes für die Sünden der Kreuzfahrer. Als Sünden brandmarkten Geschichtsschreiber mit unterschiedlicher Akzentsetzung einzeln oder gekoppelt etwa die falsche, weil eigenen Zielen und nicht dem Wunsch nach Verwirklichung des göttlichen Willens verpflichtete Motivation von Kreuzfahrern, Inkompetenz bzw. strategische Fehler von Kreuzzugsführern, Raub, Plünderungen und vor allem mangelnde sexuelle Enthaltsamkeit von Kreuzfahrern.[74] Dabei erscheinen stets die männlichen Teilnehmer und auch hier wiederum Angehörige des Adels als das aktive Element, während das Fehlverhalten nie direkt von den anwesenden Frauen auszugehen scheint. Ihre Präsenz wurde von vielen Autoren jedoch offenbar als Auslöser solchen Fehlverhaltens gedeutet und damit tendenziell diskreditiert.

---

73 Wie Anm. 72.
74 Umfassende Analysen des gesamten Spektrums zeitgenössischer Erklärungsversuche bzw. zur zeitgenössischen Kreuzzugskritik finden sich bei Constable (wie Anm. 10), S. 271ff.; sowie bei Siberry (wie Anm. 12), S. 23–108, bes. 69ff.

Während sich solche kritischen Tendenzen, unabhängig von Abfas-
sungszeit und Entstehungsort, explizit oder implizit in fast allen Quellen manifestieren, die allgemein auf die Teilnahme von Frauen an den
Kreuzzügen des 12. Jahrhunderts Bezug nehmen, lassen sich umgekehrt
dort keine Belege dafür finden, daß Frauen beispielsweise ein positiver
Einfluß auf das Verhalten, die Kampfmoral oder den religiösen Eifer
von Kreuzfahrern zugeschrieben worden wäre. Solche Äußerungen zu
der von Frauen verkörperten sexuellen Versuchung für männliche Kreuzfahrer und zu der in den Augen der Verfasser beklagenswerten Häufigkeit, mit der letztere der Versuchung erlagen, sind dabei keine ‚Erfin-
dung‘ der vom katastrophalen Ausgang des zweiten Kreuzzuges des-
illusionierten Geschichtsschreiber des 12. Jahrhunderts, sondern aktua-
lisieren oder erweitern nur ein traditionelles Deutungsschema, das sich
bereits in Berichten über den ersten Kreuzzug findet.[75]

Resümee

Abgesehen von einer intensiven Auseinandersetzung mit dem Wahrneh-
mungs- und Berichtshorizont der historiographischen Quellen ist es erforderlich, unter Zugrundelegung des Geschlechtes als historische Kategorie und unter Einbeziehung der verschiedenen Quellengruppen die
darin enthaltenen Nachrichten zu Frauen im Umfeld der Kreuzzüge ebenso wie die gängigen Interpretationsmuster gegen den Strich zu lesen,
um das gesamte Spektrum weiblicher Lebensmuster auf den Kreuzzügen selbst und im weiteren Umfeld der Kreuzzugsbewegung sichtbar zu
machen. Nur so kann die lange Zeit vorherrschende Marginalisierung
von Frauen überwunden werden. Alle Quellen, die dazu herangezogen
werden können, sind bereits vielfach unter anderen Fragestellungen ausgewertet worden. Hinzu kommt, daß sie, so unterschiedlich sie hinsichtlich ihrer Funktion, ihrer Inhalte und ihrer Wahrnehmungshorizonte sind,
Nachrichten über Frauen zur Zeit der Kreuzzüge mehr oder weniger
indirekt und zufällig überliefern. Der Fragehorizont muß daher syste-
matisiert und erweitert werden. Ausgehend von den Leitfragen, an welchen gesellschaftlichen Orten Frauen in den Quellen faßbar sind, wo
und wie sie sich vor Jahrhunderten in ihrer sozialen Umgebung einen

---

75 Brundage, Prostitution, miscegenation (wie Anm. 49), S. 58f., Siberry, (wie Anm.
    12), S. 102f.

Platz gesucht und gestaltet haben, sollten die verschiedenen Lebensräume auf dem Kreuzzug und an der „home front" ausgelotet werden, sowohl Herkunft, Geltungsbereiche und Bedeutung der gesellschaftlichen Normen und Rollenerwartungen, mit denen beide Geschlechter konfrontiert waren, als auch Verhaltensweisen und Handlungsmuster von Frauen in konkreten und begrenzten Lebensbereichen. Norm und Realität als die beiden konstituierenden Elemente menschlicher Existenz sollten dabei allerdings nicht als isolierte, entgegengesetzte Bereiche untersucht werden, aus deren Gegenüberstellung die „wirkliche" Lebenssituation von Frauen abgelesen werden kann, denn es handelt sich dabei um zwei in vielfachen Wechselbeziehungen stehende Ebenen weiblicher Existenz.[76]

Wichtig sind, wie die hier untersuchten Beispiele zeigen, zunächst die Fragen nach dem Wahrnehmungs- und Darstellungshorizont der Quellen: Wie werden Frauen im Umfeld der Kreuzzüge wahrgenommen? Worauf gründet sich die Wahrnehmung der Verfasser? In welchem Kontext stehen Bemerkungen über Frauen und welche Intention verbindet sich damit? Gab es geschlechtsspezifische Wahrnehmungen zur Teilnahme von Männern und Frauen an den Kreuzzügen? Welche Auswirkungen hat das auf unser Bild von Frauen im Umfeld der Kreuzzüge? Darüber hinaus sollte das erweiterte Fragenspektrum die folgenden Aspekte einbeziehen: Aus welchen Motiven nahmen Frauen an Kreuzzügen teil? Welchen sozialen Schichten gehörten sie an? Unter welchen kulturellen, sozialen, wirtschaftlichen, rechtlichen und politischen Voraussetzungen traten sie die Kreuzfahrt an bzw. nicht an? Welche Faktoren begünstigten die Kreuzzugsteilnahme von Frauen, welche standen ihr entgegen? War die Anwesenheit von Frauen auf Kreuzzügen abhängig von ihrem sozialen oder rechtlichen Status? War ihre Geschlechtszugehörigkeit ein bestimmender Faktor? In welcher Weise? Gab es Modelle und Traditionen, an denen sich die Kreuzzugsteilnahme von Frauen orientierte? Wenn ja, wie sahen sie aus? Wenn Frauen nicht selbst an Kreuzzügen teilnahmen: Wirkte sich die Kreuzzugsteilnahme von (männlichen) Angehörigen auf ihre Position in der Familie bzw. in ih-

---

76 S. dazu Bea Lundt (Hrsg.), Auf der Suche nach der Frau im Mittelalter. Fragen, Quellen, Antworten, Interdisziplinäre Beiträge, München 1991; Nancy F. Partner (Hrsg.), Studying medieval women: sex, gender, feminism, Speculum, Bd. 68 (1993) [Sonderheft zur Geschlechtergeschichte]; Karin Hausen/Heide Wunder (Hrsg.), Frauengeschichte – Geschlechtergeschichte (Geschichte und Geschlechter, Bd. 1), Frankfurt/Main/New York 1992.

rem Umfeld aus?[77] Veränderten sich die Geschlechterrollen, die Aufga-
ben- und Handlungsspielräume in einer Familie, z. B. zwischen Ehepartnern oder Eltern und Kindern? Wie sahen diese Veränderungen im
Vergleich zu normalen Kriegszügen, Pilgerfahrten oder Reisen aus, die
längere Abwesenheiten der Betreffenden selbst bzw. ihrer Verwandten
vom Lebens- oder Herrschaftsmittelpunkt zur Folge hatten? Gab es Parallelen oder Unterschiede? Wo lagen diese? Schließlich: Welchen Status
genossen Frauen während der „Reise nach Jerusalem"? Wie sah ihr Alltag während eines Kreuzzuges aus? Hatten sie bestimmte Funktionen in
den Kreuzfahrerheeren? Wie sahen diese aus? Wie gestalteten sich ihre
Handlungsspielräume? Lassen sich hier Unterschiede oder Parallelen
zum normalen Leben ausmachen?

Ein ganzes Fragenbündel ist also in diesem Zusammenhang zu be-
antworten. Zum Teil wurden die Fragen bereits gestellt, die Antworten
stehen jedoch größtenteils noch aus bzw. liegen nur ansatzweise vor.[78]
Umfassendere Antworten sind m. E. derzeit am ehesten durch Untersuchungen eines regional begrenzten Quellenkorpus zu erwarten. Neben
England bietet sich hier vor allem Frankreich an, das bei allen Kreuzzügen in den Nahen Osten eines der Hauptanwerbungsgebiete war. Abgesehen von Chroniken und Annalen sind zahlreiche Urkunden überliefert, deren systematische Untersuchung noch einiges an Ergebnissen zum
Verhältnis der Geschlechter innerhalb der Kreuzzugsbewegung zutage
fördern dürfte.[79] Vergleichbares gilt für Italien.[80] Schwieriger gestaltet
sich die Situation für das deutsche Reichsgebiet. Hier müßte sich eine
Untersuchung zur Rolle von Frauen im Umfeld der Kreuzzüge des 12.
und 13. Jahrhunderts im wesentlichen auf historiographische Quellen
stützen, da der Prozeß der Verschriftlichung erst gegen Ende des 13.
Jahrhunderts einsetzte, für die Hochzeit der Kreuzzüge in den Nahen
Osten daher keine seriellen Quellen vorliegen. Mittelfristig können die
anhand solcher Einzelstudien gewonnenen Befunde zunächst sowohl
miteinander als auch mit den bereits vorhandenen Ergebnissen zur Kreuzzugsbewegung, aber auch zu den anderen zeitgenössischen religiösen

---

77   David Herlihy, Land, familiy and women in continental Europe, 701–1200, in:
     Women in medieval society, hrsg. von Susan M. Stuard, Philadelphia 1976, S.
     89–120, S. 34; Erstabdruck in: Traditio, Bd. 18 (1962), S. 89–120.
78   Herlihy (wie Anm. 77), S. 34; Powell, The role of women (wie Anm. 12), S. 297.
79   Constable, Medieval charters (wie Anm. 24), S. 75, 77, 78, 81.
80   Anhaltspunkte dafür finden sich bei Powell, The role of women (wie Anm. 12),
     S. 296f.

Bewegungen verglichen und so erhärtet, ergänzt und gegebenenfalls auch modifiziert werden. Auf lange Sicht gesehen wäre es wünschenswert, wenn die Prämisse von den Kreuzzügen als eines primär männlichen Erfahrungsraumes abgelöst würde durch die routinemäßige Einbeziehung der Geschlechterbeziehungen als Untersuchungskategorie zur Erforschung der Kreuzzugsbewegung.

Sibylle Quack

Deutsch-jüdische Frauen in Exil und Emigration

Bis vor kurzem war es eher ungewöhnlich, die Emigration aus Nazi-Deutschland im Zusammenhang mit der allgemeinen Migrations-Forschung zu erwähnen. Es handelte sich ja um „Exil", um die erzwungene, forcierte Auswanderung einer zahlenmäßig relativ kleinen Personengruppe, die sich sowohl in ihrer Qualität als auch in ihrer Quantität von den großen Wanderungsbewegungen – etwa von Deutschland nach Amerika im 19. Jahrhundert – abhob. Im Schatten des Holocaust und auch im Schatten der Einzigartigkeit des Holocaust sollten, so schien es, auch die Erfahrungen dieser Flüchtlinge als einzigartig gelten. Vorherrschend war außerdem das Bild der „Illustrious Immigrants" der Künstler und Künstlerinnen, Wissenschaftler und Wissenschaftlerinnen, Dichter und Dichterinnen, kurz: der geistigen Elite, die von Hitler verjagt worden war, und die etwa zehn Prozent der gesamten Gruppe ausmachte.[1]

Manche der Betroffenen selber hatten sich gegen das Etikett des oder der „Emigranten" gewehrt – sie befanden sich auf der Flucht, hatten keine „ordentliche" Einwanderung mit Einwanderungspapieren und warteten im Exil, bis der Terror in Deutschland vorbei war und sie zurückkehren konnten.

Aber war das wirklich eine verbreitete Haltung? Ging es der übergroßen Mehrheit der nach 1933 in die USA geflüchteten Menschen nicht vielmehr darum, so schnell wie möglich im neuen Land heimisch zu werden, sich zu integrieren, anzupassen, ein neues Leben aufzubauen? Und waren nicht doch die Erfahrungen dieser Gruppe – ich werde sie im

---

1   Den Ausdruck „Illustrious Immigrants" prägte vor allem Laura Fermi durch ihr gleichnamiges Buch: Illustrious Immigrants. The Intellectual Migration from Europe, 1930–41, Chicago/London 1968.

folgenden mit dem zeitgenössischen amerikanischen Ausdruck „Refugees" bezeichnen – vergleichbar mit denen anderer Einwanderungsgruppen in den USA? Gerade was die Frauen dieser Emigration betrifft, so scheinen mir hier doch viele interessante und auch für andere Wanderungsbewegungen typische Erfahrungen vorzuliegen. Natürlich heißt vergleichen nicht gleichsetzten. Doch finden wir bei den Emigrations- und Immigrationsprozessen der aus Nazi-Deutschland Geflohenen im Hinblick auf ihre Geschlechterverhältnisse geradezu typische Strukturen vor, die sie mit anderen Einwanderungsgruppen gemeinsam hatten: eine vorübergehende Erstarkung der Rolle der Frau, verbunden mit einer Schwächung der männlichen Rolle, und zwar solange, bis die Integration in das Einwanderungsland gelungen, die Krisensituation überstanden war.

Im folgenden werde ich diese Phänomene an zwei wichtigen Phasen des Emigrationsprozesses der Flüchtlinge des Nazi-Regimes untersuchen: Zunächst stehen die Jahre vor der Emigration, also ab 1933, im Mittelpunkt, dann die Anfangsjahre im Einwandererungsland USA. Den Abschluß bilden einige Aussagen und Schlußfolgerungen zur späteren Identität deutsch-jüdischer Einwanderinnen in der amerikanischen Gesellschaft und Kultur.

I. Vor der Emigration

Bei den ungefähr 500.000 Menschen, die sich in Deutschland vor 1933 zum Judentum bekannten, handelte es sich in Bezug auf Glauben, religiöse Einstellungen, politische Haltungen um eine heterogene Gruppe. Dennoch läßt sich ein deutliches demographisches und ökonomisches Profil dieser Minorität, die 1933 nur 0.77 Prozent der allgemeinen Bevölkerung ausmachte, feststellen: Aus historischen Gründen über lange Zeit von der Ausübung bestimmter Berufe und von dem Kauf von Land ausgeschlossen, konzentrierte sich ein großer Teil der Juden im Handel und Gewerbe, nämlich 61 Prozent. Mit zwölf Prozent war auch ihr Anteil an den „Freien Berufen" relativ hoch, besonders unter Ärzten und Rechtsanwälten. Überwiegend gehörten die Juden in Deutschland vor 1933 also zur sozialen Mittelschicht. 70 Prozent von ihnen lebten in großen Städten. Ein Drittel lebte allein in Berlin, wo sie vier Prozent der allgemeinen Bevölkerung ausmachten.[2]

---

2   Die folgenden Studien analysieren die demographische und ökonomische Situa-

Obwohl sich die jüdische Bevölkerung in Deutschland an ihre deutsche Umgebung auf sozialem, kulturellem und politischem Gebiet angepaßt hatte, bewahrte sie sich Solidarität und Verbundenheit sowie religiöse Bindungen. Das äußerte sich zum Beispiel in der Wahl von Wohngebieten, Ausbildungs- und Berufszielen und in der Wahl der Freunde.

Nicht viele jüdische Frauen waren vor 1933 erwerbstätig. Die meisten waren Hausfrauen. Bis 1933 stieg ihre Erwerbsquote lediglich auf 27 Prozent (Gesamtbevölkerung: 34 Prozent). Immerhin 10.3 Prozent dieser jüdischen erwerbstätigen Frauen, aber nur 3.4 Prozent aller weiblichen Erwerbstätigen, arbeiteten in Freien Berufen. Das paßt zu dem hohen Anteil, den jüdische Mädchen und Frauen an den höheren Mädchenschulen und Universitäten hielten. Jüdische Frauen waren Vorreiterinnen auf höheren Schulen und Hochschulen, ihr Anteil an den ersten berufstätigen Akademikerinnen in Deutschland lag hoch. Unter anderem hatte diese Entwicklung mit der Tradition des Lernens im Judentum zu tun, es war aber auch ein Ausdruck ihres sozialen Aufstiegsstrebens. Außerdem erhoffte man vom Aufstieg in eine höhere Bildungsschicht auch Schutz vor dem Antisemitismus. Für die spätere Emigration wichtig wurde die Tatsache, daß jüdische Frauen der Mittelschicht meistens mehr moderne Sprachen gelernt hatten als jüdische Männer; dies gehörte zu einer modernen Mädchenerziehung. Viele jüdische Männer dagegen hatten eine humanistische Bildung genossen und Griechisch und Latein gelernt. Sie verstanden indes kaum Englisch oder Französisch, was ihren Anpassungsprozeß in den Emigrationsländern meistens erschwerte.

In den Jahren 1933 bis 1939 vollzog sich in den meisten jüdischen Familien ein Rollenwandel; der Aufgabenbereich von Frauen wuchs unter dem Druck der Verhältnisse gewaltig an, und Frauen traten mehr und mehr auch nach außen hin in den Vordergrund. Das hatte damit zu tun, daß gleich in den ersten Jahren der Hitler-Diktatur eine grosse Zahl jüdischer Rechtsanwälte, Richter, Hochschullehrer und Ärzte aus ihren

---

tion der jüdischen Bevölkerung in Deutschland im Jahr 1933: Monika Richarz (Hrsg.), Jüdisches Leben in Deutschland. Selbstzeugnisse zur Sozialgeschichte, 1918–1945, Stuttgart 1982 (Einleitung); Usiel Schmelz, Die demographische Entwicklung der Juden in Deutschland von der Mitte des 19. Jahrhunderts bis 1933, in: Zeitschrift für Bevölkerungswissenschaft Bd. 8 (1982), S. 31–72; Esra Benathan, Die demographische und wirtschaftliche Struktur der Juden, in: Werner Mosse (Hrsg.), Entscheidungsjahr 1932: Zur Judenfrage in der Endphase der Weimarer Republik, Tübingen 1966, S. 87–131.

Berufen verbannt wurden, und daß Boykottmaßnahmen gegen jüdische Geschäfte viele von ihnen zur Schließung zwangen.[3] Ehefrauen, die bisher nicht berufstätig gewesen waren, wurden nun zu Alleinverdienerinnen oder Mitverdienerinnen in den Familien, indem sie zum Beispiel soziale Berufe bei den jüdischen Wohlfahrtseinrichtungen ergriffen. Die „Nürnberger Gesetze" verboten die Beschäftigung von sogenannten „arischen" Dienstmädchen unter 45 Jahren in jüdischen Haushalten, so daß viele, vor allem jüngere jüdische Frauen begannen, in Haushalten zu arbeiten. Die Berichte des Berliner „Jüdischen Arbeitsnachweises" zum Beispiel zeigten ständig wachsende Zahlen von vermittelten Frauen und immer weniger von Männern.[4] Natürlich waren Frauen auf sogenannnte Frauen-Berufe festgelegt. Wegen der nationalsozialistischen Politik mußten jüdische Frauen all ihre Hoffnungen auf eine Universitätslaufbahn fallen lassen; ihre Karrieren waren zerstört, die Berufsaussichten schrumpften. Im Jahr 1935 wollte bereits jedes zweite jüdische Mädchen, das normalerweise eine Hochschulausbildung oder eine Lehre in Handel oder Gewerbe angestrebt hätte, Schneiderin werden.[5]

Im selben Moment, in dem eine verstärkte Erwerbstätigkeit jüdischer Frauen einsetzte, wuchsen jedoch die Anforderungen an sie aus ihren Familien. Es waren Frauen, die versuchten, in dieser außerordentlichen und angespannten Situation ihren Kindern und Ehemännern eine halbwegs normale Familiensituation zu schaffen und sie dadurch zu schützen. In diesen Zeiten der Verfolgung wurden sie in eine besondere Pflicht genommen: Jüdische Zeitungen waren voll von Artikeln über die Aufgaben der jüdischen Mutter in schweren Zeiten: „Jüdische Mutter: Du mußt dasein, einfach dasein!" hieß es zum Beispiel.[6] Das war schwer, oft unmöglich einzulösen, wenn man an die gleichzeitig wachsende Notwendigkeit des Geldverdienens dachte. Viele Familien lebten vom Einkommen der Frauen. Auch viele unverheiratete Frauen und Mädchen strömten jetzt aus den kleineren Gemeinden in größere Städte, um auf dem schrumpfenden jüdischen Arbeitsmarkt als Schneiderinnen und

---

3   Zu den Boykottmaßnahmen siehe Avraham Barkai, Vom Boykott zur „Entjudung". Der wirtschaftliche Existenzkampf der Juden im Dritten Reich 1933–1943, Frankfurt/Main 1987.

4   Siehe dazu Sibylle Quack, Zuflucht Amerika. Zur Sozialgeschichte der Emigration deutsch-jüdischer Frauen in die USA 1933–1945, Bonn 1995, S. 47–49.

5   Siehe Marion Kaplan, Jewish Women in Nazi Germany: Daily Life, Daily Struggles, 1933–1939, in: Feminist Studies, Bd. 6 (1990), S. 579 – S. 606 , S. 588.

6   Siehe Sibylle Quack (wie Anm. 4), S. 45.

Dienstmädchen zu arbeiten und mit ihrem Gehalt oft die ganze Familie zu ernähren. Die Hausangestellten machten nicht zufällig die stärkste Gruppe der Binnenwanderung aus, die jetzt einsetzte. Von 1933 bis 1938 wanderten mehr jüdische Frauen als Männer innerhalb Deutschlands, aber zur selben Zeit emigrierten mehr Männer als Frauen.[7] Das hing u.a. mit der beschriebenen wirtschaftlichen Rolle der Frauen zusammen. Viele Frauen, die bisher Hausfrauen gewesen waren, arbeiteten nun in anderen Haushalten, in Läden, in Einrichtungen der jüdischen Wohlfahrtspflege, in Büros. Den Frauen der arbeitslos gewordenen jüdischen Akademiker ging es wie den Frauen der Weinhändler, der Gastwirte, der Getreidehändler, der Kaufleute. Gleichzeitig waren sie weiterhin verantwortlich für Haushalt und Familie. Doch der Begriff der „Hausfrau", der in Kaiserreich und Weimarer Republik ein geschütztes bürgerliches Leben umschrieb, hatte seine Bedeutung gründlich verändert.

Solange noch irgendwelche Hoffnungen bestanden, in Deutschland zu bleiben, hemmte die Tatsache, daß gerade Frauen im verzweifelten Überlebenskampf der jüdischen Gemeinschaft gebraucht wurden, deren Auswanderung. Freilich existierten im Denken und Handeln jüdischer Organisationen in dieser Frage keine bewußten oder strategischen Planungen. Erst ab 1937 gab es eine Zentralisierung der Auswanderungspolitik; aber Haltungen und Wahrnehmungen der verschiedenen Organisationen[8] waren doch geprägt von den Anforderungen der Situation. Die „natürlichen" Eigenschaften der Frauen, ihre angeblich stärkere Bindung an Heimat und Familie, bildeten den ideologischen Hintergrund für eine zunächst mehr zögernde Haltung zur Frauenauswanderung. Erst als immer deutlicher wurde, daß es keine Zukunft für Juden in Deutschland mehr geben würde, als die Gefahr immer größer und die Auswanderung immer dringender wurde und schließlich auch der Frauenbedarf in den Emigrationsländern wuchs, fielen die Argumente für eine stärkere Auswanderung von Frauen, wie sie zum Beispiel der jüdische Frau-

---

7 Siehe Max Birnbaum, Umfang und Struktur der jüdischen Binnenwanderung, in: Jüdische Wohlfahrtspflege und Sozialpolitik, 7. Jg., Neue Folge H. 4, Berlin 1937, S. 122–129.

8 Um die Auswanderung kümmerten sich neben der im September 1933 gegründeten Reichsvertretung der deutschen Juden vor allem das Palästina-Amt der Jewish Agency, der Hilfsverein der deutschen Juden und die Hauptstelle für jüdische Wanderfürsorge, siehe Juliane Wetzel, Auswanderung aus Deutschland, in: Wolfgang Benz (Hrsg.), Die Juden in Deutschland 1933–1945, München 1988, S. 412 – S. 498, S. 438 ff.

enbund forderte, auf fruchtbareren Boden und eine stärkere Förderung der Frauenauswanderung begann.

Nicht, daß Öffentlichkeitsarbeit und Aktivitäten der jüdischen Organisationen im Entscheidungsprozess der meisten Juden eine herausragende Rolle gespielt hätten; die Entscheidung, auszuwandern, wurde meistens individuell getroffen. Viele Eltern suchten schon vor 1938 nach Möglichkeiten zur Auswanderung für ihre Töchter. Da die Angst groß war, sie allein in ein fremdes Land zu schicken, versuchten manche es mit Hilfe von Heiratsanzeigen.[9]

Doch in vielen Fällen war es so, daß die Emigration der Töchter so lange wie möglich hinausgeschoben werden sollte. Die meisten Familien erwarteten von Frauen, und besonders von ledigen Frauen, daß sie sich um Eltern und kranke Verwandte kümmerten. Viele Frauen hatten das verinnerlicht und konnten sich nicht zur Auswanderung entschließen; oft konnten und wollten sie auch ihre Mütter oder alten Eltern nicht zurücklassen. Ein Beispiel gibt der Lebensbericht von Ruth Glaser aus Düsseldorf, die sich als junges Mädchen von ihren Eltern losreißen mußte, da sie sie nicht zur Auswanderung bewegen konnte: „Im Vordergrund stand für meine Mutter, daß sie ihre Mutter nicht zurücklassen würde. Und für meine Großmutter war klar, daß sie das Grab ihres Mannes nicht verlassen konnte."[10]

Bleiben oder gehen – das war eine Frage von Leben und Tod. Es war ganz deutlich, daß ihr Geschlecht für Frauen eine entscheidende Rolle spielte, wenn sie beschlossen, Deutschland *nicht* zu verlassen, selbst wenn sie es eigentlich verzweifelt wollten. Aus Memoiren, Interviews und Autobiographien wird deutlich, wie viele Frauen schon früh den Wunsch hatten zu emigrieren. Sehr oft wird berichtet, daß Frauen gehen wollten, während ihre Männer noch zögerten. Oft waren sie es, die alles in die Hand nahmen, mit Konsulaten und NS-Behörden verhandelten und schließlich die ganze Ausreise organisierten. Natürlich gibt es auch Schilderungen, die den Ehemann als entscheidenden Motor im gesamten Prozeß der Auswanderung benennen. Aber die in den Quellen so oft wiederkehrende Bemerkung, es sei die Mutter, die Ehefrau oder die er-

---

9   Siehe Quack (wie Anm. 4), S. 62.

10 Ruth Helen Glaser, Düsseldorf revisited, Manuskript in Leo Baeck Institute, New York, S. 18. Auszüge des Manuskripts finden sich in Alexander Lixl-Purcell (Hrsg.), Women of Exile, German Jewish Autobiographies Since 1933, Westport/London 1988, S. 11–15. Siehe auch ders., Erinnerungen deutsch-jüdischer Frauen 1900–1990, in: ebd., S. 144–153.

wachsene Tochter gewesen, die sich schließlich mit ihrem Wunsch und Willen zur Auswanderung durchgesetzt hätte, ist doch auffällig und verlangt nach Erklärung.

Eine wichtige Ursache waren die Kinder, deren psychisches und physisches Wohlergehen den Müttern ganz besonders am Herzen lag, sie bildeten einen ausschlaggebenden Grund ihres Handelns. Für Gefühle und für den Gefühlszustand der ganzen Familie waren traditionell die Mütter zuständig, und deshalb litten sie besonders unter den Entwürdigungen jüdischer Kinder auf der Straße und in der Schule.

Während die Angst um die Kinder Frauen zur Emigration trieb, konnte die Sorge um andere Verwandte sie gleichzeitig zurückhalten. Genauso war es mit der Arbeit jüdischer Frauen in jüdischen Wohlfahrtsorganisationen: Während sie hier einerseits Zeuginnen der konkreten Auswirkungen der unmenschlichen Nazi-Politik wurden und die Notwendigkeit der Emigration erkannten, hielten sie andererseits die gleichen Erfahrungen von der Auswanderung ab. Die Arbeit war zu wichtig, sie waren unentbehrlich, sie konnten die von ihnen Abhängigen nicht im Stich lassen. Für viele jüdische Frauen, die in diesen Organisationen arbeiteten, hat das den Tod bedeutet.[11]

Selbstverständlich waren bei der Entscheidung zur Emigration viele verschiedene Faktoren im Spiel; nicht nur innere, sondern auch und gerade äußere Faktoren spielten eine wichtige Rolle: die Aufnahmebereitschaft der Emigrationsländer, Visafragen, und nicht zuletzt die sich ständig verändernden und widersprüchlichen Regeln der nationalsozialistischen Politik. Meistens war die Emigration in die USA nicht eine Frage von Geld oder sozialer Klasse, sie hing vielmehr davon ab, ob Mitglieder der Familie in früheren Jahrzehnten oder Jahrhunderten nach Amerika ausgewandert waren und die notwendigen „Affidavits" geben konnten. Mit diesen „Affidavits" erklärten die Verwandten eidesstattlich, daß sie für die Flüchtlinge finanziell aufkämen und diese nicht auf öffentliche Hilfe angewiesen sein würden. Indessen scheiterten viele Auswanderungswillige an dem unheilvollen Zusammentreffen amerikanischer Einwanderungsregelungen mit deutschen Zwangsmaßnahmen, wie etwa dem Verbot, Besitz mitzunehmen, und wurden von den amerikanischen

---

11 Siehe zum Beispiel das Schicksal von Cora Berliner, in: Marion Kaplan, Die jüdische Frauenbewegung in Deutschland. Organisation und Ziele des Jüdischen Frauenbundes 1904–1938, Hamburg 1981, S. 332 f.

Konsulaten abgewiesen.[12] Diese Faktoren waren für die Aus- und Einwanderung entscheidend.

Wieviele Männer, Frauen und Kinder nun wirklich in die Vereinigten Staaten emigrieren konnten, ist schwer zu sagen. Aus amerikanischen Einwanderungsstatistiken wird deutlich, daß es von 1933 bis 1945 zwischen 120.000 und 130.000 Menschen aus Deutschland und Österreich gelang, in die Vereinigten Staaten einzuwandern. Der Höhepunkt der Einwanderung in die USA lag in den Jahren 1939/1940; vorher, also in den frühen dreißiger Jahren, waren die europäischen Länder, besonders aber Palästina, die wichtigsten Emigrationsländer für Juden aus Deutschland. Unter denen, die in die USA einwanderten, gab es Tausende von Menschen, die die Reichspogromnacht noch hatten erleben müssen. Frauen waren auch hier in spezifischer Weise betroffen. Während ihre Männer, Väter, Brüder, manchmal Söhne verhaftet und ins KZ verschleppt wurden, brachten sie ihre Kinder in Sicherheit, lösten Wohnungen auf, suchten ihre Männer, gingen zur Gestapo, standen stundenlang vor Konsulaten, kabelten verzweifelt in die Welt um Hilfe. Die Berichte über diese Zeit schildern Alpträume. Viele Männer verdanken ihren Frauen oder erwachsenen Töchtern, daß sie ein Visum für ein Emigrationsland vorlegen konnten und damit aus dem Konzentrationslager entlassen wurden (das war in dieser Zeit noch möglich). Ich habe Äußerungen von Männern gefunden, in denen zum Ausdruck kam, daß das, was jüdische Frauen in diesen Wochen und Monaten zu erleiden hatten, den schrecklichen Erfahrungen ihrer Männer in den Konzentrationslagern in nichts nachstand.[13]

Ungefähr 30.000 Frauen hatten diese Erfahrungen hinter sich, als sie in die USA kamen. Wie die amerikanischen Statistiken zeigen, hatte sich das zahlenmäßige Verhältnis zwischen Männern und Frauen im Vergleich zur Einwanderung nach Palästina umgekehrt. Waren dort noch die Männer in der Überzahl, so wanderten in die USA mehr Frauen (53%) als Männer (47%) ein. Das lag unter anderem daran, daß die amerikanische Gesetzgebung Ehefrauen von amerikanischen Staatsbürgern und von ausländischen Bewohnern in den USA bevorzugt einwandern lie-

---

12 Siehe dazu Richard Breitmann/Alan M. Kraut, American Refugee Policy and European Jewry, 1933–1945, Indiana University Press, Bloomington/Indianapolis 1987, Seite 43 ff. Siehe auch David S. Wyman, Das unerwünschte Volk. Amerika und die Vernichtung der europäischen Juden, Ismaning bei München 1986.

13 Quack (wie Anm. 4), S. 71.

ßen. Es lag außerdem an der Tatsache, daß die Immigration in die USA später erfolgte, als Flucht und Emigration aus Deutschland ihrem Höhepunkt zusteuerten und sich zu einer Familienauswanderung entwickelten.[14]

II. Ankunft in den USA

„Lange habe ich nichts geschrieben, dafür habe ich ‚Erfahrungen' gesammelt", heißt es im Tagebuch der emigrierten Ärztin Hertha Nathorff. „... keine Arbeit ist mir zu schwer oder zu schmutzig, ich lasse mich oft ‚dirty refugee' nennen ... ich arbeite, arbeite, um das bescheidene, tägliche Brot für uns zu verdienen."[15]

Während Hertha Nathorff als Kartoffelschälerin, Putzfrau und Krankenpflegerin arbeitete, um den Unterhalt für die Familie zu sichern, bereitete sich ihr Mann, ebenfalls Arzt, auf seine medizinischen und sprachlichen Prüfungen im neuen Land vor. Während er wieder in seinen ärztlichen Beruf zurückkehren konnte, gelang dies Hertha Nathorff nie mehr – eine äußerst schmerzliche Erfahrung, die sie mit vielen Emigrantinnen teilte.

Welche Art von Arbeit fanden Emigrantinnen auf dem amerikanischen Arbeitsmarkt? Zunächst begaben sich viele von ihnen in die klassischen Einwanderinnenberufe und arbeiteten als Haushalts- und Küchenhilfen, als Dienstmädchen, Köchinnen und Kinderfrauen. Manche fanden auch Anstellungen als Sekretärinnen und Stenotypistinnen – falls sie sich in Deutschland oder in anderen Emigrationsländern darauf vorbereitet hatten. Andere Emigrantinnen wurden Verkäuferinnen, zum Beispiel in Läden anderer Emigranten oder in Kaufhäusern. Wieder andere arbeiteten am Fließband oder an der Nähmaschine in der Textil- und Bekleidungsindustrie. Sehr oft wurden die Stellungen gewechselt; viele Frauen begannen zunächst in schlecht bezahlten Gelegenheitsjobs, die dann allmählich von besser bezahlten und qualifizierteren Tätigkeiten abgelöst wurden. Öfter als bei männlichen Emigranten kam es bei Frauen vor, daß sie einen anderen Beruf ausübten als vor der Emigration[16]. Besonders häufig passierte dies den vertriebenen Akademikerin-

---

14 Zu diesem Zusammenhang ebenda, S. 75–82.
15 Wolfgang Benz (Hrsg.), Das Tagebuch der Hertha Nathorff, Berlin-New York, Aufzeichnungen 1933–1945, Frankfurt 1988, S.170/71.
16 Maurice Davie, Refugees in America, New York 1947, S. 134.

nen aus Deutschland, die an den amerikanischen Hochschulen als Frauen, Refugees, Jüdinnen und Deutsche auf viele Vorurteile stießen und außerdem, wenn sie Familie hatten, nur selten die Zeit fanden, um die nötigen Schritte für ihren Eintritt in die akademische Welt einzuleiten.

Viele der Emigrantinnen und Emigranten waren gleich nach ihrer Ankunft auf Hilfskomitees angewiesen, die entweder schon lange bestanden oder unter dem Druck der zunehmenden Flüchtlingsströme während der dreißiger Jahre in den USA gegründet wurden.[17] Im Zusammentreffen der „Refugees" aus Deutschland mit amerikanischen Sozialarbeiterinnen spiegelten sich kulturelle Unterschiede, die besonders in der Anfangsphase der Einwanderung eine wichtige Rolle spielten und sich folgenreich auf die Rollenverteilung in „Refugee"-Familien auswirkten. Auf sie soll im Folgenden eingegangen werden.

III. Sozialarbeiterinnen und Klienten

Amerikanische Studien und Artikel über die „Refugees" hoben eine mehr partriarchalische Familienstruktur der Deutschen hervor, ein größeres Gewicht des Vaters und dessen durch höhere Autorität weit stärkere Rolle, als sie in amerikanischen Familien üblich war.[18] Die der Mittelschicht entstammenden deutsch-jüdischen Männer, gewöhnt, einen angesehenen Beruf und eine auf Autorität beruhende Stellung in der Familie zu haben, fühlten sich daher in der Emigration, als würde ihnen der Boden unter den Füßen weggezogen. Sie waren es einfach nicht gewöhnt, um Hilfe zu bitten, und noch weniger waren sie gewöhnt, berufstätige Frauen um Rat und Unterstützung zu bitten.

Dazu kam, daß amerikanische Sozialarbeiterinnen auch äußerlich keineswegs dem Frauenbild entsprachen, das den Emigranten von Deutschland her vertraut war. Sie waren modisch gekleidet, gepflegt und geschminkt, selbstbewußt und außerdem vielfach jung. Wenn die Emigranten in Deutschland überhaupt jemals Sozialarbeiterinnen getroffen hatten, dann bei den jüdischen Organisationen, die sie in Fragen der Auswanderung beraten hatten. Die dort arbeitenden Sozialarbeite-

---

17 Siehe Quack (wie Anm. 4), S. 129 ff.
18 Siehe zum Beispiel Jennie Wilensky, German Refugees as Clients of a Family Agency, in: Smith College Studies in Social Work, Bd. IX (März 1939), No. 3, S. 257 f.

rinnen waren überarbeitet gewesen, und das letzte, was sie interessierte hätte, war Mode. Darüberhinaus hatte jüdische Sozialarbeit in Deutschland einen anderen Charakter; Bertha Pappenheim zum Beispiel vermittelte ihren Studentinnen ein eher strenges Bild der bescheidenen, zurückhaltenden, möglichst ungeschmückten Frau.[19]

Amerikanische Sozialarbeiterinnen waren sich ihrer Wirkung auf die Refugees sehr wohl bewußt und thematisierten sie auch: „The lipsticks, curls and generally well dressed look of American social workers must become an initial difficulty to many of our clients."[20] Da sie zu den wenigen weiblichen Berufstätigen mit Hochschulbildung gehörten, mußten sie ohnehin ständig um ihr Ansehen ringen und ihre Autorität sichern. Gegen das zeitgenössische Image von Sozialarbeiterinnen als „Lady Bountiful", jener großzügig spendenden und auf ehrenamtlicher Basis arbeitenden, nicht erwerbstätigen Ehefrau eines wohlhabenden Mannes, war oft schwer anzukommen; amerikanische Sozialarbeiterinnen führten seit den zwanziger Jahren einen Kampf um ihre Anerkennung als berufstätige Frauen, wobei sie versuchten, „eine Identität zu entwickeln, die ihnen sowohl den professionellen Status sicherte als sie auch ihre Weiblichkeit beibehalten ließ", wie es der amerikanische Historiker Daniel Walkowitz ausgedrückt hat.[21]

Wenn sie also den Emigranten aus Deutschland gegenübersaßen und deren Zögern, Mißachtung oder sogar Aggression gegenüber ihren Fähigkeiten bemerkten, konnte es passieren, daß sie sehr streng reagierten, um ihre Kompetenz zu beweisen. Alle Anzeichen deuten daraufhin, daß in dieser Hinsicht größere Probleme mit männlichen als mit weiblichen Emigranten bestanden.

---

19 Interview der Autorin mit Anne Kamberg, New York, 9.2.1988 (Tonbandmitschnitt im Besitz der Verf.). Als Anne Kamberg, die in den zwanziger Jahren als Volontärin in dem von Bertha Pappenheim geleiteten Heim des Jüdischen Frauenbundes in Neu Isenburg bei Frankfurt arbeitete, ihren Verlobungsring tragen wollte, wurde sie von Bertha Pappenheim darauf aufmerksam gemacht, der Ring sei viel zu schön, um ihn an einem Werktag zu tragen.

20 Siehe Ruth Mann, The Adjustment of Refugees in the United States in Relation to their Background, in: The Jewish Social Service Quarterly, Bd. XVI (September 1939), S. 9.

21 Daniel Walkowitz, The Making of a Feminine Professional Identity: Social Workers in the 1920s, in: The American Historical Review, Bd. 95 (1990), S. 1051 – S. 1075, S. 1051.

Es ist sowieso schon schwer für jemanden, der einst unabhängig und unter materiell sicheren Verhältnissen gelebt hat, um finanzielle Unterstützung zu bitten; aber noch schlimmer ist die Tatsache, daß dabei alle privaten Dinge mit der Sozialarbeiterin erörtert werden müssen. Viele deutsche Ehemänner lehnen es ja sogar ab, solche Dinge mit der eigenen Ehefrau zu besprechen, und wir können uns vorstellen, was dieser Vorgang ihnen für seelische Schmerzen bereitet,

schrieb Gerhard Saenger, Psychologe und selbst Refugee, mitfühlend über die Schwierigkeiten der Männer.[22]

Es kam vor, daß Ehefrauen nach dem gemeinsamen Gespräch mit der Sozialarbeiterin später hinter dem Rücken ihres Mannes noch einmal zurückkehrten, um die Situation zu erklären oder mit der Sozialarbeiterin nach einer Lösung der Probleme zu suchen. Oft schien das Selbstbewußtsein der männlichen Emigranten derart bedroht, daß manche Sozialarbeiterinnen unter Druck gerieten und besondere Mühe darauf verwendeten, den Emigranten zu versichern, es handele sich nur um eine Übergangsphase, und sobald die Situation es erlaube, könnten sie zu ihrer ursprünglichen Rolle als alleiniger Verdiener der Familie zurückkehren. Dabei geriet die Arbeit der Ehefrau, die das Überleben der Familie in diesen Notzeiten sicherte, noch mehr in den Ruf des Temporären, des Aushelfens und der Übergangslösung.

Auch wenn Frauen bessere Arbeit fanden und sich in ihren Stellungen wohlfühlten, ordneten Sozialarbeiterinnen ihre Tätigkeiten denen des Ehemannes unter. Während zum Beispiel von Akademikerinnen selbstverständlich erwartet wurde, daß sie als Dienstmädchen oder Haushaltshilfen arbeiten würden, waren die Anstrengungen, Männer in ihrem wissenschaftlichen Feld oder wenigstens in einem verwandten Gebiet unterzubringen, höher. Die Ambivalenz der amerikanischen Sozialarbeiterinnen, die um ihre eigene berufliche Anerkennung ringen mußten und gleichzeitig dem (männlichen) Druck im Falle ihrer Klienten oft nachgaben, ist ein interessantes Phänomen. Es ist wahrscheinlich vor allem durch das gesetzte Ziel zu erklären, die Flüchtlinge so schnell wie möglich in das amerikanische Leben zu integrieren, sie zu „amerikanisieren". Vor dem Hintergrund des Modells vom „Melting-Pot", das ethnische und kulturelle Unterschiede zugunsten des Bildes vom „neuen Menschen", „des"Amerikaners „verschmelzen" wollte, gerieten die hilfesuchenden Emigranten in einen Sog, der sich vor allem im Hinblick auf

---

22 Gerhard Saenger, Today's Refugee, Tomorrow's Citizens: A Story of Americanization, New York 1941, S. 71.

die Gleichmachung, Anpassung und Aufgabe ihrer eigenen Kulturele-
mente auswirkte.[23] Die unmittelbare materielle Not der Hilfesuchenden
stand im Vordergrund aller Bemühungen der Hilfsorganisationen; um
ihre Linderung ging es. Dabei wurde im Sinne einer schnellstmöglichen
Anpassung an die amerikanische Gesellschaft gehandelt, und die Interessen der Individuen drohten, auf der Strecke zu bleiben.

Besonders häufig passierte das, wie wir gesehen haben, im Falle
von Frauen. Auf ihre Kosten ging der Prozeß der schnellen Amerikanisierung; sie waren oft nicht in der Lage, die richtigen, ihnen angemesse-
nen Weichen für ihre Zukunft zu stellen, weil sie geradezu mechanisch
in eine bestimmte Richtung gedrängt wurden. Manchen gelang es nur
mit allergrößten Anstrengungen, aus eigener Kraft eine andere Richtung
einzuschlagen.

Vor allem Frauen, die bereits in Deutschland einen Beruf gehabt
hatten, litten unter diesem Druck. Eine frühere Krankenschwester beklagte, die einzige Art von Hilfe, die sie von Hilfsorganisationen erfahren habe, seien Stellenangebote als Putzfrau oder Haushaltshilfe gewesen. Erst aus eigener Inititative und durch eine Freundin sei es ihr gelungen, wieder in ihrem eigenen Beruf Fuß zu fassen. In einem Interview
äußerte sie ihre Kritik an den Organisationen:

> As I could work in my profession, I became interested in life again. The commit-
> tees did not understand that I needed the *right* work to start into my new life. I
> see no disgrace in scrubbing floors, but it did not arouse my interest or ambiti-
> on.[24]

IV. Schritte zur Integration

Deutsch-jüdische Emigrantinnen betraten den amerikanischen Arbeitsmarkt noch unter den Auswirkungen der Großen Depression: Das bedeutete, daß Arbeitslosigkeit herrschte, daß Frauen auf sogenannte „Fra-
uenberufe" festgelegt waren und daß Rassenschranken bestanden. Gleichzeitig hielten die amerikanischen Medien das Idealbild der weißen ver-

---

23 Eine Auseinandersetzung mit der Theorie vom „Melting Pot" bieten Nathan Gla-
    zer/D.P. Moynahan, Beyond the Melting Pot, Cambridge 1963. Siehe auch Mil-
    ton Gordon, Assimilation in American Life, New York 1964.
24 Siehe YIVO Institute, New York, CSRIE Akten, File 5, „Lifestory of Clara Emma
    C.", S. 2.

heirateten Mittelschichts-Hausfrau hoch, das in Wirklichkeit im Gefolge der Wirtschaftskrise mehr und mehr zur Illusion wurde. Mit Tausenden von Amerikanerinnen, die in den dreißiger und vor allem in den vierziger Jahren auf den Arbeitsmarkt strömten, teilten die Emigrantinnen das alltägliche und zermürbende Problem der fehlenden Kinderbetreuungsmöglichkeiten. Ebenso wie diese spürten sie die Erwartungen an ihre Fähigkeiten, Erwerbstätigkeit und „Weiblichkeit" miteinander zu verbinden. Ihre „Amerikanisierung" bezog sich nicht nur auf den wirtschaftlichen Status, sondern auch auf Ideologien, Idealisierungen, Wünsche, Kleidung und Aussehen. Manche beeilten sich – schon um einen Job zu finden –, so amerikanisch wie möglich auszusehen, legten Make-up auf, änderten ihre Frisur und Kleidung; andere litten darunter, daß sie nicht mithalten konnten, weil sie erschöpft waren und kein Geld hatten.

Verglichen mit arbeitssuchenden Amerikanerinnen kamen indes für die Emigrantinnen aus Deutschland noch andere schwere Belastungen hinzu. Sie bewegte auch noch die Sorge um ihre zurückgelassenen Angehörigen in Nazi-Deutschland, und sie versuchten verzweifelt, nicht nur genug Geld zum Überleben in der Emigration, sondern gleichzeitig auch zur Rettung dieser Verwandten und Freunde aufzubringen. Viele mußten mitansehen, wie die Zeit verrann und es nicht mehr gelang, die Angehörigen zu retten. Manche fanden Trost, indem sie anderen, neu angekommenen Flüchtlingen halfen. Eigene Organisationen wie die „Selfhelp", „Help and Reconstruction" oder „Blue Card" wurden für gegenseitige Hilfe und Unterstützung geschaffen; andere Gründungen der deutsch-jüdischen Emigration bezogen sich auf kulturelle und religiöse Zwecke. Synagogen, die die Formen der Religionsausübung aller Richtungen des deutschen Judentums bewahrten und fortführten, wurden gegründet; auch sie dienten dazu, den Refugees eine Heimat zu geben, ihnen emotionale und religiöse Unterstützung zu gewähren und bei der Eingliederung zu helfen. Das kulturelle Milieu, aus dem die Refugees stammten, konnte im „German Jewish Club" und in der Zeitung „Aufbau" gepflegt werden, gleichzeitig gab es auch hier Information, Hilfe und Verständnis.

Frauen waren in den meisten Einrichtungen der deutsch-jüdischen Emigration äußerst aktiv, wenn auch fast nie in den Führungsgremien vetreten. Während einer späteren Phase der Einwanderung, in den fünfziger Jahren, gründeten viele Gemeinden und Organisationen ihre eigenen Frauengruppen, Sisterhoods oder Women's Auxiliaries, die den

Akkulturationsprozeß an die amerikanische Gesellschaft dokumentier-
ten und oft Hand in Hand gingen mit einer stärkeren „Amerikanisierung"; zum Beispiel wurde in vielen Sisterhoods oder Women's Auxiliaries ganz bewußt nur noch Amerikanisch gesprochen. Die Frauen der
ersten und zweiten Generation bewahrten jedoch in diesen sehr amerikanisch aussehenden Organisationsformen noch viele wichtige Inhalte
ihres kulturellen Milieus. Sie bewiesen durch das Vorhandensein ihrer
Sisterhoods einerseits, daß sie in Amerika „angekommen" waren, indem sie sich in der adäquaten Form amerikanisch-jüdischer Mittelstands-
frauen um gesellschaftliche und soziale Aufgaben der Gemeinde oder
des Vereins kümmerten. Andererseits bot sich ihnen mit diesen Vereini-
gungen auch die Gelegenheit, deutsch-jüdisches Kulturgut zu pflegen,
Kontakte untereinander zu halten und den alten Menschen der deutsch-
jüdischen Einwanderung zu helfen.

Bei den meisten Integrationsprozessen spielte die Familie in der
Emigration eine bedeutende Rolle: Hier vollzogen sich gleichzeitig Be-
wahrung und Anpassung – mit allen damit verbundenen Widersprüch-
lichkeiten, Konflikten und Spannungen für die Beziehungen zwischen
Ehepartnern und zwischen den Generationen. Frauen mußten, wie übrigens auch schon vor der Emigration im nationalsozialistischen Deutschland, in ihren Familien vor allem vermitteln, ausgleichen, Kraft spen-
den. An ihre emotionalen Fähigkeiten wurden in der Anfangsphase der
Emigration erhöhte Anforderungen gestellt, und zwar nicht nur von den
Mitgliedern der Familie selbst, sondern auch von der eigenen Gruppe
sowie der amerikanischen Umwelt.

Auch wenn sich viele Frauen in dieser Situation als das stärkere
Geschlecht erwiesen, so nutzten sie diesen Zustand interessanterweise
nicht aus, um neue Hierarchien zwischen den Geschlechtern festzuschreiben. Im Gegenteil, viele Frauen hielten die alten Verhältnisse scheinbar
aufrecht, um so den Männern, und vielleicht auch sich selber, die Anpassung an die neue Situation zu erleichtern. Sie waren daran interessiert, die Übergänge nicht zu schmerzhaft, die Unterschiede zum vorhe-
rigen Zustand nicht zu kraß zum Vorschein kommen zu lassen. Von
Männern wurden sie für diese Anstrengungen gelobt. Aus manchen Veröffentlichungen sprach Überraschung, daß die ehemals so behütete, ja
„verwöhnte" Mittelschichts-Hausfrau zu all diesen Leistungen fähig
war.[25] Solche Äußerungen waren eigentlich wegen der zurückliegenden

---

25 Siehe Julius und Edith Hirsch, Berufliche Eingliederung und wirtschaftliche

Erfahrungen von Verfolgung, Vertreibung, Flucht und Emigration er-
staunlich. Sie zeigten das Bedürfnis, sich der alten Zustände des kulturellen Milieus zu erinnern, sie zu idealisieren, zu übertreiben und als
Zukunftsbild zu erhalten. Auch Frauen hielten sich also in diesen Um-
bruchssituationen oft noch an alte Muster ihres Selbstverständnisses.

Wenn es der Familie gelang, innere und äußere Stabilität herzustellen, sich im Spannungsfeld der divergierenden Interessen und Konflikte
ihrer Mitglieder zu behaupten, dann konnte sie zu einem prägenden
Moment im Leben von Emigrantenkindern werden, ein Ort, an dem Kinder wieder Wurzeln schlagen konnten, der ihnen Heimat zurückgab. „Ich
glaube, wenn man als Emigrant aufwächst, hat man nicht die gleichen
Wurzeln. Die Wurzeln sind mehr mit der Familie als mit irgendeinem
Ort verbunden," sagte die Emigrantentochter und Historikerin Hanna
Holborn Gray in einem Interview.[26]

V. Second generation

Wie empfanden, so soll schließlich gefragt werden, Töchter und Enke-
linnen ihre durch die Emigration gestählten Mütter und Großmütter?
Welche Rollenvorbilder empfingen sie, welche Eigenschaften übernahmen sie von ihnen, welche lehnten sie ab? Die Historikerin Rita Thal-
mann sagte einmal, die Mütter seien die „Säulen" gewesen, auf denen
alles geruht habe. Einerseits vermittelten sie ihren Töchtern einen Verlust, für den es keine Kompensation mehr gab, andererseits aber auch
ein „Modell der Emanzipation", hinter das die Töchter nicht zurückfal-
len wollten.[27] Andere Töchter erwähnten die große Nähe, die zwischen
Töchtern und Müttern durch die Emigration entstanden war und die zu
Spannungen führen konnte. Während jüdische Frauen in Deutschland
oft in enger Verbindung mit ihrem größeren Familienverband standen,
wurde die Emigration meistens nur im kleinsten Familienkreis angetre-

---

Leistung der deutsch-jüdischen Einwanderung in die Vereinigten Staaten (1935–
1960), in: Twenty Years. American Federation of Jews from Central Europe,
Inc., New York 1961, o. S.

26   Herlinde Koelbl, Jüdische Portraits (Interview mit Hanna Holborn-Gray), Frank-
furt/Main 1989, S. 118.

27   Siehe Sibylle Quack, Bericht über die Konferenz ‚Women in the Emigration
After 1933‘, 25.–27.11.1991 in Washington, in: Feministische Studien, 10. Jg.
(1992), Nr. 1, S. 150.

ten. Mütter, die ihre Eltern, Geschwister und Freundinnen hatten zurücklassen müssen, wandten sich nun verstärkt ihren Töchtern zu, die
unter dem Druck der Verhältnisse auf dem schnellsten Wege erwachsen
werden mußten. Nachdem die unmittelbare Verfolgungssituation überstanden war, ergab sich in den späteren Jahren nach der Einwanderung
oft eine, wie eine Emigrantin es nannte, „artifical closeness". Manche
Mütter hingen vollkommen von ihren Töchtern ab, verfolgten alle ihre
Schritte argwöhnisch und zogen sich von der ihnen immer noch (oder
wieder) durch Sprache und Kultur fremden Umgebung zurück.[28] Andere Emigrantinnen der zweiten Generation erwähnen den erhobenen Zeigefinger ihrer Mütter oder die berühmten „Bei uns-Gefühle", die von
Töchtern oft als sehr ambivalent empfunden wurden, weil die Mütter
(oder Väter) sich damit von eben jenem Integrationsprozeß in die amerikanische Umwelt abgrenzten, der andererseits von den Kindern so dringend verlangt wurde. Verbote, Comics zu lesen, Kaugummi zu kauen,
offene Ledersandalen zu tragen, im Schlafanzug zum Essen zu erscheinen oder Rockmusik zu hören, konnten ebenso aus diesen „Bei uns-
Gefühlen" resultieren wie Hochmut, ja Mitleid über die Oberflächlichkeit der amerikanischen Umwelt, verbunden mit Warnungen, nicht „zu
amerikanisch" zu werden.[29] Aber manchmal war das „Bei uns" ganz
und gar nicht überheblich gemeint, sondern drückte eher ein defensives
Gefühl, nicht dazuzugehören, aus.[30]

Zum Selbstverständnis vieler Angehöriger der „Second Generation" gehört die Erfahrung der Entwurzelung, die sie selbst oder ihre Eltern erlebt haben; viele von ihnen sind daher sensibel und aufmerksam
für gegenwärtige Flucht- und Wanderungsbewegungen in der ganzen

---

28 Äußerungen von Ilo Höppner auf der Konferenz Women in the Emigration After
     1933, Washington, D.C., 25.–27.11.1991. Ähnliche Beobachtungen auch bei Ruth
     Klüger, weiter leben. Eine Jugend, Göttingen 1992, die mit ihrer Mutter verschiedene Konzentrationslager überlebte und später in die USA emigrierte.
29 Siehe das Gespräch zwischen C. Ascher, R. Bridenthal, M. Kaplan, A. Grossmann, Fragments of a German-Jewish Heritage, in: Abraham J. Peck, The German-Jewish Legacy in America 1938–1988. From Bildung to the Bill of Rights,
     Detroit 1989, S. 184–186. Eine andere Emigrantin beschrieb die von der Tochter
     als geradezu angeboren empfundene Überheblichkeit der Mutter: „Her ‚oughts'
     and her ‚shoulds', what one does and doesn't do, what people like us do and
     don't do, a built-in arrogance and superiority remained untouched by all the events
     which shook our lives and preconceptions." Ich danke Margot Schomberg-Koch
     für diese Hinweise (Brief an die Verf. vom 20.11.1991).
30 Ascher/Bridenthal/Kaplan/Grossmann (wie Anm. 29) S. 186.

Welt. Die Lage von Menschen, die Asyl suchen, geht ihnen nahe; sie erkennen darin eigene Erfahrungen wieder:

> Each year, more of the world is uprooted, reduced to wandering in search of temporary or permanent new homes. In this, our heritage becomes increasingly universal.[31]

Eine prägende Rolle bei diesen Erfahrungen spielen veränderte Geschlechterrollen, die sich in den Prozessen von Flucht, Emigration und Immigration herstellen und die für die Integrationsprozesse der Flüchtlinge sowie für deren Sozialgeschichte von großer Bedeutung sind. Das Beispiel der deutsch-jüdischen Flüchtlinge in den Vereinigten Staaten kann uns helfen, die geschlechtsspezifischen Strukturen auch gegenwärtiger Flüchtlingsbewegungen besser zu verstehen und für deren Probleme sensibel zu werden.

---

31   Siehe Ascher/Bridenthal/Kaplan/Grossmann (wie Anm. 29) S. 190.

Beate Wagner-Hasel

Wanderweidewirtschaft und Migration von Frauen in der Antike. Einige vorläufige Überlegungen

„Wieder Schäferlauf in Markgröningen". Unter dieser Überschrift informierte die Rhein-Neckar-Zeitung am 24. August 1996 über ein Heimatfest in Württemberg, dessen erste schriftliche Zeugnisse auf das Jahr 1445 zurückgehen. Es beginnt mit einem Leistungshüten, bei dem der Schäfer mit seinem Hund eine bis zu 300 Tiere starke fremde Herde über das Gelände führt. Daran schließt sich ein Wettlauf der Schäfer an. Die Teilnehmer müssen barfuß über ein 300 Schritt langes Stoppelfeld laufen. Praktischer Hintergrund des Wettbewerbs: Die Schäfer sollen beweisen, daß sie schnell genug sind, ein entlaufenes Schaf wieder einzufangen. Dem Schnellsten winkt als Siegestrophäe eine Krone. Diese Krone können auch Mädchen erringen, wenn sie hauptberuflich als Schäferin tätig sind oder ihre Väter den Beruf des Schäfers ausüben bzw. Schafe besitzen.[1]

In einer industriell geprägten Gesellschaft wie der unseren wirken derartige Bräuche exotisch und fremd, und eben deshalb sind sie eine Zeitungsnotiz wert. In der zeitgenössischen Vormoderne, so beispielsweise in den agrarisch-pastoral geprägten Gebieten des westlichen Himalaya, ist diese vermeintliche Exotik indessen Alltag, und Hirtinnen sind eine Selbstverständlichkeit, die allein die Aufmerksamkeit des wirtschaftsgeographisch geschulten oder touristischen Auges wecken.[2]

---

1   Eine solche Schäferin, die mit ihrer Herde die Meisterinprüfung ablegte, war ein Jahr zuvor in der Wochenzeitschrift Die Zeit abgebildet: Schäferin bei der Meisterprüfung, in: Die Zeit vom 30.06.1995, S. 13.

2   Zur Wanderwirtschaft im Himalaya vgl. Harald Uhlig, Typen der Bergbauern und Wanderhirten in Kaschmir und Jaunsar-Bawar, in: W. Hartke/F. Wilhelm (Hrsg.), 33. Deutscher Geographentag Köln 1961. Tagungsbericht und wissen-

Eben dieser Widerspruch von Exotik und Alltäglichkeit verweist auf ein grundsätzliches Problem im Umgang mit antiken Lebenswelten. Es ist oft schwer, den antiken Quellen Auskünfte über das Alltagsleben zu entlocken, da Selbstverständliches vielfach nicht als überliefernswert galt. Deshalb kann gerade die Konfrontation mit zeitgenössischen, aber fremden Gewohnheiten dazu veranlassen, Alltägliches wie etwa die Existenz der Hirtinnen in den Überlieferungen aus der Antike überhaupt erst wahrzunehmen oder nach ihr zu fragen. So läßt der Schäferinnenlauf an den Wettlauf der jungen Mädchen denken, der im antiken Olympia alle acht Jahre zu Ehren der Göttin Hera stattfand. Der Siegerin winkte zwar keine Krone wie in Markgröningen, aber ein Ehrenkranz sowie ein Anteil an einer der Göttin geopferten Kuh.[3] Im attischen Brauron fanden solche Wettläufe zu Ehren der Göttin Artemis statt, der Herrin des Gebirges und der wilden Tiere.[4] Ihre mythischen Doppelgängerinnen wie Atalante zeichnen sich vor allem durch ihre Schnelligkeit im Laufen aus.[5] Von spartanischen Mädchen wissen wir, daß sie regelmäßig

---

schaftliche Abhandlungen, Wiesbaden 1962, S. 211–225; ders., Bergbauern und Hirten im Himalaya. Höhenschichtung und Staffelsysteme – Ein Beitrag zur vergleichenden Kulturgeographie der Hochgebirge, in: Harald Uhlig/E. Ehlers (Hrsg.), 40. Deutscher Geographentag Innsbruck 1975. Tagungsbericht und wissenschaftliche Abhandlungen, Wiesbaden 1976, S. 549–586; Aparna Rao, Autonomy, Life Cycle, Gender and Status among Himalaya Pastoralists, London 1998.

3   Pausanias 5, 16, 2–4: „Jedes fünfte Jahr weben die sechzehn Frauen der Hera ein Gewand; dieselben Frauen veranstalten auch den Wettkampf der Heraien. Dieser Wettkampf ist ein Wettlauf für unverheiratete Frauen. Sie sind nicht alle gleichaltrig, sondern zuerst laufen die jüngsten, nach diesen die nächst älteren, und als letzte laufen die ältesten Mädchen. Sie laufen so: das Haar fällt lose herab, das Gewand reicht bis zur Brust. Auch ihnen wird für den Wettkampf das olympische Stadion zugewiesen, doch ziehen sie ihnen beim Stadionlauf etwa den sechsten Teil ab. Den Siegerinnen geben sie Ölbaumkränze und einen Anteil von der der Hera geopferten Kuh. Sie dürfen sich auch Bilder malen lassen und weihen." (Übers. nach Ernst Meyer).

4   Lilly Kahil, L'Artémis de Brauron. Rites et mystères. Antike Kunst, Beiheft 20, 1977, S.86–101, Abb.3; Thomas E. Scanlon, Race or chase at the Arkteia of Attica? in: Nikephoros Bd. 3, 1990, S. 73–120.

5   Als Läuferin und Athletin begegnet uns Atalante vor allem auf Vasenabbildungen des 6. und 5. Jahrhunderts v. Chr. Dem Mythos zufolge wurde Atalante von dem heiligen Tier der Artemis, einer Bärin, gesäugt und ähnlich wie die mythischen Kulturheroen und Herrscher (Romulus, Kyros) von Hirten aufgezogen, um dann als Jägerin der Artemis durch die Berge zu ziehen. Vgl. u.a. Hesiod Fragment 72–76 Merkelbach-West; Theognis 1287–1294; Aristophanes, Lysi-

für derartige Wettläufe trainierten.[6] Aus römischer Zeit sind Ehrenin-
schriften überliefert, die stolze Väter für ihre siegreichen Töchter auf-
stellen ließen. Aus dem Jahre 45 n. Chr. stammt eine Inschrift aus Delphi, in der der Korinther Hermesianax u.a. die Siege seiner drei Töchter
im Stadionlauf bei den Isthmischen und Pythischen Spielen verewigte.[7]
   Die Forschung hat in Anlehnung an antike Autoren lange Zeit euge-
nische Gesichtspunkte bemüht, um sich derartige Bräuche zu erklären.
Die sportliche Ertüchtigung habe dazu gedient, daß die Frauen die
Schwangerschaften besser überstünden.[8] Die Tradition, in der die antiken Äußerungen über das sportliche Training der spartanischen Frauen
stehen, fand dabei kaum Berücksichtigung. So läßt sich ein Großteil der
Bemerkungen über den Körper der spartanischen Frau in den Kontext

---

strate 785ff.; Apollodoros 3,9,2; Kallimachos, Hymnen 3,221ff.; Ovid, Meta-
morphosen 10,560–680. Weitere Belege bei Ruth Harder und Anne Ley, in: Der
Neue Pauly Bd. 2, 1997, Sp.145–146 s.v. Atalante. Zur Deutung vgl. Pauline
Schmitt Pantel, De la construction de la violence en Grèce ancienne: femmes
meurtrières et hommes séducteurs, in: Cécile Dauphin/Arlette Farge et al., De la
violence des Femmes, Paris: Albin Michel 1997, S. 19–32, dt. in: Metis Bd. 14,
1998, S. 39–52.

6   Bleifiguren von laufenden Mädchen wurden im spartanischen Heiligtum der
     Artemis Orthia in der Eurotas Ebene gefunden. Vgl. Elaine Fantham et al., Wo-
     men in the Classical World, New York/Oxford 1994, Abb. 2.1, die den außerge-
     wöhnlichen Charakter betonen (S.59f.); Mark Golden, Sport and Society in An-
     cient Greece, Cambridge 1998, S. 123–140; Thomas F. Scanlon, Virgineum Gym-
     nasium. Spartan Females and Early Greek Athletics, in: W. J. Raschke (Hrsg.),
     The Archaeology of the Olympics. The Olympics and Other Festivals in Anti-
     quity, Madison 1988, S. 185–216. Zu laufenden Mädchen auf attischen Vasen-
     bildern vgl. T.B.L. Webster, Potter and Patron in Classical Athens, London 1972,
     S.228–241.
7   Vgl. Hugh M. Lee, SIG 802: Did Women Compete against men in Greek Athle-
     tic Festivals? In: Nikephoros Bd. 1, 1988, S.103–117.
8   Philostratos, Gymnosophistai 27; Plutarch, Lykurg 14,3. Vgl. etwa Henri I. Mar-
     rou, Geschichte der Erziehung im klassischen Altertum. Aus dem Franz. von
     Charlotte Beumann, München 1977 (nach der 3. Aufl. 1955 mit Ergänzungen
     der 7. Aufl von 1976, Original 1948), S. 67: „[…] wie die faschistische, hat die
     spartanische Frau vor allem die Pflicht, fruchtbare Mutter kräftiger Kinder zu
     sein. Ihre Erziehung ist dieser eugenischen Hauptsache untergeordnet: man ist
     bestrebt, ihr ‚alle Feinheit und weibliche Zartheit zu nehmen‘, indem man ihren
     Körper abhärtet und ihr zumutet, sich nackt zur Schau zu stellen bei den Festen
     und Bräuchen“. Vgl. auch Paul Cartledge, Literacy in the Spartan Oligarchy, in:
     Journal of Hellenic Studies Bd. 98, 1978, S. 25–37, hier: S. 31; H. Buhmann,
     Frauensport im alten Griechenland, in: Anregung Bd. 35/2, 1989, S.113.

eines Diskurses über den Gegensatz von ionischem Luxus und dorischer Einfachkeit einordnen, der sich sowohl auf Männer als auch auf Frauen bezieht.[9] Eine Erklärung für die Praxis der Spartanerinnen bietet eine solche Einordnung allerdings nicht. Zu bedenken wäre daher, ob nicht alltagspraktische Erfordernisse hinter dem Training standen und sich auch hier Schäferinnen im Wettlauf maßen. Die antike Überlieferung kennt Hirtinnen durchaus, wenn auch häufig in mythologischen Kontexten.[10] Der Philosoph Dion Chrysostomos, der im 1. Jahrhundert n. Chr. aus Rom verbannt wurde und deshalb ein langes Wanderleben führte, erzählt von der Begegnung mit einer keineswegs jungen Schäferin in Olympia, „eine(r) kräftige(n) Frau in ländlicher Kleidung, schon älter an Jahren, und graue Locken fielen auf ihre Schultern."[11] Von einer ionischen Dichterin wissen wir, daß sie in der aitolischen Stadt Lamia das freie Weiderecht erhielt. Ob sie dies tatsächlich nutzte, ist ungewiß. Das Beispiel aber zeigt, daß Maßnahmen für diejenigen, die mit ihren Herden auf Wanderschaft waren, Frauen nicht ausschlossen.[12]

Während die Wettkämpfe der Jungen und Männer ganz selbstverständlich mit den alltäglichen Anforderungen als Krieger in Verbindung gebracht werden,[13] findet man eine solche Ableitung des Wettlaufs der

---

9 Dies legt die Gegenüberstellung von dorischer Einfachheit und ionischem Kleiderluxus bzw. verweichlichten Körpern nahe, die seit den Perserkriegen in der attischen Literatur auftritt und in römischer Zeit wieder aufgegriffen wird. Vgl. A.G. Geddes, Rags and Riches. The Costume of Athenian Men in the Fifth Century, in: Classical Quarterly Bd. 37, 1989, 307–331. Der Zusammenhang von Luxuskritik und sportlicher Ertüchtigung zeigt sich auch bei Platon, der Männer und Frauen seines Idealstaates gleich erziehen lassen (Gesetze 7, 806 A–C; 813 E) und gleichzeitig den weiblichen Luxus (tryphe) verbieten will.

10 Zu den Belegen siehe unten.

11 Dion.Chrys. 1,54.

12 Sylloge³ 532.

13 Zum Zusammenhang von Hoplitentaktik und Agonistik vgl. Harold D. Evjen, Competitive Athletics in Ancient Greece: The Search for Origins and Influences, in: Opuscula Atheniensia Bd. 16/5, 1986, S. 51–56, der auch die anderen Theorien – so die Ableitung der Spiele aus dem Totenagon und Heroenkult – sowie mykenische und ägyptische Parallelen diskutiert. Einen aristokratisch elitären Charakter der Wettkämpfe behauptet dagegen – vielfach im Rückgriff auf Quellen der römischen Zeit – Paul Veyne, Was faszinierte die Griechen an den Olympischen Spielen?, in: Gunter Gebauer (Hrsg.), Olympische Spiele – die andere Utopie der Moderne. Olympia zwischen Kult und Droge, Frankfurt a. M. 1997, S.39– 61. Er verweist aber auch auf antike Stimmen, die den Nutzen der Spiele für die Einübung von Bürgertugenden wie Standhaftigkeit betonen, welche ein

Mädchen in Olympia oder der spartanischen Mädchen aus der alltäglichen Arbeit in der anwachsenden Forschungsliteratur zum Frauenleben
in der Antike kaum. Zu sehr bestimmt das Paradigma von dem eingeschlossenen Leben der Frauen in der Antike die Forschung,[14] als daß ein

---

wesentliches Erfordernis des in der Phalanx kämpfenden Kriegers darstellte; ebd.
S. 43. Zum politischen Prestige, das Olympioniken in ihrer Heimatstadt erlang-
ten, vgl. den Überblick bei Karl Wilhelm Weeber, Die unheiligen Spiele. Das
antike Olympia zwischen Legende und Wirklichkeit, Zürich/München 1991, insb.
S. 41ff., der im übrigen irrt, wenn er meint, daß es „in Hellas so gut wie keinen
Mädchensport" gegeben habe (S. 199). Vgl. Golden (wie Anm. 6), S. 123–140.
Die ältere Forschung neigte dazu, die Spiele als Eigenart indogermanischer Hir-
tenvölker zu deuten, die nach Griechenland eingewandert seien. Vgl. u.a. Julius
Jüthner, Herkunft und Grundlagen der Griechischen Nationalspiele, in: Die Antike Bd. 15, 1939, S. 231–264, hier S. 264: „Die natürlichen Grundlagen der
griechischen Nationalspiele, insbesondere des Hauptbestandteils derselben, des
athletischen Sportes, reichen zurück in die Urzeit der eingewanderten nordischen
Völker, die der hochentwickelten Vorbevölkerung der griechischen Halbinsel
dieses Bildungsgut zugeführt, es im Laufe der Zeit vervollkommnet und so die
Kultur des erorberten Landes durch einen der wichtigsten Bestandteile völki-
scher Erziehung bereichert haben": Karl Meuli, Der Ursprung der Olympischen
Spiele, in: Die Antike Bd. 17, 1941, S. 189–208, hier S. 208: „Kern der Kampf-
festspiele ist der Zweikampf, ein Gottesurteil zur Ermittlung und Bestrafung des
vermeintlichen Mörders. Dieser Zweikampf kommt schon in ethnologisch sehr
alten Kulturen vor […] Bei den ethnologisch jüngeren Kulturen der nomadi-
schen Viehzüchter und Hirtenkrieger Mittel- und Nordasiens hat er […] die ei-
gentümliche Entwicklung zum mehr weltlichen und sportlichen Gemeinfeste
verwandter Stämme durchgemacht; in dieser Form haben ihn die als Hirtenkrieger in die Geschichte eintretenden Hellenen in ihre neuen Wohnsitze mitgebracht,
als einen ihnen eigentümliches, ererbtes Nationalgut; es ist also nicht, wie so
vieles andere, von der Urbevölkerung, die sie antrafen, oder von den Kretern
oder Orientalen übernommen worde." Entgegen diesen völkisch eingefärbten
Deutungen der 30er und 40er Jahre war die jüngere Forschung bestrebt, mykenische und minoische Vorläufer der Wettkampfspiele der archaisch-klassischen
Zeit aufzudecken – vgl. u.a. Eva Rystedt, The Foot-Race and Other Athletic
Contests in the Mycenaean World. The Evidence of the Pictorial Vases, in: Opuscula Atheniensia Bd. 16/8, 1986, S. 103–116; Wolfgang Decker, Die mykenische Herkunft des griechischen Totenagons, in: Stadion Bd. 8/9, 1982/1983, S.
1–24 – und die Unterschiede zwischen den Epochen und vermeintlichen Völ-
kern als gering einzuschätzen. Zur Problematik der Ethnisierung von kulturellen
Praktiken vgl. Beate Wagner-Hasel (Hrsg.), Matriarchatstheorien, Darmstadt
1992, S. 310ff.

14 Vgl. z. B. John Gould, Law, Custom and Myth: Aspects of the Social Position of
    Women in Classical Athens, in: Journal of Hellenic Studies Bd. 100, 1980, S.

kultischer Brauch mit einer weiblichen Tätigkeit außerhalb des Hauses, so mit der Sorge um das Weidevieh, in Verbindung gebracht würde. Eher werden die von diesem Paradigma des eingeschlossenen Lebens abweichenden Befunde, wie der Lauf der jungen Mädchen in Olympia oder Brauron, als Relikt einer vergangenen matriarchalen Kultur – so in der älteren Forschung[15] – oder als Ausdruck einer verkehrten Welt, als bewußte Inszenierung einer Gegenwelt zur normalen Ordnung der antiken Stadt verstanden. Isabelle Clark und Susan Guettel Cole haben unlängst den Lauf der jungen Mädchen als einen Übergangsritus gedeutet, der den Wechsel vom Stadium der Wildheit und Unzivilisiertheit ins Stadium der Ehe – dem griechischen Denken zufolge das Element der Zivilisation schlechthin – habe ausdrücken sollen.[16]

Die Verortung der antiken Frauen und Mädchen in den geschlossenen Räumen eines antiken Hauses geht, wie unlängst Christiane Schnurr-Redford noch einmal in aller Gründlichkeit gezeigt hat, auf die Haremsvisionen des 18. Jahrhunderts zurück.[17] Diese stehen wiederum im Kon-

---

38–59. Zur Kritik an dieser Position vgl. den Forschungsüberblick bei Beate Wagner-Hasel, Das Private wird politisch. Die Perspektive ‚Geschlecht' in der Altertumswissenschaft, in: Ursula A. Becher/Jörn Rüsen (Hrsg.), Weiblichkeit in geschichtlicher Perspektive, Frankfurt a. M. 1988, S. 11–50; dies., Frauenleben in orientalischer Abgeschlossenheit? Zur Geschichte und Nutzanwendung eines Topos, in: Der altsprachliche Unterricht Bd. 32/2, 1989, S. 18–29; Marilyn A. Katz, Ideology and ‚the status of women' in ancient Greece, in: Richard Hawley/Barbara Levick (Hrsg.), Women in Antiquity. New Assessments, London 1995, S. 21–43.

15 Ludwig Drees, Der Ursprung der olympischen Spiele, Stuttgart 1962, S. 120. Vgl. auch Erwin Mehl, Mutterrechtliche Festordnung, in: Festschrift Carl Diem, hrsg. v. Werner Körbs/Heinz Mies/Klemens C.Wildt, Frankfurt a.M./Wien 1962, S. 71–82.

16 Isabelle Clark, The Gamos of Hera. Myth and Ritual, in: Sue Blundell/Margaret Williamson (Hrsg.), The Sacred and the Feminine in Ancient Greece, London/New York 1998, S. 13–26; Susan Guettel Cole, Domesticating Artemis, in: ebd. S. 27–43. Ähnlich: Thomas E. Scanlon, The footrace of the Heraia at Olympia, in: Ancient World Bd. 9, 1984, S. 77–90; S. des Bouvrie, Gender and the Gamos at Olympia, in: B. Bergren/Nanno Marinatos (Hrsg.), Greece and Gender, Bergen 1995, S. 55–74. Vgl. auch Edith Specht, Schön zu sein und gut zu sein. Mädchenbildung und Frauensozialisation im antiken Griechenland, Wien 1989, S. 107–119, die die Befunde zu den Wettläufen der Mädchen zusammengetragen und einen Zusammenhang zur Mädcheninitiation hergestellt hat. Specht betont mit Recht, daß auch dann, wenn den Wettläufen nur eine rituelle Funktion zukam, die Mädchen Zeit gehabt haben müssen, für die Wettläufe zu üben.

17 Christine Schnurr-Redford, Frauen im klassischen Athen. Sozialer Raum und reale Bewegungsfreiheit, Berlin 1996. Vgl. ansonsten Anm. 14.

text der aufklärerischen Hofkritik. Das Bild des orientalischen Harems diente als Kontrastfolie zum Sittenverfall an den europäischen Höfen. Die zurückgezogene, sittsam lebende Frau bildete das Tugendideal der Aufklärer wie Montesquieu, das sie in der vermeintlichen Fremde realisiert sahen.[18] Die Moralphilosophen der Spätaufklärung, so der Göttinger Philosoph Christoph Meiners, haben dieses Bild des Harems auf die Welt des klassischen Griechenland übertragen und vor allem den Frauen Athens ein Leben in orientalischer Abgeschlossenheit bescheinigt.[19] In der europäischen Erinnerungskultur spielt sich das Leben der Athenerinnen seitdem, wenn auch mit wechselnden Bewertungen, fern vom öffentlichen Leben im Innern eines Hauses ab.[20] Im ‚Draußen‘ werden die Frauen nur in der Imagination des Mythos bzw. im Kultritual oder aber in vorgeschichtlichen, vermeintlich matriarchalen Zeiten wahrgenommen. Sowohl das Konzept der orientalischen Eingeschlossenheit als auch des vorgeschichtlichen Matriarchats sind entlang moderner Mobilitätserfahrungen konstruiert und reflektieren auf unterschiedliche Wei-

18 Charles Louis des Secondat Montesquieu, De l'esprit des lois, ed. G. Truc, Paris 1748; Buch 16,8 (Die Eingeschlossenheit – clôture – der Frauen ist eine Folge der Polygamie), Buch 16,9 (Der Einschluß der Frauen erhält den Frieden, denn die Intrigen der Frauen wirken sich fatal auf die Ehemänner aus), Buch 16,10 (Der Einschluß der Frauen ist in den Ländern des Orients verbreitet), Buch 16,11 (Das Klima begründet die Eingeschlossenheit der Frauen). Lettres persanes, 1721. Allgemein zur Vorbildfunktion des Orients im 18. Jh. vgl. Edward W. Said, Orientalism. Western Conceptions of the Orient, London (1978) 1995 (dt. 1981, S. 136ff.).
19 Christoph Meiners, Geschichte des weiblichen Geschlechts, Bd.1, Hannover 1788, S. 317 u. 331. Zur Genese dieses Konzepts vgl. Wagner-Hasel (wie Anm. 14).
20 An Klischeehaftigkeit kaum zu überbieten ist folgendes Urteil aus einer archäologischen Studie über die Textilarbeit: „Athenische Frauen verloren anders als die Ägypterinnen ihre soziale Gleichstellung während des Übergangs von der Bronze- zur Eisenzeit. Wir erfahren aus verschiedenen Schriftquellen der klassischen Zeit, daß verheiratete Frauen wie ihre mesopotamischen Schwestern in haremsähnlicher Abgeschlossenheit gehalten werden und nur selten das Haus verlassen durften außer zu wichtigen Riten und Festen“. Elizabeth Wayland Barber, Women's Work. The First 20.000 Years. Women, Cloth, and Society in Early Times, New York/London 1994, S. 273 (Übers. aus dem Engl. v. B.W.). Wie wenig dieses Bild die Realität eines orientalischen Harems und die Wahrnehmung der dort lebenden Frauen trifft, zeigt die faszinierende Schilderung von Emily Ruete geb. Prinzessin Salme von Oman und Sansibar, Leben im Sultanspalast. Memoiren aus dem 19. Jahrhundert, hrsg. und mit einem Nachwort versehen von Annegret Nippa, Frankfurt a.M. 1989.

se Zugang und Ausschluß von Frauen aus der bürgerlichen Öffentlichkeit der Moderne.[21] Mobilitätserfahrungen von Frauen in vorindustriellen, agrarischen Gesellschaften aber lassen sich mit diesen Modellen nicht erfassen.[22]

Unter dem Blickwinkel der Migration von Frauen könnte für die Antike die Lebensweise von Hirtinnen einen Ansatzpunkt zur Diskussion solcher Fragen bieten. Ich möchte meine folgenden Bemerkungen weitgehend auf den Bereich der Weidewirtschaft beschränken, dabei aber auch andere Aspekte der Migration von Frauen in der Antike wie die Ehe- und Zwangsmigration streifen. Dabei geht es vorerst um das Sammeln und Sortieren von Befunden; eine abschließende Bewertung ist vielfach noch nicht möglich. Von daher können die hier vorgestellten Überlegungen nur den Anstoß zur Erforschung der Migration in der Antike aus einer geschlechtsspezifischen Sicht geben, wie sie in der Neueren Geschichte und Soziologie schon lange praktiziert wird, nicht aber fertige Ergebnisse präsentieren.[23]

I.   Wanderweidewirtschaft in vergleichender Perspektive

Ähnlich wie es für die Schwäbische Alb und für den Himalaya belegt ist, wurde die Viehzucht in der Antike in weiten Teilen als Wanderweidewirtschaft betrieben. Die Wanderweidewirtschaft oder auch Transhumanz entspricht damit der landläufigen Definition von Migration als einer individuellen oder kollektiven, zwar nicht dauerhaften, aber periodischen und zielgerichteten Wohnsitzveränderung über eine Grenze hinweg.[24] Meist erfolgt die Wanderweidewirtschaft im Wechsel von der

---

21 Wagner-Hasel (wie Anm. 13), S. 273ff.

22 Wie differenziert Bewegungsräume und Mobilitätserfahrungen von Frauen auch in industriell geprägten Gesellschaften betrachtet werden müssen, zeigen zunehmend Mikroanalysen wie die von Dorothea Zöbl/Christiane Klingspor, Bewegungsräume im Wandel. Mobilität von Frauen in Charlottenburg. Institut für Stadt- und Regionalplanung der Technischen Universität Berlin (= ISR-Diskussionsbeitrag Nr. 46), Berlin 1997.

23 Vgl. neben den in diesem Band versammelten Beiträgen auch Sawitri Saharso, Geschlecht, Ethnie und öffentliche Moral: Migrantinnen in der holländischen Frauen- und Minoritätspolitik, in: Feministische Studien Bd. 16/1. 1998, S. 25–38 mit weiteren Literaturverweisen gerade zu Migrantinnen mit islamischen Hintergrund.

24 Holger Sonnabend, Historische Migrationsforschung in Stuttgart: Konzepte,

Sommer- zur Winderweide; anders als beim Vollnomadismus, der eine Anpassung an ökologisch extreme Bedingungen darstellt und nicht vor dem 1. Jahrtausend nachzuweisen ist, geht Transhumanz mit Ackerbau am Ort der Sommer- oder Winterweide einher, wobei im Unterschied zur Almwirtschaft auf winterliche Aufstallung verzichtet wird.[25] Die Reichweite der Herdenwanderungen kann sehr unterschiedlich sein.[26] Im Himalaya überlappen sich verschiedene Formen. Die Wanderschaften der Gujars erstrecken sich über einen Radius von 200 bis 500 Kilometern. Die ortsansässigen Bauern Kashmirs, die ihre Tiere unter Aufsicht gedungener Hirten auf die Sommerweiden ins Hochgebirge schikken, betreiben eine „short-distance" Transhumanz bzw. Almwirtschaft.[27] Im heutigen Griechenland machen sich im Frühjahr die Bauern aus dem Gebiet um Epidauros auf, um mit ihren Schafen und Ziegen die Hochweiden am Kyllene in Arkadien zu erreichen.[28] Die Wanderungen stellen hier einen Reflex der Klimabedingungen dar. Von Westen nach Osten

---

Modelle, Ergebnisse, in: Bernhard Vogler (Hrsg.), Les migrations de l'Antiquité à nos jours. Actes du colloque tenu à Strasbourg les 7 & 8 mars 1994, Strasbourg 1996, S. 7–14.

25 Zur Definition vgl. Burkhard Hofmeister, Wesen und Erscheinung der Transhumance: Zur Diskussion um einen geographischen Begriff, in: Erdkunde Bd. 15, 1962, S. 121–135; Carl Rathjens, Wanderhirten in den Gebirgen von Vorder- und Südasien, in: ders./Carl Troll/Harald Uhlig (Hrsg.), Vergleichende Kulturgeographie, Wiesbaden 1973, S. 141–145; Wolf-Dieter Hütteroth, Zum Kenntnisstand über Verbreitung und Typen von Berg-Nomadismus und Halbnomadismus in den Gebirgs- und Plateaulandschaften Südwestasiens, in: ebd., S. 146–156. A. M. Khazanov, Nomads of the Outside World, Cambridge 1984 (russ. 1983). Vgl. Ellen C. Semple, The Influence of Geographic Conditions upon Ancient Mediterranean Stock-Raising, in: Annuals of the Association of American Geographers Bd. 12, 1922, 3–38; dies., The Geography of the Mediterranean Region. Its Relation to Ancient History, New York 1931.

26 Zwischen „short distance" und „long distance transhumance" unterscheidet Jens Erik Skydsgaard, Transhumance in Ancient Greece, in: C. R. Whittaker (Hrsg.), Pastoral Economies in Classical Antiquity, Cambridge 1988, 75–86; ders., Signe Isager: Ancient Greek Agriculture, London/New York 1992, S. 99–101.

27 Vgl. Anm. 2.

28 Harald Koster, The Thousand Year Road, in: Expedition Bd. 19/1, 1976, S. 19–28. Der Weg führt von den Hängen des Ortholiti über Trchiá zum südwestlichen Hügel von Epidaurus; von dort geht es weiter nach Loghouria zu den Hängen von Achnéo am Rande der Argivischen Ebene bis nach Mykene. Von Mykene nehmen die Herden den Weg nach Fíkti zur Nemeischen Ebene, wo heute Wein angebaut wird, und weiter nach Psari und Stymphalia. Die Wanderung erfolgt zu Fuß; manche Güter werden aber auch mit Lastwagen transportiert.

nehmen die Niederschläge rapide ab. Während im Jahresdurchschnitt in Korfu 1239 mm Niederschlag fallen, sind es in Athen nur 395mm. Gerade die Argolis stellt eine der trockensten Regionen Griechenlands dar.[29] Immer werden bei diesen Wanderschaften Grenzen überschritten, seien diese lokaler, regionaler oder nationaler Art. Unterscheiden kann man deshalb auch zwischen interlokaler und interregionaler Transhumanz.[30] Die neuen politischen Grenzziehungen der modernen Nationalstaaten haben die weiträumigen Transhumanzbeziehungen manchmal empfindlich gestört. Die vlachischen Bauern des Pindus-Gebirges, die im 19. Jahrhundert im Winter mit ihren Herden ins thessalische Tiefland zogen, sahen sich mit der Gründung des griechischen Nationalstaates um ihre Winterweidegebiete gebracht, die nunmehr in einer fremden Nation lagen.[31] Aus der Antike sind vertraglich fixierte Absprachen zwischen einzelnen Poleis verbürgt, die einander gegenseitig Weiderechte einräumten oder fremden Besuchern ihrer Feste kurzfristig freie Weide auf dem Tempelland erlaubten.[32]

Die Erforschung der Transhumanz in der Antike hat in den letzten Jahren große Fortschritte gemacht.[33] Geschlechtsspezifische Fragestellungen, die für eine Migrationsforschung aus der Perspektive der Frauen genutzt werden könnten, findet man bislang aber kaum. Einen An-

---

29 Cay Lienau, Griechenland. Geographie eines Staates der europäischen Südperipherie, Darmstadt 1989, S. 82.

30 So Dorothea Zöbl, Die Transhumanz (Wanderschafhaltung) der europäischen Mittelmeerländer im Mittelalter in historischer, geographischer und volkskundlicher Sicht (= Berliner Geographische Studien Bd. 10), Berlin 1982.

31 A. J. B. Wace/M. S. Thompson, The Nomads of the Balkans, London 1914, Ndr. 1972.

32 Belege bei Stella Georgoudi, Quelques problèmes de la transhumance dans la Grèce ancienne, in: Revue des Etudes Grecques Bd. 87, 1974, S. 155–185; Angelos Chaniotis, Problems of ‚Pastoralism‘ and ‚Transhumance‘ in Classical and Hellenistic Crete, in: Orbis Terrarum Bd. 1, 1995, S. 39–89.

33 C. R. Whittaker, (Hrsg.): Pastoral Economies in Classical Antiquity, Cambridge 1988; Paul Halstead, Counting Sheep in Neolithic and Bronze Age Greece, in: Ian R. Hodder/G. Isaac/N. Hammond (Hrsg.), Patterns of the Past. Studies in Honour of David Clarke, Cambridge 1980, S. 307–339; ders., Man and Other Animals in Later Greek Prehistory, in: Annual of the British School at Athens Bd. 82, 1987, S. 71–83; ders., Traditional and Ancient Rural Economy in Mediterranean Europe: Plus ça Change, in: Journal of Hellenic Studies Bd. 107, 1987, S. 77–87; Beate Wagner-Hasel, Der Stoff der Gaben. Gewebe, Zeichen und Kommunikation im archaischen Griechenland, Frankfurt a.M./New York (im Druck), Kap. VI.

fang haben Herbert Grassl und Walter Scheidel mit der Zusammenstellung von Quellen zu Hirtinnen gemacht.[34] Grassl nimmt allerdings an,
daß unter den Bedingungen der Wanderweidewirtschaft die Aufsicht der
Herden Männern oblag, da die Frauen für den Ackerbau zuständig gewesen seien. Auch in seinem Erklärungsmodell bleiben Frauen mit dem
Haus verbunden.[35] Das ethnologische und historische Vergleichsmate-
rial legt indessen eine eher differenzierte Sicht nahe. Häufig geht es um
die Wanderschaft ganzer Familien; deren innerfamiliale Arbeitsteilung
folgt zum Teil ganz anderen Mustern. Gerade junge Frauen und Mädchen sind vielfach zusammen mit jungen Männern mit der Beaufsichtigung des Viehs beauftragt. Altersmäßige Arbeitsteilung scheint die geschlechtsspezifische Arbeitsteilung oftmals zu überlagern oder zu un-
terlaufen. So werden auf den heutigen jahreszeitlichen Wanderungen
der Herden von den Winterweiden um Epidauros zu den Sommerweiden am Kyllene in Arkadien, wie Harald Koster beobachtet hat, sowohl
Söhne wie Töchter zum Hüten und Treiben der Ziegen und Schafe eingesetzt – eben wie jene Ziegenhirtin in Kashmir.[36] Selbst dort, wo Transhumanz nicht auf innerfamilialer Arbeitsteilung beruht, sondern gedun-
gene Arbeitskraft eingesetzt wird, werden die Herden nicht nur unter
Aufsicht männlicher Hirten, sondern auch von Mägden oder Schäferinnen auf die Hochweiden getrieben.[37] Zum Teil existieren aber in einem
geographischen Raum – dies gilt zum Beispiel für den Karakorum –
ganz unterschiedliche Systeme der Arbeitsteilung. Während auf der Nordseite des Gebirges (Tadschikistan) bei den Bergbauern iranischer Sprache Frauen auf die Weidestationen gehen und das Melken und die Käse-
bereitung als ausgesprochene Frauenarbeit gelten, die Männer aber Feld
und Garten bestellen, ziehen auf der Südseite (in Nuristan) nur die Män-

---

34 Herbert Grassl, Zur Rolle der Frau in antiken Hirtenkulturen, in: Laverna Bd. 1,
    1990, S. 13–17; Walter Scheidel, Frau und Landarbeit in der Alten Geschichte,
    in: Edith Specht (Hrsg.), Nachrichten aus der Zeit. Ein Streifzug durch die Frau-
    engeschichte des Altertums, Wien 1992, S. 195–235.
35 So meine eigene Überlegung (Zwischen Mythos und Realität: Die Frau in der
    frühgriechischen Gesellschaft, Frankfurt a.M. 1982, S. 46), der Grassl (wie Anm.
    34) gefolgt ist.
36 Koster (wie Anm. 28), S. 24.
37 Vgl. W. Jacobeit, Schafhaltung und Schäfer in Zentraleuropa bis zum Beginn
    des 20. Jahrhunderts, Berlin 1961, S. 64. Dies gilt auch für die Gaddi im westli-
    chen Himalaya. Vgl. Harald Uhlig, Wanderhirten im westlichen Himalaya, in:
    Carl Rathjens/Carl Troll/Harald Uhlig (Hrsg.), Vergleichende Kulturgeographie
    der Hochgebirge des südlichen Asiens, Wiesbaden 1973, S. 157–167, hier: S.
    166.

ner im Sommer auf die Weidestationen und bleiben unter sich. Auffallenderweise wird gerade dort, wo Frauen nicht mit auf die Hochweiden gehen, die Bergwelt weiblich imaginiert, und die Wildziegen des Gebirges gelten als Eigentum von weiblich gedachten Geistern, den Peri. Schafe werden dagegen in den Tälern von Frauen gehütet und bevorzugt auch von ihnen geopfert.[38]

Es liegt nahe, daß für den weiten geographischen Raum, den die antiken Kulturen umfassen, von ganz unterschiedlichen Organisationsweisen der Arbeit auszugehen ist. Die antiken Autoren schweigen sich über die Organisation der Wanderweidewirtschaft allerdings weitgehend aus. Ebenso wie die Landwirtschaft muß die Viehwirtschaft zu den alltäglichen Selbstverständlichkeiten gehört haben, über die zu berichten kein Anlaß bestand. In der Hauswirtschaftslehre des Xenophon aus dem 4. vorchristlichen Jahrhundert wird ausführlich nur auf die Verarbeitung der Produkte der Weidewirtschaft eingegangen, auf die Wollarbeit, die in der Zuständigkeit der Frauen lag. Die Schaf- und Ziegenzucht spielt in seinem Modell nur insofern eine Rolle, als sie ein Problem der Anleitung von Sklaven darstellt.[39] Erst die römischen Agrarschriftsteller, die Handbücher für die Verwalter ihrer zahlreichen Güter schreiben, widmen sich in aller Ausführlichkeit der Weidewirtschaft, wobei es ihnen in erster Linie um die Vermittlung des Wissens über Heilmethoden für kranke Tiere geht. Bei Marcus Terentius Varro (116–27 v. Chr.), der selbst große Herden besaß, können wir erstmals auch etwas über Hirtinnen lesen. Varro differenziert dabei zwischen den Praktiken der ortsfesten Viehhaltung auf den Landgütern und der Wanderweidewirtschaft. Er schreibt: „Auf den Bergweiden kann man junge Männer, gewöhnlich bewaffnet, sehen, während auf den Gütern neben Knaben auch Mädchen das Vieh hüten."[40] Allerdings sind auch diese bewaffneten Hirten in den Bergen nicht ohne Frauen.

> Aber jene Hirten, die das Vieh auf den Bergweiden und im Waldland hüten und sich vor dem Regen nicht in der Villa, sondern in provisorischen Hütten schützen, sind nach Meinung vieler [Autoren] Gattinnen beizugeben, die den Herden folgen, das Essen zubereiten und die Hirten sorgfältiger machen. Aber solche

---

38 Peter Snoy, Alpwirtschaft im Hindukusch und Karakorum, in: Neue Forschungen im Himalaya. Mit Beiträgen von E. Grötzbach/S. von der Heide et al., Wiesbaden 1993, S. 49–73.

39 Xenophon, Oikonomikos 7,22–26 (Beschreibung der Räume der Geschlechter).

40 Varro, Res rusticae 2,10,1.

Frauen müssen stark, und nicht unansehlich, sein, und in vielen Gegenden stehen sie an Arbeitsleistungen den Männern in nichts nach, wie man es in Illyrien beobachten kann, wo sie entweder das Vieh hüten oder das Brennholz herbeischaffen und das Essen kochen, oder die Hütten in Ordnung halten.[41]

Varro schreibt aus der Perspektive des Herdenbesitzers; die Hirtinnen, die er erwähnt, sind Unfreie.[42] Wenn Hirtinnen als freie Frauen dargestellt werden, sind diese in den antiken Überlieferungen an den Randzonen der damals bekannten Welt angesiedelt, in Illyrien bei Varro, in Thrakien bei Platon. Platon erzählt von thrakischen Frauen, daß sie gleich den Sklaven den Acker bestellten und die Schafe hüteten, während die attischen Frauen im Innern des Hauses die Güter verwalteten und die Herrschaft über das Weberschiffchen ausübten.[43] Andere Überlieferungen von Hirtinnen stehen im Kontext mythologischer Erzählungen. Diodor berichtet von Hirtenfrauen in Phrygien, die die Göttin Kybele gefunden hätten.[44] Die Mutter des persischen Königs Kyros soll eine Ziegenhirtin gewesen sein.[45] Als Ziehmutter des Remus und des Romulus ist ebenfalls eine Hirtenfrau überliefert.[46] Die antike Mythologie ist reich an weiblichen Gestalten, die mit der Viehzucht und der Welt der Weide verbunden sind. Dazu zählt nicht nur die Göttin Artemis. Hermes, der Schutzgott des Kleinviehs, ist der Sprößling einer Schäferin, der Nymphe Maia.[47] In der antiken Dichtung ist der Typus der Schäferin oder Ziegenhirtin nicht unbekannt. „Die kleine Tochter trieb zwei Ziegen vom Berge heimwärts", dichtet Ovid in seinen Fasten.[48] Chloe, die Heldin im bukolischen Liebesroman des Longos, ist Schafhirtin; Daphnis, der sie liebt, hütet Ziegen. Beide gehen ihrer Tätigkeit im jugendlichen Alter nach. Mit der Mannbarkeit, so plant die Ziehmutter, soll für Chloe der Aufenthalt auf der Weide enden.[49]

---

41 Varro, Res rusticae 2,10,6ff.
42 Varro besaß nach eigenen Angaben große Herden von Rindern und Schafe sowie Pferde (2,1,6).
43 Platon, Nomoi 7, 805 D–E.
44 Diodor 3,58,2.
45 Nikolaos von Damaskos, FGrHist 20 F 66.
46 Plutarch, Romulus 6; Dionysios Halikarnasseus, Antiquitates Romanae 1,79,9ff.
47 h.Merc.3–5.
48 Ovid, Fasten 4,511.
49 Longos, Daphnis und Chloe 1,7,2–8,2; 2,16, 2. Sie treiben nur vom Frühjahr bis Herbst ihre Herden auf die Weiden. Im Winter werden die Ziegen und Schafe in ihren Ställen mit Laub gefüttert. 3,3,4. Während dieser Zeit lernt Chloe das Wol-

Die Hirtinnen erscheinen in den antiken Überlieferungen weitgehend ins Imaginäre abgeschoben und mit den Anfängen der politischen Zivilisation verbunden. Diese Situierung hat etwas mit der Wertewelt der klassischen Polis und der römischen Aristokratie zu tun. Zur Zeit Varros war Viehzucht weitgehend abhängige Arbeit. Im Roman des Longos aus dem späten 2. Jahrhundert n. Chr. erscheinen denn auch Chloe und Daphnis zunächst als Unfreie, bis ihr eigentlicher Status entdeckt wird. Sie sind Kinder von Herdenbesitzern, die in der Stadt wohnen. In eben diesem Gegensatz von städtischer und ländlicher Lebensart steckt ein Moment von Luxuskritik, die sich auch in anderen Schriften dieser Zeit findet. In der bukolischen Dichtung des Longos ist die ländliche Welt positiv konnotiert; sie erscheint als Ort einer zwar genußbestimmten, aber dennoch einfachen und damit moralisch wertvollen Lebensart.[50] Wenn Platon in seinen politischen Schriften die Tätigkeit der Frauen in der Schafzucht Thrakiens erwähnt, dann geht es auch ihm um die Betonung einer Differenz. Er zeigt, daß die Verhältnisse außerhalb der griechischen Poliswelt kein Vorbild für die Erziehung der Frauen in seinem Idealstaat sein können, weil hier freie Frauen und Sklaven auf einer Stufe stehen. Dies tat auch Klearchos, ein Schüler des Aristoteles. Ihm zufolge waren in Lydien die Verhältnisse so beschaffen, daß sich die Männer vornehmlich im Schatten aufhielten und von einer Frau, einer ehemaligen Lustsklavin, beherrscht wurden.[51] Die Fremde erscheint hier als Gegenwelt zur Poliswelt, in der die Tätigkeitsfelder und Aufenthaltsorte der Geschlechter spiegelverkehrt zu den Verhältnissen bei den Griechen organisiert erscheinen. Es geht dabei nicht um Rollenzuweisungen im Sinne moderner Sozialisationstheorien, sondern um die Veranschaulichung von unterschiedlichen politischen Verhältnissen, in denen die Herrschaft zum einen vom Haus (Tyrannis oder Monarchie), zum anderen von der Gemeinschaft der Politen (Demokratie) ausgehen kann. Merkmal einer Herrschaft des Hauses, einer Tyrannis, ist in der politischen Philosophie des 4. vorchristlichen Jahrhunderts, daß in Umkeh-

---

lekrempeln und Spinnen, um sie auf die Rolle als despoina (Hausherrin) vorzubereiten. Damit ist das Ende des Lebens auf der Weide vorgesehen. 3,4,5 u.25,2.

50 Vgl. auswahlweise Bernd Effe, Longos. Zur Funktionsbestimmung der Bukolik in der römischen Kaiserzeit, in: Hermes 110, 1982, S.65–84; ders., Gerhard Binder, Antike Bukolik, München 1989; B.MacQueen, Longus and the Myth of Lesbos, in: Illinois Classical Studies 10, 1985, S.119–134.

51 Klearchos bei Athenaios, Gelehrtenmahl 12,515d–516a.

rung zur attischen Demokratie Frauen und Sklaven herrschen – ebenso wie es Klearchos den Lydern vorhält.[52]

Es ist methodisch schwierig, derartigen Überlieferungen, mit denen ein politischer Zweck verfolgt wird, Auskünfte über tatsächliche Lebensverhältnisse der Geschlechter abzugewinnen. Um die Orte der Geschlechter und das Geschlechterverhältnis zu fassen, wird in der jüngeren Forschung zunehmend mit dem Konzept der komplementären und getrennten Räume gearbeitet, das weder in einem einfachen Gegensatz von Privat und Öffentlich noch in einer Gegenüberstellung von Draußen und Drinnen aufgeht.[53] Die Untersuchung der literarischen und gemalten Bilderwelt zeigt, daß es für Frauen verschiedene Orte des „Draußen" gibt, den Brunnen, die Akropolis, den peripheren Tempel.[54] Gerade diese Tempel liegen oftmals in Gebieten mit guten Weidebedingungen.[55] Es handelt sich zudem um Orte, die in der mythologischen Überlieferung mit gewaltsamen Übergriffen assoziiert werden. Dies gilt z. B. für die Begründung des ersten messenischen Krieges. So sollen im Grenztempel zwischen Lakonien und Messenien, der der Artemis geweiht war, junge spartanische Mädchen von messenischen Männern überfallen worden sein und somit den Krieg ausgelöst haben.[56] Susan Guettel Cole sieht hier eine Korrespondenz zwischen der Verletzlichkeit des weibli-

---

52 Vgl. Beate Wagner-Hasel, Herakles und Omphale im Rollentausch. Mythologie und Politik in der Antike, in: Gisela Engel/Heide Wunder (Hrsg.), Geschlechterperspektiven. Forschungen zur Frühen Neuzeit, Königstein 1998, S. 205–228.

53 Vgl. zuletzt Christine Sourvinou-Inwood, Männlich und weiblich, öffentlich und privat, antik und modern, in: Ellen D. Reeder (Hrsg.), Pandora. Frauen im Klassischen Griechenland, Baltimore/Basel 1995/1996, S. 111–120. Vgl. auch Anm. 14.

54 François Lissarague, Femmes au figuré, in: Pauline Schmitt Pantel (Hrsg.), Histoire des femmes Bd. 1: L'antiquité, Paris/Bari 1990/1991 (dt. 1993), S. 159–251, hier: S. 214ff.; Nicole Loraux, Qu'est-ce qu'une déesse, in: ebd., S. 33–64; Cole (wie Anm. 16).

55 François de Polignac, La naissance de la cité grecque. Cultes, espace et sociétés VIIIe-VIIe siècles avant J.C., Paris 1984: ders., Mediation, Competition, and Sovereignty: The Evolution of Rural Sanctuaries in Geometric Greece, in: Susan E. Alcock/Robin Osborne (Hrsg.), Placing the Gods. Sanctuaries and Sacred Space in Ancient Greece, Oxford 1994/1996, 3–18; Giovanna Daverio Rocchi, Politische, wirtschaftliche, militärische Funktion der Grenze im alten Griechenland, in: Stuttgarter Kolloquium zur Historischen Geographie des Altertums Bd. 4, 1990, hrsg. v. Eckart Olshausen/Holger Sonnabend, Amsterdam 1994, S. 95–110, insb. S. 100–105.

56 Pausanias 4,17,1.

chen Körpers und des politischen Territoriums gegeben, die im Mythos zum Ausdruck gebracht worden sei.[57] Die Deutung basiert auf einem reinen Analogiedenken, in dem weiblicher Körper und Territorium auf eine Stufe gestellt werden und die praktische Seite des rituellen Handelns der jungen Mädchen außer acht bleibt. Auch wird die Nutzung des Territoriums, die Aufzucht der Herden, in die Überlegungen nicht einbezogen. Warum sollten die Riten der jungen Mädchen nicht gerade an jenen Orten stattfinden, wo sie sich in einer bestimmten Phase ihres Lebens, eben vor der Ehe, mit den ihnen anvertrauten Schafen und Ziegen aufhielten, wie dies im Roman des Longos geschieht? Auch wenn Rituale und Feste das Besondere akzentuieren, so sind sie doch immer auch mit der Alltagswelt verknüpft.[58]

Es wäre auf jeden Fall lohnend, die mit diesen mythologischen Überlieferungen verbundenen Kultpraktiken einer genaueren Überprüfung nach weidewirtschaftlichen Kontexten zu unterziehen. Dies liegt vor allem dort nahe, wo die Kultorte in der eschatia, an den Randzonen der griechischen Polis liegen. In Lakonien standen gerade Artemis-Tempel an den Grenzen. Überregionale Heiligtümer, wie der Heratempel in Olympia oder der Apollontempel in Delphi, lagen in Gebieten mit guten Weidebedingungen, die oftmals den Zankapfel zwischen verschiedenen Anrainern bildeten.[59] Konflikte waren also real und spielten sich nicht nur im Mythos ab. Die Frage ist allein, in welche mythologische Bilder diese Konflikte gekleidet werden und wie diese zu deuten sind. Möglicherweise geht es nicht nur um die Inszenierung eines Statuswandels vom jungen Mädchen zur Ehefrau, sondern auch eines realen Ortswechsels von der Welt der Weide in die Sphäre des Oikos, des Hauses. Daß diese Tempel nicht nur von männlichen Festteilnehmern, sondern auch von Pilgerinnen aufgesucht wurden, wissen wir aus literarischen und archäologischen Quellen.[60] Imma Kilian-Dirlmeier schließt nicht aus, daß die zahlreichen Gewandnadeln, die sich in Heiligtümern von Pherai

---

57 Cole (wie Anm. 16).

58 Vgl. u.a. Catherine Bell, Ritual Theory, Ritual Practice, New York/Oxford 1992, S. 98ff.; Katharina Waldner, Masken und Phalloi. Geschlechterrollen im attischen Dionysoskult, in: Elfi Bettinger/J. Funk (Hrsg.), Maskeraden. Geschlechterdifferenz in der literarischen Inszenierung, München 1996, S. 41–58.

59 Beate Wagner-Hasel (wie Anm. 33), Kap. VI.

60 Vgl. etwa Euripides, Ion 184ff. Zu bedenken wären auch die Wanderungen von Bettelpriesterinnen, die Euripides in der Tragödie anspricht. Daniela Flückinger-Guggenheim, Göttliche Gäste. Die Einkehr von Göttern und Heroen in der griechischen Mythologie, Bern u.a. 1984, S. 21ff.

in Thessalien und im Heraion von Perachora im Golf von Korinth fanden, von transhumanten Hirten – man müßte ergänzen: von transhumanten Hirtinnen – stammen, die diese Heiligtümer periodisch aufsuchten.[61]

Neben diesen praktischen Erklärungen bietet sich auch eine strukturelle Deutung an. Sexuelle Tatsachen werden im antiken Denken oft genutzt, um Beziehungen im Gemeinwesen zu strukturieren.[62] Die Verknüpfung von Sexualität und kriegerischer Gewalt entspricht einem Grundmuster der griechischen Überlieferung seit den Anfängen Homers, die ich in dem strukturellen Gegensatz von Heirat und Krieg begründet sehen möchte. Viele Kriege werden mit Frauenraub begründet; Heirat wiederum erscheint als ein probates Mittel, kriegerische Konflikte zu beenden und Bündnisse zu bekräftigen.[63]

II. Ehe- und Arbeitsmigration

Dies führt zu einem anderen Aspekt der Migration, zur Ehemigration. Die Heirat mit auswärtigen Frauen ist gerade ein Kennzeichen der Ehepolitik der Tyrannen des 6. Jahrhunderts v. Chr.[64] Wie sehr diese Heiratspolitik als Eigenart der Tyrannen galt, zeigt der Vorwurf des Theognis, der den Kypseliden in Korinth die Abkehr von der endogamen Heiratspraxis der Bakchiaden vorwirft.[65] Diese exogame Heiratspraxis steht im Gegensatz zu den bei Hesiod und bei den attischen Rednern des 4. Jahrhunderts v.Chr. zu findenden Empfehlungen und Praktiken, innerhalb der Nachbarschaft oder der erweiterten Verwandtschaft zu heira-

---

61 Imma Kilian-Dirlmeier, Fremde Weihungen in griechischen Heiligtümern vom 8. bis zum Beginn des 7. Jahrhunderts v. Chr., in: Jahrbücher des Römisch-Germanischen Zentralmuseums Bd. 32, 1985, S. 215–254, hier: S. 221.

62 Vgl. John J. Winkler, Der gefesselte Eros. Sexualität und Geschlechterverhältnis im antiken Griechenland. Aus dem Amerik. von Sebastian Wohlfeil, Marburg 1994, S. 49.

63 Vgl. Beate Wagner-Hasel, Männerfeindliche Jungfrauen? Ein kritischer Blick auf Amazonen in Mythos und Geschichte, in: Feministische Studien Jg. 6, Heft 1, 1986, S. 86–105.

64 Theognis 891–894; 183–192.

65 Theognis 183–192 u. 891–894. Zur Tyranniskritik des Theognis vgl. Stefan van der Lahr, Dichter und Tyrannen im archaischen Griechenland. Das Corpus Theognideum als zeitgenössische Quelle politischer Wertvorstellungen archaisch-griechischer Aristokraten, München 1992, S. 134ff.

ten.[66] Der Grund für diese auswärtigen Heiraten ist nicht nur politischer Art, wie Louis Gernet annahm, der sich erstmals dieser Frage zuwandte und den Heiraten eine politische Allianzfunktion zuwies. Über das Knüpfen von Heiratsbeziehungen konnte, ähnlich wie über Gastfreundschaftsbeziehungen, ein überregionaler Ressourcentausch abgesichert werden. Dabei spielt gerade der Weidetausch eine wichtige Rolle. Dies läßt sich am Beispiel der Herrschaft der Kypseliden in Korinth beobachten. So war Melissa, die Frau des Tyrannen Periandros, eine Tochter des Tyrannen von Epidauros, der selbst wiederum eine Frau aus Arkadien geheiratet hatte.[67] Mit Korinth verbunden waren über Heiratsbeziehungen damit zwei Gebiete, das für seinen Schafreichtum bekannte Arkadien und das küstennahe Gebiet um Epidauros, von wo heute noch Bauernfamilien ihre Herden von der Winterweide zur Sommerweide in die Berge Arkadiens schicken.[68] Zeitgleiche Münzbilder mit Bienenkörben und mit Hermes und einem Widder verweisen auf das Interesse der Kypseliden an den Wollprodukten, für deren Qualität Korinth nach späteren literarischen Zeugnissen berühmt war.[69] Denn Honig wurde in der Antike zum Fixieren der Farbe in der Purpurfärberei benutzt. Hinweise auf eine solche Purpurfärberei fanden Archäologen in Rachi am Isthmos bei Korinth.[70] Nach dem Tod seiner Frau wandte sich Periandros der alternativen Methode zu: Er eroberte das Gebiet von Epidauros.[71]

Aus der Ehemigration läßt sich auch ein Teil der Weihgaben in den peripheren Tempeln erklären. Ein Großteil der im Hera-Tempel von Perachora gefundenen Fremdweihungen stellt phoinizische Gegenstände dar. Entgegen früherer Annahmen kann dieser Befund nicht auf Besuche phoinikischer Seefahrer zurückgeführt werden, da es sich bei den Funden vor allem um Gegenstände wie Salbgefäße, Perlen, Skarabäen

---

66 Hesiod, Erga 695–700. Vgl. jetzt Cheryl Anne Cox, Household Interests. Property, Marriage Strategies, and Family Dynamics in Ancient Athens, Princeton 1998, insb. Kap. 1–2.

67 Herodot 5,92; Diogenes Laertios 1,94; Herakleides Fragment 144–151 Wehrli.

68 Vgl. Koster (wie Anm. 28).

69 στρώματα d. h. Decken aus Korinth erwähnt Athenaios, Gelehrtenmahl 1,27d; 12,525d; 13,582d. Arkadien vermuten Orth (Lana, in: Realencyclopädie der classischen Altertumswissenschaft Bd. 12/1, 1924, Sp. 609) und J. B. Salmon (Wealthy Corinth. A History of the City, Oxford 1984, S.136) als Quelle für diese bei Athenaios genannten Wollprodukte.

70 Chrysoula Kardera, Dyeing and Weaving Works at Isthmia, in: American Journal of Archaeology Bd. 65, 1960, S. 261–266.

71 Herodot 3,52.

und Fayencen handelt, die auch in Frauengräbern zu finden sind. Imma Kilian-Dirlmeier vermutet deshalb, daß es sich um Weihungen oder Stiftungen von ursprünglich einheimischen Frauen handelt, die auswärts verheiratet wurden.[72] Dies ist beispielsweise von der Stifterin eines Peplos für die Athena Alea von Tegea belegt, die auf Zypern lebte.[73]

Die Kehrseite der Ehemigration ist die kriegsbedingte Migration, vor allem die Arbeits- und Zwangsmigration. Gerade Hirten und Spezialistinnen der Buntweberei waren der frühgriechischen Überlieferung zufolge häufig Opfer der Versklavung, und das hieß: Verschleppung in die Fremde.[74] Auch im römischen Weltreich müssen die meisten Migranten zu den Sklaven gezählt werden.[75] Auf die ‚Mitnahme' unfreier Frauen als Weberinnen verweist auch Walter Burkert, der die Verbreitung orientalischer Motive im griechischen Kulturraum des 8. und 7. Jahrhunderts v. Chr. auf die Migration von Handwerkern zurückführt.[76] Bereits in den Linear B-Tafeln aus den minoisch-mykenischen Palastarchiven sind zahlreiche Spezialistinnen fremder Herkunft angeführt: Knidierinnen, Lemnierinnen, Milesierinnen. Von ihnen nimmt die Mehrzahl der Forscher an, daß es sich um geraubte und versklavte Frauen handelt.[77] Möglicherweise handelt es sich aber auch um Spezialistinnen, die über Heirat in andere Regionen kamen, wie wir dies aus ägyptischen Quellen wissen. Lassen sich die individuellen Auswirkungen dieser Art von Migrationserfahrungen oft nur erahnen, so sind die kulturellen Folgen in den Quellen deutlicher greifbar. Mit den Migrantinnen wanderten nämlich auch Techniken und Kenntnisse. So läßt sich der

---

72 Kilian-Dirlmeier (wie Anm. 59), S. 228ff.

73 Pausanias 8,5,3.

74 Vgl. Yvon Garlan, Les esclaves en Grèce ancienne, Paris 1984, S. 43ff.; Wagner-Hasel (wie Anm. 33) Kap. III.

75 Holger Sonnabend, Zur sozialen und rechtlichen Situation von Migranten aus dem Osten im Rom der späten Republik und frühen Kaiserzeit, in: Andreas Gestrich u.a. (Hrsg.), Historische Wanderungsbewegungen: Migration in der Antike, Mittelalter und Neuzeit, Münster – Hamburg 1991, S. 37–49, hier: 38. Speziell zur Versklavung von Frauen vgl. Scheidel (wie Anm. 34), S. 143–180.

76 Walter Burkert, Die orientalisierende Epoche in der griechischen Religion und Literatur, Heidelberg 1984, S. 22–28.

77 Zur Diskussion vgl. Wagner-Hasel (wie Anm. 35), S.99–106; Alexander Uchitel, Women at Work. Pylos and Knossos, Lagash and Ur, in: Historia Bd. 22, 1984, S. 257–282; Brigitta Eder, Die Frau in der Wirtschaft der mykenischen Paläste, in: Edith Specht (Hrsg.), Frauenreichtum. Die Frau als Wirtschaftsfaktor im Altertum, Wien 1994, S. 45–71.

Wechsel vom Flachwebstuhl zum Hochwebstuhl in Ägypten auf Ehebe-
ziehungen Ägyptens mit Syrien zurückführen.[78] Im Gefolge der Prinzessin aus Mitanni, die Thutmosis IV heiratete, befanden sich 317 Frau-
en. Aus dieser Zeit stammen nicht nur neue syrische Motive auf ägyptischen Tuniken, sondern auch der neue Typus des Hochwebstuhls mit
fixen Balken, der eine Kombination des aufrecht stehenden, in Syrien
beheimateten Gewichtswebstuhls und des traditionellen Flachwebstuhls
der Ägypter darstellt.

Die Übertragung technischer Fortschritte auf dem Gebiet der Textil-
kunst durch Ehe- und Arbeitsmigration von Frauen in der Antike zu untersuchen, wäre ein lohnendes Feld zukünftiger Forschung. Als Anknüp-
fungspunkt bietet sich die frühgriechische Kolonisation an, deren Ursachen lange Zeit in einer durch neue Techniken ausgelösten Überbevöl-
kerung, verbunden mit Hungerkrisen, gesucht wurden.[79] Die moderne
Migrationsforschung hat deutlich gemacht, wie wenig derartige, auf
Thomas Robert Malthus' „Essay on the Principle of Population" (1798)
zurückgehende Erklärungsmodelle der Komplexität von Migrationspro-
zessen gerecht werden.[80] Für viele Ziele der frühgriechischen Koloni-

---

78 Barber (wie Anm. 20), S. 256–270.
79 So etwa die Argumentation bei Aubrey Gwynn, The Character of Greek Coloni-
    zation, in: Journal of Hellenic Studies Bd. 39, 1918, S. 88ff.; Ernst Kirsten, Die
    griechische Polis als historisch-geographisches Problem des Mittelmeerraumes,
    Bonn 1956; E. Blumenthal, Die altgriechische Siedlungskolonisation im Mittel-
    meerraum unter besonderer Berücksichtigung der Südküste Kleinasiens, Tübin-
    gen 1963, S. 88 (Begründung der ionischen Kolonisation mit der Suche nach
    Ackerland, da die Bevölkerungszahl die Produktionskapazitäten überstiegen
    habe); Hermann Bengtson, Griechische Geschichte, München ⁴1969, S. 66; John
    McK.Camp II, A Draught in the Late Eighth Century B.C., in: Hesperia Bd. 48,
    1979, S. 397–411; G. Cawkwell, Early Colonisation, in: Classical Quarterly Bd.
    42, 1992, S. 289–303. Zur Kritik an diesem Modell vgl. zuletzt Robin Osborne,
    Early Greek Colonization? The nature of Greek settlement in the West, in: Nick
    Fisher/Hans van Wees (Hrsg.), Archaic Greece. New Approaches and New Evi-
    dence, London 1998, S. 251–269.
80 Vgl. Josef Ehmer, Migration und Bevölkerung. Zur Kritik eines Erklärungsmo-
    dells, in: Tel Aviver Jahrbuch für deutsche Geschichte Bd. 27, 1998, S. 5–29.
    Ehmer zeigt für neuzeitliche Migrationsprozesse, daß häufig verschiedenartige,
    politische wie soziale und ökonomische, Faktoren zusammenwirkten. Als nicht
    zu unterschätzende Faktoren nennt er die Existenz von Mobilitätskanälen, über
    die der Informationsfluß zwischen verschiedenen Regionen garantiert war, und
    eine Tradition lokaler Mobilität. Gerade in einem klassischen Emigrationsland
    wie Irland habe die saisonale Arbeitsmigration innerhalb des Landes oder nach

sten ist in den letzten Jahren ein Interesse an der Erlangung ganz spezifischer, gerade an diesen Orten zu findender Ressourcen wie Metalle
oder Purpurschnecken nachgewiesen worden.[81] Ein solche Orientierung
liegt vor allem dann vor, wenn die Kolonisationsvorhaben zunächst nur
von jungen Männern durchgeführt werden, die im Laufe der Zeit einheimische Frauen heiraten. Dies ist von den Athenern überliefert, die nach
Karien zogen und dort Milet gründeten.[82] Gerade in diesen Fällen der

---

England und Schottland eine wichtige Voraussetzung für die spätere Migration
nach Übersee gebildet.

81	Handelsinteressen wurden vor allem in der angelsächsischen Forschung ange-
nommen. Vgl. etwa G. L. Huxley, The Early Ionians, London 1966; C. Roebuck,
Ionian Trade and Colonization, New York 1959; John Boardman, The Greeks
Overseas. Their Early Colonies and Trade, Harmondsworth 1964 (dt.: Kolonien
und Handel der Griechen 1981). Das Interesse an Metallen zeigt jetzt Michail
Yu. Treister, The Role of Metals in Ancient Greek History, Leiden 1996, insb.
Kap. 2. Zum Interesse an Purpur vgl. die Analyse des Argonautenmythos bei
Morris Silver, The Commodity Composition of Trade in the Argonautic Myth,
in: ders. (Hrsg.), Ancient Economy in Mythology: East and West, Savage 1991,
S. 241–281. Allerdings sind die Formen des Austauschs sehr umstritten. Mit
dem Konzept des Geschenketauschs argumentieren u.a. D. Ridgway, The First
Western Greeks, Cambridge 1992; John Nicholas Coldstream, Prospectors and
Pioneers: Pithekoussai, Kyme and Central Italy, in: G. R. Tsetskhladze/F. De
Angelis (Hrsg.), The Archaeology of Greek Colonisation, Oxford 1994, S. 47–
59. von einem komplexen Austauschnetz ähnlich dem neuzeitlichen System voneinander abhängiger Märkte geht dagegen aus: Robin Osborne, Pots, Trade and
the Archaic Economy, in: Antiquity Bd. 70, 1996, S. 31–44. Ein neues Modell,
das vom Konsum- und Distinktionsinteresse der Nutznießer fremder Güter aus-
geht, fordert Lin Foxhall, Cargoes of the Heart's Desire. The character of trade in
the archaic Mediterranean world, in: Fisher/van Wees (wie Anm. 79), S. 295–
309.

82	Dies berichtet etwa Herodot (1,146) für die Ansiedlung der Athener in Karien:
„Die Ionier aber, die einst vom Prytaneion in Athen ausgingen und glaubten, die
edelsten ihrer Art zu sein, haben bei ihrer Auswanderung keine Frauen mitgenommen, sondern Karerinnen geheiratet, deren Eltern sie erschlagen hatten.
Wegen dieses Blutbades haben diese Frauen unter Eid sich einen Brauch aufer-
legt, den sie auf ihre Töchter vererbten: niemals mit ihren Männern gemeinsam
zu essen oder sie mit ihren Namen zu rufen, weil sie ihre Väter, Männer und
Söhne erschlagen und sie dann geheiratet hatten. Das war in Milet geschehen.“
Übers. Josef Feix. Für das von Phokaiern gegründete Massilia an der Rhone-
mündung ist die Einheirat des Phokaiers Euxenos in das örtliche Herrscherhaus
überliefert. Aristoteles bei Athenaios, Gelehrtenmahl 576a; Justinus 43,3; Plutarch,
Solon 2. Auch die Nausikaa-Episode in der Odyssee stellt ein solches Beispiel
der möglichen Einheirat in ein fremdes Herrschergeschlecht dar. Weitere Belege

Heirat zwischen Migranten und einheimischen Frauen liegt der Transfer von neuen Techniken und Mustern in die griechischen Heimatstädte nahe.[83]

Nahezu unerforscht ist das Feld der kriegsbedingten und politisch verursachten Migration wie der Verbannung einzelner Personen oder Familien und der Teilnahme von Frauen an Kriegszügen oder Gesandtschaften. Damit meine ich nicht die Überlieferungen von weiblichen Kriegern wie der Amazonen, die ebenfalls in den Bereich der Mythologie gehören,[84] sondern die Berichte von Historikern über die Anwesenheit von Ehefrauen oder von Köchinnen im Troß der Heere. Das ist nicht nur für das persische Heer bekannt, sondern auch von athenischen Heerführern des 4. Jahrhunderts v. Chr. überliefert.[85] Auch die griechischen Söldner, die sich in den Dienst ägyptischer Herrscher begaben, zogen nicht ohne Frauen in die Fremde.[86] In Rom wurden Konsuln oder andere Amtsträger oftmals von ihren Frauen begleitet.[87] Die frühneuzeitlichen Militärreformen, die im 18. Jahrhundert den Troß aus den Heeren verbannten,[88] und das antike Ideal vom Bürgerheer[89] haben den Blick

---

bei John Nicholas Coldstream, Mixed marriages at the frontiers of the Greek world, in: Oxford Journal of Archaeology Bd. 12, 1993, S. 89–107.

83 So soll etwa die Kleidung der Athenerinnen ursprünglich karischen Ursprungs gewesen sein: Herodot 5,88.

84 Vgl. zuletzt Josine Blok, Early Amazons, Leiden 1995.

85 Herodot 7,83 u. 187; Theopomp bei Athenaios, Gelehrtenmahl 12,532c. Hier ist von Flöten- und Lyraspielerinnen im Troß des attischen Strategen Chares die Rede. Einer spätantiken Überlieferung zufolge soll Chares seine Frau auf seinen Feldzug gegen Byzanz mitgenommen haben (Hesychius von Milet, Die Fragmente der griechischen Historiker 3 B 390, 28). Möglicherweise ist dies ein Reflex auf spätere römische Sitten. Für das römische Heer ist der Frage erstmals nachgegangen: Margarete Debrunner Hall, Eine reine Männerwelt? Frauen um das römische Heer, in: Maria H. Dettenhofer (Hrsg.), Reine Männersache? Frauen in Männerdomänen der antiken Welt, Köln/Weimar/Wien 1994, S. 207–228. Debrunner Hall hat auch einige griechische Beispiele angeführt.

86 Vgl. dazu die Geschichte der Rhodopis, die als Sklavin mit dem Samier Xanthos nach Ägypten kam und dort von dem Bruder der Sappho, Charaxos, freigekauft wurde, Herodot 2,134.

87 Gellius 10,3,3; Ammianus Marcellinus 26,9,3.

88 Claudia Opitz-Belakhal, Militärreformen zwischen Bürokratisierung und Adelsreaktion. Das französische Kriegsministerium und seine Reformen im Offizierskorps von 1760–1790, Sigmaringen 1994.

89 Vgl. Leonhard A. Burckhardt, Bürger und Soldaten. Aspekte der politischen und militärischen Rolle athenischer Bürger im Kriegswesen des 4. Jahrhunderts v.

für diese Seite des Militärwesens in der Antike bislang weitgehend ver-
stellt.[90] So vermag die Frage nach der Migration von Frauen in der Antike auch auf traditionellen Feldern althistorischer Forschung zu neuen
Sichtweisen anregen.

Chr. (= Historia Einzelschriften 101), Stuttgart 1996. Auf den Troß im athenischen Heer (τὰ σκευοφόρα), den beispielsweise Thukydides gelegentlich erwähnt
(2,79,5; 4,101,2), findet sich bei Burckhardt kein Hinweis.

90   Die älteren Handbücher zu den Kriegsaltertümern erwähnen den Troß (Proviant-
und Trainkolonnen) meist im Zusammenhang mit dem Alexanderfeldzug und
der Militärorganisation unter den Nachfolgern Alexanders. Vgl. etwa Adolf Bauer,
Die griechischen Kriegsaltertümer, München 1893, S. 439f. u. 457. Gerade für
das Heer Alexanders wird von der Anwesenheit von „massenhafte(n) Soldaten-
weibern" ausgegangen: Johannes Kromayer/Georg Veith, Heerwesen und Krieg-
führung der Griechen und Römer, München 1928, S.110f. Trossknechte für Zel-
te, Geschütz und Proviant im römischen Heer erwähnt Herman Schiller, Die
römischen Staats- und Kriegsaltertümer, München 1893, S. 258. Zu prüfen wäre,
ob in den Forschungen zur Logistik antiker Kriegszüge auf den weiblichen Troß
eingegangen wird.

Renate Dürr

Die Migration von Mägden in der Frühen Neuzeit

> Sonderlich stehet es den Mägden übel an/ wann sie über Land von einem Dienst
> zum andern ziehen/ und ist eine Anzeigung frechen Gemüths. Von gewanderten
> Handwercks Gesellen halte ich viel/ von gewanderten Mägden gar nichts.[1]

Wie der Hamburger Pastor Johann Balthasar Schupp beklagten zwischen
dem 16. und dem 18. Jahrhundert die Zeitgenossen in vielen Variatio-
nen, daß Mägde von einem Dienst zum andern zögen, weil ihnen das als
ein Zeichen angemaßter Freiheit erschien. Gewiß ist richtig, daß Ortswechsel und Migrationen von Frauen in der Frühen Neuzeit in erster
Linie unter den Mägden verbreitet war. Dennoch stehen hinter der Einschätzung des Predigers zwei Grundannahmen, die kurz zu kommentie-
ren sind, bevor ich im Detail auf die Migration von Mägden eingehen
kann.

Ins Auge springt zunächst einmal die Parallelisierung von Mägden
und Handwerksgesellen. In der Forschungsliteratur trifft man bis heute
auf die These, daß der weibliche Gesindedienst eine Ausbildungs- und
Vorbereitungsphase für die späteren Aufgaben als Ehefrau und Haus-
mutter dargestellt habe und insoweit Ähnlichkeiten mit der männlichen
Jugendphase – der Lehrlings- und Gesellenzeit – aufweise.[2] Diese The-

---

1   Johann Balthasar Schupp, Sieben böse Geister Welche heutiges Tages Knechte
und Mägde regieren und verführen, Zur Abscheuung vorgestellet, Hamburg 1659,
S. DIv. Für ausführlichere Nachweise vgl.: Renate Dürr, Mägde in der Stadt. Das
Beispiel Schwäbisch Hall in der Frühen Neuzeit, Frankfurt am Main/NewYork
1995; dies., „Der Dienstbothe ist kein Tagelöhner…" Zum Gesinderecht (16.–
19. Jahrhundert), in Ute Gerhard (Hrsg.), Frauen in der Geschichte des Rechts,
München 1997, S. 115–139.

2   Michael Mitterauer, Gesindedienst und Jugendphase im europäischen Vergleich,
in: Geschichte und Gesellschaft, Bd. 11 (1985), S. 177–204.

se hält jedoch einer detaillierten sozialhistorischen Analyse nicht stand, weil sie die Diskriminierung der Mägde in der Frühen Neuzeit nicht berücksichtigt. Zwar verdingten sich sehr viele Frauen dieser Zeit einige Jahre oder auch mehrere Jahrzehnte zumeist bis zu ihrer Eheschließung, etwa jede siebte von ihnen sogar das ganze Leben, in fremden Haushalten. Tatsächlich begaben sich Mädchen und junge Frauen aus allen Schichten der Bevölkerung in Dienste. Aber der Gesindedienst hatte eine unterschiedliche Funktion, je nachdem welcher Schicht eine Magd entstammte. So stellte er für die Frauen der Unterschichten eine der wenigen Frauen offen stehenden Möglichkeiten einer Lohnarbeit dar. Viele von ihnen arbeiteten mehrere Jahrzehnte, wenn nicht ihr ganzes Leben in fremden Haushalten. Für Töchter der oberen Mittel- und der Oberschicht wiederum war er in aller Regel Folge eines Schicksalsschlages: des Todes der Eltern oder plötzlicher Verarmung der Familien. Für diese Frauen bedeutete der Gesindedienst einen gravierenden Einschnitt in ihre Biographie, der sich am besten an dem nachhaltigen Statusverlust veranschaulichen läßt, den viele dieser Frauen bei einer Verheiratung hinnehmen mußten. Dagegen nahm der Dienst bei Mädchen der unteren Mittelschicht wohl tatsächlich Ausbildungsfunktionen im angeführten Sinne wahr. Bei Mägden aus dieser Schicht waren nämlich relativ kurze Gesindezeiten von fünf bis zehn Jahren die Regel, die von einer Eheschließung im angestammten sozialen Milieu abgeschlossen wurden. Wenn die Schreinertochter Margaretha Hägerlin aus Crailsheim etwa drei Jahre in Frankfurt am Main und anschließend in Schwäbisch Hall arbeitete[3] oder wenn sich die Hufschmiedtochter Ursula Wagner aus Ingelfingen in Schwäbisch Hall bei einem Hufschmied verdingte,[4] so konnte ihrem Ortswechsel möglicherweise tatsächlich, wenn auch zweifelsohne in sehr viel kleinräumigeren Dimensionen, dasselbe wie dem Gesellenwandern zugrunde gelegen haben, nämlich eine Erweiterung des Arbeitsmarktes und des Erfahrungshorizontes.

Offensichtlich – und das stellt die zweite Frage an die Behauptung des Hamburger Pfarrers dar – war aber die mit der Migration einhergehende „Horizonterweiterung" bei Frauen weniger erwünscht als bei Männern. Sie wird von Johann Balthasar Schupp im Gegenteil als ein Zeichen des „frechen Gemütes" gedeutet. Dies ist auf zwei Ebenen zu diskutieren: Einerseits wurde eine Wanderung von Frauen außerhalb des

---

3   Stadtarchiv Schwäbisch-Hall, 2/70, fol. 126r.
4   Stadtarchiv Schwäbisch-Hall, 2/70, fol. 26r.

Familienrahmens in der Frühen Neuzeit mit großem Mißtrauen betrachtet. Nicht die Migration von Frauen überhaupt also war verpönt, doch sollte sie sich im familiären Rahmen vollziehen. Akzeptiert war die Wanderung von Töchtern zu nahen oder entfernteren Verwandten, die Einheirat in eine fremde Stadt oder der Weiterzug gemeinsam mit dem Ehemann. Davon zeugen zahlreiche ausgewertete Neubürgerlisten, denen zu entnehmen ist, daß der Zuzug von Frauen üblich war. Ihr Wanderungsradius blieb jedoch im Vergleich zu dem der männlichen Neubürger kleinräumiger.[5] Im Unterschied zu der Migration dieser Frauen galt die Wanderung von Mägden dagegen als Zeichen einer unzulässigen Selbständigkeit, weil sie das häusliche und das gesellschaftliche Ordnungsgefüge bedrohte. Dies betraf einmal die Wanderung selbst, die viele Gefahren für allein oder in Gruppen reisende Mägde barg. Stärker noch als Gesellen, die auf ein großes Netz von Unterstützung zurückgreifen konnten, waren Mägde auf ihren Märschen gefährdet, unterwegs in die Bettelei abzuleiten – zumal längere Märsche ohne familiäre Begleitung vorwiegend Frauen aus der dörflichen Unterschicht auf sich nahmen. So waren viele der aufgegriffenen herumziehenden Vagantinnen ehemalige Dienstbotinnen.[6] Außerdem verdächtigte man Mägde, die sich auf der Straße befanden, aufgrund eines Vergehens des Landes verwiesen worden zu sein. So erstellte Barthel Beham 1524 ein Flugblatt über zwölf Vagantentypen, bei denen die drei weiblichen Gestalten sämtlich gefallene, faule oder ungehorsame Mägde waren, die ihre Verfehlungen durch diesen sozialen Abstieg zu bezahlen hatten.[7]

---

5   Vgl. z. B. Terence McIntosh, Urban Decline in Early Modern Germany. Schwäbisch Hall and Its Region, 1650–1750, Chapel Hill/London 1997, bes. S. 159–185.

6   Norbert Schindler, Die Mobilität der Salzburger Bettler im 17. Jahrhundert, in: Beiträge zur historischen Sozialkunde Bd. 19 (1989), S. 85–91; Carsten Küther, Menschen auf der Straße. Vagierende Unterschichten, in Bayern, Franken und Schwaben in der zweiten Hälfte des 18. Jahrhunderts, Göttingen 1983, S. 30–31, S. 45, 48–49, S. 104, S. 111.

7   Beham, Twelve Vagabonds, Nürnberg 1524, in: Walter L. Strauß (Hrsg.), Max Geisberg. The German Single-leaf Woodcut 1500–1550, Bd.1, New York 1974, S. 138. Im Übrigen begründete ein Landesverweis tatsächlich häufig ein Leben auf der Straße, vgl. Robert W. Scribner, Mobility: Voluntary or Enforced? Vagrants in Württemberg in the Sixteenth Century, in: Gerhard Jaritz/Albert Müller (Hrsg.), Migration in der Feudalgesellschaft, Frankfurt am Main/ New York 1988, S. 65–88.

Gewanderte Mägde zeigten also erstens ein „freches Gemüt", weil
sie sich ungeschützt den Gefahren der Straße aussetzten. Zweitens aber
galt auch schon die Aufkündigung des Dienstes selbst als Unbotmäßig-
keit. Denn der Idee nach war das frühneuzeitliche Haus mit Herrschaft,
Kindern und Gesinde eine ständische Einheit – d. h. hierarchisch struk-
turiert, orientiert an Befehlsbefugnissen und Gehorsamsgeboten. Als un-
terster Hausstand bildete das Gesinde nach zeitgenössischer Vorstellung
die Basis, auf welcher die gesamte Ordnung des Hauses beruhte. Dies
wird in den Tugendkatalogen der Hausliteratur und anderer normativer
Traktate deutlich, die insbesondere auf Tugenden der Ein- und Unter-
ordnung großen Wert legten.[8] In der frühneuzeitlichen Konzeption war
das Haus infolgedessen ein statisches Gebilde, obwohl das in Wirklichkeit nie der Fall war. Denn Knechte und Mägde traten von außen in die
häusliche Gemeinschaft ein und konnten das Haus wieder verlassen.
Ausgerechnet der „unterste Stand", der doch in erster Linie zu Demut
und Gehorsam verpflichtet war, hatte die Möglichkeit, einen Dienst aus-
zuwählen und zu quittieren. Weil aber insbesondere im 17. Jahrhundert,
aus dem die Mehrzahl meiner Beispiele stammt, das Gesinde durchgängig knapp war, führte dieses Problem der Hausherrschaft immer wieder
ihre Abhängigkeit vom „untersten Hausstand" vor Augen. Der Superin-
tendent Tobias Wagner predigte dementsprechend 1651 in der Esslinger
Stadtkirche: „denen es niemand anders als der Teuffel hat gesagt/ daß
man sie zur Fortsetzung des häußlichen Standes haben muß/ (…) daher
sie stoltz/ steiff und höhnisch sich erzeigen (…)."[9] Die Mägde wählten
den Dienst, bestimmten die Konditionen, forderten ständig höheren Lohn,
bis sie endlich überhaupt nicht mehr dienen wollten und aus dem Dienst
entliefen – so lauteten die immer wieder vorgebrachten Klagen. Dienst-
mägde, die ihren Dienst quittierten, kamen demnach leicht in den Ruf,
sich überhaupt einer häuslichen Ordnung entziehen zu wollen und sich
der Gefahr der Unzucht auszusetzen. So schrieb der eingangs zitierte
Pfarrer Johann Balthasar Schupp 1659, stolz und hoffärtig wie Hagar
wolle die Magd niemandem untertan sein und „wenn ihr die Frauen viel
sagen wil/ so gehet sie davon/ mietet ein eigen Stüblern/ wird eine Wä-

---

8 Vgl. z. B. die Anforderungen an das Gesinde bei Johann Coler, Eoconomia oder
   Haußbuch (…), 1. Theil. Wittenberg o.J. (1592), Kap. 8 und 9; sowie mehr als
   hundert Jahre später in z.T. wörtlicher Übereinstimmung damit Johann Georg
   Zedler, Großes vollständiges Universallexikon (…), Bd. 19, Halle/Leipzig 1739
   (ND Graz 1983), Sp. 223.
9 Tobias Wagner, Siebenfältiger Ehehalten-Teuffel (…), Esslingen 1659, S. 7.

scherin oder Näherin/ aus der Näherin eine Hure/ aus der Hure eine Amme. "[10]

Dienstwechsel und Ortsveränderung der Mägde waren in der Frühen Neuzeit diesen Zeugnissen zufolge nicht gern gesehen. Der Gesindemangel aber bewirkte, daß der Zuzug von Knechten und Mägden andererseits notwendig, die Migration von Mägden insofern – solange sie mit einer ordentlichen Anmietung endete – zugleich willkommen war. Die ständische Einheit des Hauses war also verschiedenen Interessengegensätzen unterworfen. Denn einerseits war die Hausherrschaft an langjährigen, treuen und preiswerten Dienstboten interessiert, während Knechte und Mägde versuchten, ihre Dienstkonditionen zu verbessern und notfalls weiterzogen. Andererseits machten sich einzelne Hausherrschaften das Gesinde gegenseitig abspenstig – durch angebotene Lohnerhöhungen etwa – und stärkten damit ihrerseits deren Position. Die zeitgenössische Obrigkeit war sich des Konfliktpotentiales bewußt und versuchte darum, die Bedingungen des Dienstantrittes und Dienstwechsels nicht den privaten Verhandlungen zwischen Hausherrschaft und Gesinde zu überlassen, sondern legte sie in immer ausführlicher werdenden Gesindeordnungen fest. Die rechtlichen Bedingungen für einen Dienstwechsel sollen darum in einem ersten Teil skizziert werden. Anschließend möchte ich auf die Häufigkeit des Dienstwechsels und den Wanderungsradius der Mägde eingehen, bevor ich abschließend auf die Frage der zeitgenössischen Bewertung der Mägdemigration zurückkommen werde.

I.   Gesinderechtliche Bestimmungen

Grundsätzlich hatte das Gesinderecht drei Funktionen zu erfüllen, nämlich (1) die Wahrung der häuslichen Ordnung durch Fixierung der Pflichten und Rechte der unterschiedlichen Hausstände; (2) die Beschaffung von preiswerten Dienstboten in ausreichender Zahl durch die Formulierung von Dienstverpflichtungen in allerdings regional sehr unterschiedlicher Schärfe; (3) die verbindliche Festlegung des Ablaufes einer ordentlichen Anmietung und Kündigung.[11] Im folgenden möchte ich – obwohl die drei Funktionen inhaltlich sehr eng verflochten sind – ledig-

---

10   Schupp (wie Anm. 1), S. BIVr–v.
11   Vgl. zum folgenden ausführlicher: Dürr 1997 (wie Anm. 1).

lich auf den dritten Bereich eingehen, weil er mit der Frage der Migration und des Stellenwechsels unmittelbar zusammenhängt.

In sämtlichen Ordnungen werden die Bedingungen einer rechtmäßigen „Anmietung" und Kündigung geregelt. Dabei kann die Augsburger Reichspolizeiordnung von 1530 als entscheidende Wendemarke gelten, weil sie von jeder Obrigkeit forderte, für ihr Gebiet eine Gesindeordnung zu erlassen und dabei die Höhe der Maximallöhne festzuschreiben.[12] Außerdem verlangte sie die Einführung von Gesindezeugnissen, um dem unrechtmäßigen Entlaufen aus dem Dienst Einhalt zu gebieten. Beide Bereiche spielten im Gesinderecht der nachfolgenden Jahrhunderte eine entscheidende Rolle.[13] Mit der zunehmenden Differenzierung der Bestimmungen wurden weitere Bereiche einer ordentlichen Anmietung obrigkeitlich festgelegt, wie die Organisation des Gesindemarktes durch Gesindemakler, die Konzentration des Dienstantrittes auf wenige Termine im Jahr, die rechtmäßige Dauer eines Dienstes, Kündigungsfristen für die Herrschaft wie für das Gesinde und vieles mehr.

Wer als Fremder in eine Stadt kam, war auf offizielle Anlaufstellen angewiesen, wie sie in Nürnberg seit dem 14. Jahrhundert in den vom Rat bestellten „Zubringerinnen" bestanden, die die Aufgabe hatten, arbeitsuchenden Ehehalten Dienststellen zu vermitteln.[14] Im Laufe der folgenden Jahrhunderte schlossen sich nach den Angaben Johann Lorenz Dorns, eines Nürnberger Juristen des 18. Jahrhunderts, die meisten Städte diesem Brauch an.[15] Dagegen gab es im Kassler Landgebiet noch im 19. Jahrhundert keine Gesindemakler.[16] Die Aufgabe der Vermittlungsstellen bestand darin, den Überblick über den Gesindemarkt zu wahren, d. h. Stellen zu vermitteln und dafür Sorge zu tragen, daß die ständig beklagte Gesindenot nicht überhand nehme. Außerdem hatten sie die Funktion, fremde Ehehalten zu kontrollieren. So mußten die Gesindemakler nach der Preußischen Gesindeordnung von 1746 ein Ver-

---

12 Otto Könnecke, Rechtsgeschichte des Gesindes in West- und Süddeutschland, Marburg 1912, S. 35–36.

13 Vgl. z. B.: Rainer Schröder, Das Gesinde war immer frech und unverschämt. Gesinde und Gesinderecht vornehmlich des 18. Jahrhunderts, Frankfurt am Main 1992, S. 33–48.

14 J. Kamann, Altnürnberger Gesindewesen. Kultur- und Wirtschaftsgeschichtliches aus vier Jahrhunderten, in: Mitteilungen des Vereins für Geschichte der Stadt Nürnberg Bd. 14 (1901), S. 65–157, hier: S. 69–75.

15 Johann Lorenz Dorn, Versuch einer ausführlichen Abhandlung des Gesinderechtes, Erlangen 1794, S. 136–138.

16 Könnecke (wie Anm. 12), S. 161.

zeichnis der vermittelten Dienstboten führen, in welchem deren Herkunft sowie Ort und Dauer des Dienstes aufgeführt werden sollten, „damit man bedürftigen Falls daraus nötige Nachrichten nehmen könne".[17] In vielen Städten verfügten die Vermittlungsämter über Quartiere, in denen die Dienstboten die Zeit bis zum Dienstantritt überbrücken konnten, wobei auch diese Praxis Überwachungsfunktionen einschloß.

Den amtlichen Gesindevermittlern oblag schließlich die Aufsicht über die Führung von Gesindezeugnissen, die in den Städten wohl tatsächlich eine gewisse Rolle gespielt haben dürften.[18] Einer Anfrage der hessischen Regierung über die Zustände des Gesindewesens von 1766 dagegen kann man entnehmen, daß die Zeugnisse auf dem Lande „außer Gebrauch" seien und man darum diesbezüglich Maßregeln ergreifen müsse.[19]

Der Dienstantritt selbst wurde üblicherweise auf bestimmte Zeiten im Jahr, auf dem Lande zumeist auf ein bis zwei, in den Städten auf bis zu vier Termine konzentriert. Bevorzugte Anmietermine auf dem Lande waren Maria Lichtmeß (2. Februar) und Michaelis (29. September); Maria Lichtmeß spielte auch in vielen Städten die größte Rolle. Daneben aber konnte man sich z. B. in Nürnberg auch zu Walpurgis (30. April/1. Mai), Laurenti (10. August) und Allerheiligen (1. November) verdingen.[20] Die Verbindlichkeit dieser Termine darf man allerdings nicht überbewerten. Denn der Verfasser einer Beschreibung des städtischen Hospitals in Schwäbisch Hall aus dem 18. Jahrhundert bestätigt zwar einerseits die Bedeutung von „Lichtmeß" auch für die Reichsstadt am Kocher, gleich anschließend aber schränkt er ein: „Kommt ein Ehehalt zwischen der Zeit in Spitalische Dienste, wie es öfter zu geschehen pflegt, wird der Weinkauf [d.i. das Mietgeld, R.D.] a parte in Verrechnung gesetzt."[21] Sowohl die Bemühungen um Konzentration der Dienstantritte auf wenige Termine im Jahr als auch ihre lokal je unterschiedliche Fest-

---

17 Vgl. zu den folgenden Gesetzen: Dürr 1997 (wie Anm. 1), S. 126–129.

18 Dies betonen Johann Lorenz Dorn und Johann Georg Krünitz, die beide in ihren Ausführungen über das Gesinderecht lediglich Vorschläge über eine inhaltliche und formale Verbesserung dieser Formulare machten; vgl. Johann Georg Krünitz, Art. Gesinde, in: ders., Oeconomische Encyclopädie, oder allgemeines System der Staats-, Stadt-, Haus- u. Landwirthschaft, in alphabetischer Ordnung, Bd. 17, Berlin 1779, S. 565–712; Dorn (wie Anm. 15), S. 158–159.

19 Könnecke (wie Anm. 12), S. 75.

20 Dorn (wie Anm. 15), S. 172–176.

21 Stadtarchiv Schwäbisch-Hall, Hospital-Archiv, Hospitalsbeschreibung, Nr. 733, fol. 281–282.

setzung bedingten, daß man sich um die Definition angemessener „Zieh-
tage" von einem Dienst zum anderen bemühte, die in der Regel zwei
Wochen dauern durften.[22] Doch begrenzte man sie in Preußen auf acht
Tage, in den Städten Osnabrück und Düsseldorf sogar auf nur einen Tag.
In manchen Gegenden versuchte man die Ziehzeit dadurch möglichst
kurz zu halten, daß man die Knechte und Mägde zu einer wöchentlichen
Steuer für die Zeit zwischen ihren Diensten verpflichtete.

Der Vertrag zwischen einer Herrschaft und einem Dienstboten galt
als verbindlich, wenn ein bestimmtes Mietgeld bezahlt worden ist. Nach
dessen Erhalt war der Dienst bei Strafe anzutreten. Der Antritt wurde
durch die Überführung der Gesindetruhe und der Kleider in das Haus
der neuen Herrschaft symbolisiert. Üblicherweise dingte man Knechte
und Mägde auf ein Jahr, wobei sich der Dienst dann jeweils um ein
weiteres Jahr verlängerte, wenn er nicht von einer der beiden Vertragsparteien fristgerecht gekündigt worden war. In der Regel wurde den
Herrschaften eine sechswöchige, den Dienstboten dagegen eine acht-
wöchige Kündigungsfrist gesetzt.

Wurde diese Kündigungsfrist zum Jahresende nicht eingehalten, galt
der Dienst als unrechtmäßig beendet. Das Verbot vorzeitiger Aufkündigung des Dienstes und der damit häufig verbundenen Doppelvermietung gehörte zu den ältesten gesinderechtlichen Bestimmungen, die seit
dem ausgehenden Mittelalter bis weit in das 19. Jahrhundert hinein wiederholt wurden. Die Ausgestaltung des Verbotes indessen hatte im Laufe der Jahrhunderte eine substantielle Veränderung erfahren und zielte
immer stärker auf eine alleinige Verurteilung der Dienstboten. So regelte die Bayerische Landrechtsreformation von 1518 hinsichtlich einer
vorzeitigen Aufkündigung des Dienstes zunächst die Modalitäten einer
Gerichtsverhandlung über den Vorwurf einer gravierenden Pflichtver-
letzung durch die Herrschaft. „Ging ain Knecht oder Dirn von irem Herrn
und sprächen, sy het ir Maisterschaft vertriben von übler Handlung oder
von Hungers wegen", so könne sich der Herr durch Eid von diesem
Vorwurf befreien. Die Sichtweise des Dienstboten wiederum galt als
erwiesen, wenn sie von zwei Zeugen bestätigt wurde. Wurde der Meister für schuldig befunden, dann mußte er dem Knecht oder der Magd
den fälligen Lohn und dem Richter eine Buße von 72 Pfennigen zahlen.
Konnte aber der Dienstbote seine Vorwürfe nicht belegen, so ging er
seines Lohnes verlustig, mußte seinem Herrn den Schaden ersetzen, den

---

22 Zu den folgenden Gesetzen vgl. Dürr 1997 (wie Anm. 1), S. 126–129.

jener durch die vorzeitige Aufkündigung erfahren hatte, und dem Richter 72 Pfennig Buße entrichten. Zwar bedeuteten für die finanziell zumeist schlecht gestellten Knechte und vor allem Mägde, welche im Durchschnitt kaum die Hälfte eines Knechtlohnes verdienten, 72 Pfennige Bußgeld eine größere Bestrafung als für den Meister; dennoch ist hier das Bemühen um eine symmetrische Behandlung der beiden Vertragsparteien erkennbar.

Drei Jahrzehnte später dagegen wurde der Artikel über das Gerichtsverfahren hinsichtlich der Vorwürfe des Gesindes gegen seine Herrschaft ersatzlos gestrichen. In sämtlichen bayerischen Ordnungen seit 1553 regelte man nur noch die Modalitäten der Bestrafung des Gesindes bei unrechtmäßiger – also nicht fristgerechter – Kündigung des Dienstes. Seit dem 17. Jahrhundert wurden außerdem die angedrohten Strafen immer weiter verschärft.[23] So konnte seit 1616 neben dem Lohnverlust und einer möglichen Zwangsverpflichtung zur Beendigung des Dienstes der Landesverweis verhängt werden. Nach einer Ordnung von 1660 kamen auch Leibes- und Ehrenstrafen hinzu. Seit der Mitte des 18. Jahrhunderts schließlich drohte kontraktbrüchigen Dienstboten darüber hinaus eine bis zu halbjährige Einweisung in ein Arbeitshaus.

Die Kehrseite vorzeitiger Aufkündigung des Dienstes war das Abwerben von Gesinde durch andere Herrschaften bzw. eine Doppelvermietung, welche ebenfalls von vielen Ordnungen verboten wurden. Die angedrohten Strafen allerdings trafen die Dienstboten in der Regel sehr viel härter als die Herrschaft des Hauses: Nach der Preußischen Landesordnung von 1577 drohte einem Dienstboten, der sich an mehrere Herrschaften verdingt hatte, eine vierwöchige Haftstrafe. Für das Abwerben eines Bediensteten durch überhöhten Lohn mußte der Meister dagegen nur mit einer Strafe von 10 Mark rechnen.

Die Ausführlichkeit gesinderechtlicher Bestimmungen läßt vermuten, daß häufiger Stellenwechsel und vorzeitiges Verlassen des Dienstes von seiten des Gesindes nicht selten waren. Nun ist es sehr schwierig, den sozialen Hintergrund dieser zeitgenössischen Auffassung zu überpüfen, weil entsprechende Zeugnisse fehlen. So liegen den Migrationsuntersuchungen in der Regel Quellenbestände zugrunde, die – wie die Neubürgerlisten – nur Angaben über eine permanente Immigration erlauben. Diese Quellen geben aber wenig Einblicke in die Einwanderung

---

23 Walter Hartinger, Bayerisches Dienstbotenleben auf dem Land vom 16. bis 18. Jahrhundert, in: Zeitschrift für Bayerische Landesgeschichte, Bd. 38 (1975), S. 598–638, hier S. 618–619.

in eine Stadt, die nicht mit der Erlangung des Bürgerrechtes abgeschlossen wurde. Informationen über einen längeren oder auch kürzeren Aufenthalt in der einen oder anderen Stadt schließlich lassen sich diesen Zeugnissen überhaupt nicht entnehmen. Dagegen erlauben dies die Totenbücher der Reichsstadt Schwäbisch Hall wenigstens ansatzweise, weil in ihnen seit 1635 über jeden Verstorbenen – ohne Ansehen seines Alters, Standes oder Geschlechtes – eine kurze Skizze des Lebensweges festgehalten worden ist. Für den Zeitraum 1635 bis 1690 habe ich 482 Berichte über Mägde analysiert. In etwa 90 % der Fälle teilen die beschreibenden Pfarrer einen identifizierbaren Herkunftsort mit. Diese Angaben beziehen sich auf die permanente Immigration der Dienstbotinnen in die Reichsstadt. Darüber hinaus enthalten aber 81 Biographien Informationen über verschiedene Wanderungsstationen der Mägde, so daß mit den Totenberichten in etlichen Fällen auch temporäre Migrationsbewegungen des weiblichen Gesindes erfaßt werden können.[24]

II. Die Häufigkeit des Stellenwechsels

Von denjenigen Mägden, bei denen die Pfarrer direkt die Aufenthaltsdauer in einem Dienst mitteilten (es hieß dort etwa: „verblieb zehn Jahre bei Stättmeister Müller"), diente mehr als jede dritte Magd elf bis zwanzig Jahre, jede fünfte gar länger als zwanzig Jahre an einer Stelle. Nach den hier vorliegenden Zahlen war ein Stellenwechsel wohl fast die Ausnahme. Es scheint so, als ob sich die weiblichen Dienstboten geradezu davor gescheut hätten, sich auf neue, unbekannte Verhältnisse einzulassen, so daß sie unter Umständen bei einer Herrschaft blieben, auch wenn sie dabei große Unbill erleiden mußten. Die Hallerin Maria Barbara Köhler etwa verblieb dreizehn Jahre in einem Dienst, obwohl sie „darbey viel gelitten" hatte, wie der Verfasser ihres Lebensberichtes schrieb. Dabei hätte ihr die Vertrautheit mit der Stadt einen Stellenwechsel sicherlich erleichtert.[25]

Allerdings galt langjähriges Verbleiben bei einer Herrschaft als Zeichen der Treue einer Magd. Die Hervorhebung langjähriger Dienste in den Totenbüchern muß demnach als Zeichen der Anerkennung durch die berichtenden Pfarrer gewertet werden, die das Bild über deren Häu-

---

24 Dürr 1995 (wie Anm. 1), S. 210ff.
25 Stadtarchiv Schwäbisch-Hall, 2/71, fol. 876.

figkeit verzerrt. So band man beispielsweise in Augsburg Mitte des 16. Jahrhunderts die Möglichkeit eines verbilligten Bürgerrechtserwerbs an die Forderung, daß Mägde ihre Stelle nicht häufiger als zwei bis drei Mal innerhalb zehn Jahren gewechselt hätten.[26] Im Gegensatz zu den langen Dienstzeiten, die von den Verfassern der Totenberichte genannt werden, sah also der Augsburger Rat einen durchschnittlich drei- bis fünfjährigen Aufenthalt bei einer Herrschaft als belohnenswert an. Auch die Totenbücher vermitteln ein anderes Bild, wenn man die summarischen Angaben der Lebensläufe auswertet, in denen die Pfarrer Formulierungen gebrauchten wie: eine Frau habe sich „in vier Diensten innerhalb zwanzig Jahre" oder „zehn Jahre lang in drei Diensten" aufgehalten.

Während sich nach den zunächst ausgewerteten konkreten Zeitangaben der Lebenslaufverfasser mehr als die Hälfte der Dienstbotinnen länger als zehn Jahre in einem Dienst aufgehalten hatte, berichteten die Pfarrer in summarischen Schilderungen nur von vier Mägden, daß sie ihrer Herrschaft über so viele Jahre die Treue bewiesen hätten. Fast die Hälfte von ihnen wechselte die Anstellung nach dieser Zusammenstellung alle fünf Jahre und öfter. Doch auch diese Zahlen haben möglicherweise noch die Tendenz, die Verhältnisse – nach Maßgabe der Zeit – zu beschönigen, denn häufigerer Ortswechsel wurde nur sehr ungenau (etwa: „in verschiedenen Diensten") festgehalten, so daß man m. E. davon ausgehen muß, daß im 17. Jahrhundert zwei Verhaltensmuster vorherrschten: Auf der einen Seite gab es Dienstbotinnen, die sehr lange, auch vielen Widrigkeiten zum Trotz, bei derselben Herrschaft verweilten. Auf der anderen Seite aber wechselten wohl tatsächlich viele Mägde ihre Anstellung häufig. Sehr kurze Dienstzeiten von einem Jahr oder noch darunter, wie sie dann im 19. Jahrhundert verstärkt auftreten, waren in der Frühen Neuzeit aber wohl die seltene Ausnahme.

III. Der Wanderungsradius der Mägde

Die außergewöhnliche Geschichte der Catharina Ickermann kann verdeutlichen, welches Ausmaß die Mobilität der Mägde erreichen konnte. Sie wurde als Tochter eines Schuhmachers in Perleberg an der Priegnitz

---

26 Lyndal Roper, The Holy Household. Women and Morals in Reformation Augsburg, Oxford 1989, S. 55.

geboren und begab sich nach dem Tod ihrer Eltern im Alter von 15 Jahren in Dienste, und zwar, laut Totenbuchbericht, zunächst

> zu Weißenburg, eine Stund von Berleberg, im Würthshauß 20 Jahr, hernach zu Hamburg bey einem Zuckerbecker 10 Jahr, zu Königsberg in Preußen bey Herrn Johann Adam Hocheicher 10 Jahr, zu Bünincken im Württemberger Land und zu Wimpfen 10 Jahr und allhier [d. h. in Schwäbisch Hall] bei Herrn Josias Christian Hocheicher sel. 28 Jahr und bei Herrn Sigelin, Adlerwürth, 4 Jahr.[27]

Im Alter von 97 Jahren starb sie ledig in der Reichsstadt. Obwohl aber Catharina Ickermann in ihren über 80 Jahre dauernden Diensten weit herum gekommen war und sie sich insofern durch eine außerordentliche Beweglichkeit auszeichnete, ist ihr Lebensweg zugleich durch eine bemerkenswerte Stabilität geprägt. Denn einerseits verweilte sie durchgängig lange Jahre – zehn, zwanzig oder mehr Jahre – bei einer Herrschaft und andererseits wählte sie ihre Dienstorte – so weit verstreut sie auch scheinen mögen – nicht zufällig oder aufgrund persönlicher Neugier.[28] Vermutlich hatte sie nämlich ihren dritten Herrn, den Kaufmann Johann Adam Hocheicher, in Hamburg (ihrem zweiten Dienstort) kennengelernt und war mit diesem nach Königsberg gezogen. Dessen Sohn Josias Christian wiederum war in Bönnigheim, ihrem vierten Dienstort, tätig, bis er die Erbtochter des Adlerwirts in Hall heiratete. Nach einem Aufenthalt in Wimpfen kam schließlich auch Catharina Ickermann in die Reichsstadt am Kocher und diente erst ihrem früheren Dienstherrn, Josias Christian Hocheicher, anschließend dessen Schwiegersohn in der Wirtschaft zum Adler.

Die außergewöhnliche Biographie der Catharina Ickermann bildet eine besonders eindrückliche Überleitung von der Frage nach der Verweildauer bei einer Herrschaft zum Wanderradius der Mägde. Denn trotz ihrer ungewöhnlich weiten Wanderung entspricht der Lebensweg dieser Frau in zweierlei Hinsicht dem typischen Migrationsmuster von Mägden in der Frühen Neuzeit: in ihrer dörflichen Herkunft zum einen und zum anderen in Hinblick auf ihren ersten Dienstort, der sich mit nur einer Stunde Fußmarsch in unmittelbarer Nachbarschaft zu ihrem Heimatort befand. 70% der nach Schwäbisch Hall eingewanderten Mägde nämlich kamen aus einem Umkreis von etwa 25 km Luftlinie – eine

---

27 Stadtarchiv Schwäbisch-Hall, 2/72, fol. 804.
28 Gerd Wunder, Die Bürger von Hall. Sozialgeschichte einer Reichsstadt, 1216–1802, Sigmaringen 1980, S. 174–175.

Entfernung, die einem etwa eintägigen Fußmarsch entsprach. Dagegen traten alle weiter entfernten Ortschaften stark zurück. Auch im Vergleich zu den Migrationsentfernungen anderer Frauen war der Wanderungsradius der Mägde klein. Denn während nach den Totenbüchern Schwäbisch Halls knapp ein Drittel der Frauen, die nicht als Magd in die Stadt am Kocher eingewandert sind, aus einer über 50 km entfernten Ortschaft stammten, lag der Anteil solcher Entfernungen bei den Mägden nur bei etwa 18 Prozent.[29]

Vier Fünftel der Mägde aus einem Umkreis von 25 km zogen aus Dörfern, Weilern und Einzelhofsiedlungen in die Stadt; nur ein Fünftel kam aus nahegelegenen Städten. Dies reflektiert einerseits die Gegebenheiten der Region, in welcher sehr viel mehr Menschen in Dörfern als in Städten wohnten, und ist andererseits ein Spiegel für die Beschaffenheit der Mobilitätsstrukturen, in der die Land-Stadt-Orientierung einen wesentlichen Bestandteil der Stadt-Umland-Beziehungen darstellte. Im Unterschied zum Gesamtzuzug in die Stadt am Kocher aber fällt der durchgängig geringe Anteil von zugewanderten Mägden städtischer Herkunft auf. Denn in der Regel steigt bei Männern wie bei Frauen der städtische Anteil an Einwanderungen mit der zurückgelegten Entfernung. Über die Hälfte der Frauen etwa, deren Heimatort mehr als 25 km von Schwäbisch Hall entfernt lag, war städtischer Herkunft. Dagegen kam nur etwas mehr als ein Drittel der Mägde, deren Geburtsort vergleichbar weit entfernt war, aus einer Stadt. Namentlich besonders weit gereiste Dienstbotinnen waren zu einem großen Prozentsatz ländlicher Herkunft.

Aus der Perspektive der Dorfgesellschaft also sind die Mägde zu den mobileren Teilen dieser keineswegs als Einheit zu betrachtenden Gemeinschaft zu zählen. Allerdings sind schichtenspezifische Unterschiede im Migrationsverhalten der Mägde festzustellen. In nur wenigen Fällen nämlich kamen die zugezogenen Mägde aus Bauernfamilien, obwohl das Anerbenrecht dieser Region zu einer häufigen Verdingung derjenigen Söhne und Töchter führte, die nicht als Hoferben vorgesehen waren. Bauerntöchter, die sich in Dienste begaben, arbeiteten wohl in der Regel auf dem Nachbarhof oder in einem nahegelegenen Dorf. Sie verließen nur selten die dörfliche Umgebung. In die Stadt dagegen zogen in der überwiegenden Mehrzahl Mägde aus der dörflichen Unterschicht. Denn mit einem Anteil von etwa 60% sind die Inwohnerfamilien wohl deutlich überrepräsentiert. In ähnlicher Weise bevorzugten auch

---

29   Dürr 1995 (wie Anm. 1), S. 187.

die Töchter der dörflichen Oberschicht, d. h. in erster Linie Mägde aus dörflichen Pfarrer- und Amtleutehaushalten, den Gesindedienst in einer Stadt. Sie stellten beinahe ein Fünftel der Mägde und waren damit ebenfalls überrepräsentiert. Dieses Migrationsmuster bestätigt sich besonders deutlich hinsichtlich der weit gereisten Mägde, die aus über 100 km entfernten Dörfern kamen. Sie stammten nämlich entweder aus Familien der dörflichen Oberschicht, deren verwandtschaftliche Beziehungen zu Schwäbisch Hall die Wahl des Dienstortes begründeten. Oder aber sie kamen aus der dörflichen Unterschicht und flohen vor Hunger, Krieg oder Verfolgung, wie Barbara Weinberger, die 1634 aus Öhin bei Wassertrüdingen „von hunger getrieben ins ländlein ob der Ens kommen; bald aber wegen damahliger reformation weichen müßen. [und] Endlich anhero nach Hall" gekommen war.[30]

IV. „Von gewanderten Handwercks Gesellen halte ich viel/ von gewanderten Mägden gar nichts"

Die Analyse der Haller Totenbücher zeigt, daß das Migrationsverhalten der Mägde von einem doppelten Muster geprägt war. Durch die Häufigkeit von Ortsveränderungen in der Gesindezeit bewiesen die Mägde zum einen eine beachtliche Mobilität; im Hinblick auf die zurückgelegten Strecken jedoch zeigten sie eine größere Verwurzelung mit ihrer Heimatregion als diejenigen Frauen, die vor ihrer Eheschließung keinen Gesindedienst geleistet hatten. Auch großer erlittener Unbill zum Trotz verblieb manche Magd über viele Jahre oder gar Jahrzehnte bei einer Herrschaft, so wie man es vom untersten Hausstand erwartete. Andere wiederum, vermutlich sogar die meisten, machten von ihrem Recht, zum Jahresende einen Dienst wechseln zu können, häufiger Gebrauch, als es der Herrschaft lieb sein konnte. Darum galt das Recht der Dienstboten auf Wahl und Kündigung ihres Dienstes vielen als Störung der häuslichen Ordnung. So schrieb August von Hoff Ende des 18. Jahrhunderts: „Die Willkür der Domestiken, sich die Dienstzeit zu bestimmen, ist die zweite Wurzel der Verderbnis der Dienstboten."[31]

Während die Magd, die in Lohn und Brot stand, insofern ein Ordnungsproblem darstellte, als sie ihren Dienst wieder verlassen konnte,

30 Stadtarchiv Schwäbisch-Hall, 2/71, fol. 419 (6.3.1668).
31 August von Hoff, Über Gesinde, Gesinde=Ordnungen und deren Verbeßerungen, Berlin 1789, S. 21.

galten stellungslose Dienstboten als Ordnungsproblem, weil sie sich der häuslichen Ordnung entzogen. Zahlreich sind dementsprechend die Dekrete in Schwäbisch Hall und anderswo, die sich gegen das sog. „herrenlose Gesinde" wandten.[32] Die häufige Nennung unterschiedlicher Anmiettermine in der Reichsstadt aber legt die Vermutung nahe, daß „herrenloses Gesinde" in der Tat nicht selten war und sich zu verschiedenen Zeitpunkten des Jahres in Schwäbisch Hall auf Stellensuche begab.

Die Gefahren bei der Wanderschaft sowie die unterstellte Widersetzlichkeit der Mägde gegen die häusliche und gesellschaftliche Ordnung waren für die Autoren der Hausliteratur Grund genug, die Hauseltern zu warnen, „Umstörtzende/Fremde/Unbekannte" Dienstboten nur im Notfall einzustellen und gegen sie ein dauerndes Mißtrauen zu bewahren.[33] Der Gesindemangel aber führte wohl dazu, daß die Herrschaft häufig keine Wahl hatte. Im Gegenteil ließ die große Nachfrage nach Mägden die Migration offenbar als etwas Selbstverständliches erscheinen, solange die Wanderung durch eine ordentliche Anmietung abgeschlossen wurde. Unter Umständen zogen Hausväter und Hausmütter fremde Dienstboten den einheimischen sogar vor. Dies begründe sich damit, so die Vermutung vieler, „daß mit fremden Gesinde in der Regel besser auszukommen ist als mit Einheimischen".[34] Die Zugezogenen seien anspruchsloser und anhänglicher sowie ehrlicher als die Ortsansässigen, deren örtliche soziale Einbettung ihr Selbstbewußtsein stärke.[35] Schließlich spielte auch damals schon ein verklärtes Bild von den Verhältnissen auf dem Lande eine möglicherweise ausschlaggebende Rolle. So schreibt August von Hoff 1789:

> Der Städter setzte gemeiniglich ein größeres Zutrauen auf ländliches Gesinde; (...) ohnerachtet dasselbe, nach aller Erfahrung selten mehrere Jahre der ländli-

---

32 Vgl. z. B. ein 1670 vom Schwäbisch Haller Rat erlassenes Dekret „Herumtreibendes Herrenloses Gesind betr.", Stadtarchiv Schwäbisch-Hall, 4/495, fol. 104–105.

33 Julius Hoffmann, Die „Hausväterliteratur" und die „Predigten über den christlichen Hausstand". Lehre vom Hause und Bildung für das häusliche Leben im 16., 17. und 18. Jahrhundert, Weinheim/ Berlin 1959, S. 171–172.

34 Dorn (wie Anm. 15), S. 61. Allerdings meint August von Hoff (wie Anm. 31), S. 12, daß diese Haltung erst seit der Aufklärung zum Tragen gekommen wäre.

35 Hoffmann (wie Anm. 33), S. 172.

chen Ehrlichkeit, Treue und Arbeitsamkeit treu blieb, sondern sich gemeiniglich über lang oder kurz dem Strudel des gemein Verderbniß des städtischen Gesindes überließ...[36]

Das eigentliche Problem bei der Migration des Gesindes war demnach ein ordnungspolitisches, das sowohl einheimische wie fremde Dienstboten betraf, nämlich die Möglichkeit der Wahl und Aufkündigung des Dienstes. Die Migration als solche hingegen war wohl nicht zuletzt aufgrund des Gesindemangels, der ja nur durch Zuzug fremder Ehehalten behoben werden konnte, nicht diskriminiert. Während der Hamburger Prediger Johann Balthasar Schupp von gewanderten Mägden nichts hielt, teilten wohl die meisten Hausväter und Hausmütter, die Ratsherren der Stadt wie auch die Prediger, Pfarrer und Diakone der Gemeinde St. Michael, die in den Totenbuchberichten auch weite Wanderungen mit keiner Silbe kommentierten, diese Ansicht nicht. Auch wenn die Möglichkeit der Wahl und Kündigung des Dienstes durch die Magd die häusliche Ordnung immer wieder zu gefährden drohte, galten demnach – im Gegensatz zu dem Bild, das die Hausliteratur und die Gesindeordnungen zeichnen – Zu- und Abwanderung der Mägde in der Regel und solange es sich um den Weg zu einer neuen Stellung handelte, als üblicher Bestandteil der Gesindezeit.

---

36 Hoff (wie Anm. 31), S. 12.

Rita Müller/Sylvia Schraut

„Die Folgen werden schlimm sein."[1]
Weibliche Migration im Industrialisierungsprozeß am Beispiel von Stuttgart und Feuerbach

In Feuerbach, einer Landstadt wenige Kilometer vor Stuttgart, manifestierten sich in den 1870er Jahren Urbanisierung und Industrialisierung im Zuzug von Fremden; so zumindest beurteilte es der örtliche protestantische Pfarrer. Er sah die herrschende Ordnung in der 4.000-Einwohner-Gemeinde vor allem durch die Fremden bedroht, die „als Gesindel sich hierher ziehen, angezogen durch den großen Verdienst, die sich nicht in die Ordnung fügen wollen und in Ehesachen und Schulsachen gerügt werden müssen."[2] Mit dieser Ansicht stand der Seelsorger nicht allein: Die allerorten spürbar wachsende Mobilität begann im letzten Drittel des 19. Jahrhunderts immer mehr Aufmerksamkeit zu erregen.

> Wander... wird nach der Analogie von Wandervogel usw. neuerdings, entsprechend der außerordentlichen Zunahme des Reisens und Verkehrs, vielfach in Zusammensetzungen gebraucht, um auszudrücken, daß die betreffenden Personen, Sachen oder Handlungen mit Ortswechsel verbunden sind. [...] Diese Einrichtungen bilden ein hervorragendes Merkmal unserer Zeit,

so der Brockhaus von 1887.[3] Insbesondere der enorme Zustrom in die Städte löste zahlreiche Debatten um die sozialen und kulturellen Folgen

---

1   Landeskirchliches Archiv Stuttgart Bestand A 29/247, Pfarrbericht Feuerbach 1870, S. 2.

2   Landeskirchliches Archiv Stuttgart Bestand A 29/247, Pfarrbericht Feuerbach 1870, S. 4.

3   Art. Wander..., Brockhaus' Conversations-Lexikon, 14. Aufl. (1887), Bd. 16, S. 427. Zum vorliegenden Thema vgl. u. a. Dieter Langewiesche, Wanderungsbe-

aus; häufig verbanden sich in der bürgerlich-kirchlichen Publizistik Wanderung in die Stadt und Großstadtkritik miteinander.[4] Die Auseinandersetzung mit der „bedauerlichen Erscheinung"[5] des „törichten Zuzuges"[6] in „das Irrlicht Großstadt"[7] fand ihren Niederschlag in zahlreichen Veröffentlichungen der kirchlichen und der bürgerlichen Wohlfahrtsbewegung. Ein enger Zusammenhang zwischen Mobilität und dem „nur auf das Diesseits gerichteten Zeitgeist"[8] oder „autoritätswidrigen Freiheitsdrang"[9] wurde postuliert. Drohten die männlichen Mobilen in den Einflußbereich der Sozialdemokraten zu geraten, „die ihre Netze nach jedem Arbeiter auswerfen und besonders die jungen, unerfahrenen Leute durch schöne Redensarten zu betören wissen"[10] und bestand für sie die Gefahr, in das „von revolutionärem Geist durchseuchte Großstadtproletariat" abzusinken,[11] so galt es, junge wandernde (ledige) Frauen vor der „Vergnügungssucht",[12] der „Lasterbahn"[13] oder gar dem „Mädchenhandel"[14] zu bewahren. Vor allem die privaten Schlafstellen, die „so oft mit höllischen Versuchungen verbunden" waren,[15] riefen die Empörung der Wächter über die „christliche[n] Volkssitten"[16] hervor.

---

4   wegungen in der Hochindustrialisierungsperiode. Regionale, interstädtische und innerstädtische Mobilität in Deutschland 1880–1914, in: Vierteljahresschrift für Sozial- und Wirtschaftsgeschichte Bd. 64 (1977), S. 1–40.

4   Verwiesen sei hier zum Beispiel auf den Vorläufer aller Stadtkritik, Wilhelm Heinrich Riehl, oder auf die publizistisch äußerst wirksamen Verfechter einer sozialbiologisch begründeten, gesetzmäßigen, immerwährenden Wanderung vom Land in die Stadt, Georg Hansen und Otto Ammon.

5   Die Aufgaben der Inneren Mission gegenüber dem Zuzug der jugendlichen Personen nach der Großstadt, in: Blätter für das Armenwesen Nr. 31 (1896), S. 122.

6   Der Zudrang der weiblichen Jugend zur Großstadt, in: Blätter für das Armenwesen Nr. 7 (1900), S. 29.

7   Das Irrlicht „Großstadt". Aus dem Gebiete der Armenpflege, in: Blätter für das Armenwesen Nr. 36 (1908), S. 151.

8   Die Aufgaben der Inneren Mission (wie Anm. 5).

9   Der Zudrang der weiblichen Jugend (wie Anm. 6).

10 Brief eines Arbeiters in der Stadt an seinen Freund auf dem Dorf, in: Blätter für das Armenwesen Nr. 18 (1898), S. 71.

11 Die Aufgaben der Inneren Mission (wie Anm. 5).

12 Der Zudrang der weiblichen Jugend (wie Anm. 6).

13 Die Aufgaben der Inneren Mission (wie Anm. 5).

14 Zur Warnung für junge Mädchen und deren Angehörige, in: Blätter für das Armenwesen Nr. 26 (1900), S. 104.

15 Der Zudrang der weiblichen Jugend (wie Anm. 6).

16 Christliche Volkssitten, in: Blätter für das Armenwesen Nr. 6 (1901), S. 23.

Die knappen Zitate mögen genügen, um die Entrüstung der „Sitten-
wächter" des 19. Jahrhunderts über den Zuzug lediger Personen in die
Stadt zu belegen; über die realen Wanderungsverläufe und -bedingun-
gen sagen sie freilich wenig aus. Die immer wiederkehrenden Stereoty-
pen veranschaulichen vielmehr die Bewertungsmuster, mit denen breite
Kreise des Bürgertums auf die anwachsende Mobilität reagierten. Nicht
das Wandern an und für sich erregte ihren Unmut, sondern insbesondere
das Ausmaß und die „Freizügigkeit", in denen sich der Zuzug in die
Städte vollzog. „Wandern", noch in der ersten Hälfte des 18. Jahrhundert selbstredend mit dem Wandern in die Stadt gleichgesetzt, bewertete
Johann Heinrich Zedler beispielsweise durchaus positiv. Er vermerkte
unter dem eigenständigen Eintrag „uff diese Stadt wandern", daß das
Wandern Erfahrungen bringe, die man zu Hause nicht machen könne
und daß man erwandern müsse, was man nicht erlernt habe.[17] Freilich
bezog sich Zedler mit seinen Erläuterungen auf wandernde Handwerksgesellen. Gesellschaftlich anerkanntes Wandern von (ledigen) Angehörigen der Unterschicht in vorindustrieller Zeit war meist einem strengen
Reglement unterworfen. Dies gilt für wandernde männliche Gesellen
wie für mobiles, meist weibliches Gesinde; für erstere lieferten die Zunft-
ordnungen einen engen Rahmen, für letzteres die Gesindeordnungen;
beide sorgten für die Einhaltung des patriarchalen Ordnungsgefüges auch
in der Fremde. Andere Wanderungsformen wie beispielsweise die sai-
sonale Wanderung von Erntearbeitern, Hausierhandel oder sonstige Ar-
ten mobiler Subsistenzsicherung, primär der Unterschichten, waren meist
negativ belegt oder nahmen im bürgerlichen Wahrnehmungshorizont
wenig Raum ein.[18] Dies änderte sich mit der anwachsenden „Freizügigkeit" im 19. Jahrhundert, mit Industrialisierung, Urbanisierung und dem
Zuzug der Fabrikarbeiterschaft männlichen und weiblichen Geschlechts
in die Städte. Eine neue mobile Gruppe erregte Aufmerksamkeit und
beanspruchte Arbeit, Schlafplätze und Lebensraum im städtischen Umfeld, und ihre Arbeitsplätze waren nicht mehr mit der Ein- und Unter-
ordnung in die patriarchal geführten Haushalte der Arbeitgeber verknüpft.
Den hieraus abgeleiteten befürchteten Sittenverfall belegte die zeitgenössische Sozialkritik geschlechtsspezifisch: Drohte von den Fabrikar-

---

17 Artikel „uff diese Stadt wandern", Johann Heinrich Zedler, Grosses vollständi-
    ges Universal-Lexikon, Halle 1746.
18 Zum Thema wandernde Unterschichten im 18. Jahrhundert vgl. u.a. Ernst Schu-
    bert, Arme Leute, Bettler, Gauner im Franken des 18. Jahrhunderts, Neustadt
    a.d. Aisch ²1990.

beitern die „soziale Revolution" auszugehen, so erwartete man von den wandernden Frauen in erster Linie Verstöße gegen bürgerliche Moralvorstellungen – Normen, von denen stillschweigend vorausgesetzt wurde, daß sie auf dem flachen Land gleichermaßen gültig seien.[19]

Außer in den Auseinandersetzungen mit den Wohnproblemen ortsfremder lediger Mädchen in den Städten erregte die Migration von Frauen zeitgenössisch wenig Aufmerksamkeit. Doch was läßt sich jenseits der moralischen Verdikte über das Ausmaß weiblicher Mobilität, über die soziale Zusammensetzung wandernder Frauen und über ihre regionale Herkunft überhaupt ermitteln? Am Beispiel Stuttgarts, der württembergischen Hauptstadt, und Feuerbachs, einer Gemeinde im Einzugsgebiet der entstehenden Industriemetropole, sollen einzelne Aspekte weiblicher Migration und bürgerlicher Reaktion im Kontext von Industrialisierung und Urbanisierung näher analysiert werden.

In der Haupt- und Residenzstadt des jungen Königreichs setzte die Industrialisierung erst in der zweiten Hälfte des 19. Jahrhunderts ein; ausschlagebend war u.a. der Anschluß an die mobilitätsfördernde Eisenbahn. 1861 beherbergte die Stadt immerhin schon 173 Fabriken; rund zwanzig Jahre später, 1882, zählte man unter den rund 44.000 Erwerbstätigen 17.030 Arbeiter und 3.695 Arbeiterinnen.[20] Ausgehend von ca. 38.000 Einwohnern 1834 vermehrte sich die Einwohnerschaft bis 1871 auf über 91.000, 1895 wohnten schließlich über 158.000 Einwohner in der größten Stadt Württembergs. Das Stadtbild wurde aber nicht nur von der wachsenden Arbeiterbevölkerung geprägt; Stuttgart erfüllte auch weiterhin die Funktion als Residenz und Sitz zahlreicher zentraler Verwaltungsinstanzen. Dies wirkte sich insbesondere auf die Zusammensetzung des Bürgertums aus und schuf in der Stadt ein soziales Klima, das Raum für bürgerlich-wohltätige Beschäftigung mit dem zeitgenössischen Wanderungsphänomen ließ. Auch an Feuerbach ging der industrielle Wandel nicht spurlos vorbei: Die Gemeinde entwickelte sich im Zuge der Industrialisierung Stuttgarts von einem Weinbauerndorf zum Industriestandort. Die Bevölkerung vermehrte sich von etwa 2.500 Einwohnern in der Mitte des 19. Jahrhunderts auf über 14.000 im Jahr 1910.

---

19 Zur hier nur knapp angedeuteten Nähe zum Thema „Sozialdisziplinierung" vgl. Christoph Sachße/Florian Tennstedt (Hrsg.), Soziale Sicherheit und soziale Disziplinierung. Beiträge zu einer historischen Theorie der Sozialpolitik, Frankfurt a.M. 1986.

20 Lothar Dessauer, Die Industrialisierung von Gross-Stuttgart, Tübingen 1916, S. 156.

Heute ist die Industriegemeinde, die bis 1933 auf ihrer Selbständigkeit beharrte, ein Vorort von Stuttgart.

Die Großstadt wie das ‚Dorf‘ bzw. die Landstadt im Einzugsgebiet des Industriezentrums waren während des Industrialisierungsprozesses Wanderungsziel zahlreicher Württemberger und Württemberginnen aus dem Hinterland. Wanderung und Auswanderung lagen in Württemberg schon vor der Industrialisierung eng beieinander. Das Herzogtum und spätere Königreich gehörte zu den deutschen Territorien, deren Einwohner seit dem 18. Jahrhundert stark an der überseeischen Auswanderung partizipierten. Seit Mitte der 1840er Jahre entwickelte sich die Auswanderung über mehrere Dezennien zur Dauererscheinung.

> Das Krisenjahrzehnt 1845/55, von konjunkturellen und strukturellen Schwierigkeiten geprägt, brachte den völligen Durchbruch zur Massenemigration mit Spitzenwerten im Zeichen schlechter Ernten 1847 und vor allem 1854, dem Jahr mit der damals höchsten Auswanderungsintensität aus Südwestdeutschland überhaupt.[21]

In welchem Ausmaß Wanderungsprozesse schon vor der Industrialisierung die Erfahrungen der Zeitgenossen prägten, vermitteln anschaulich die Wanderungsstatistiken um die Jahrhundertmitte. Zwischen 1842 und 1852 vermehrte sich die württembergische Bevölkerung lediglich um 5,5 %.[22] Dem Geburtenüberschuß von 158.505 Personen standen nur wenige Einwanderer, aber immerhin 54.285 Auswanderer gegenüber. Damit kamen auf einen Auswanderer im jährlichen Durchschnitt 322 Einwohner des Landes. Frauen waren an der Auswanderung maßgeblich beteiligt. Sie stellten fast die Hälfte der Auswandernden und waren also kaum weniger mobil als Männer. Daß aber auch der Wohnortwechsel um die Jahrhundertmitte bereits zu den Alltagserfahrungen eines Großteils der Bevölkerung zählte, belegen die Umzüge innerhalb des Landes. Rein rechnerisch wechselte durchschnittlich jeder Achte seinen Wohnort innerhalb Württembergs in diesem Zeitraum.

Die aufstrebende Residenzstadt des Landes verzeichnete, keineswegs überraschend, unterdurchschnittlich wenige Auswanderer und Auswan-

---

21 Wolfgang v. Hippel, Wirtschafts- und Sozialgeschichte 1800 bis 1918, in: Handbuch der Geschichte Baden-Württembergs, Bd. 3, Stuttgart 1992, S. 477 – S. 784, hier S. 509.

22 Zu den folgenden Wanderungsangaben vgl. P. Sick, Die Bevölkerung des Königreichs Württemberg in dem Jahrzehnt 1842 bis 1852, in: Württembergische Jahrbücher für Statistik und Landeskunde (WJBB) 1853, S. 1–167.

derinnen. Schon vor dem großen Industrialisierungsschub überstieg das Bevölkerungswachstum Stuttgarts den württembergischen Durchschnitt beträchtlich. Anders als die ländlichen Regionen war die Hauptstadt selbstverständlich Wanderungsziel insbesondere der württembergischen mobilen Bevölkerung. Immerhin 9.949 Personen, darunter 5.116 Frauen, wanderten zwischen 1842 und 1852 aus württembergischen Orten nach Stuttgart. Wie sehr Zu- und Wegzug von und nach Württemberg in der Hauptstadt des Landes zum Alltag gehörten, belegen die Verhältniszahlen zwischen Einwohnern und mobiler Bevölkerung: Es kamen in diesem Zeitraum auf einen aus Württemberg Zuziehenden im jährlichen Durchschnitt lediglich 33,38 Einwohner (württembergischer Durchschnitt: 80,6), auf einen mit württembergischen Ziel Stuttgart Verlassenden durchschnittlich 50,93 Bewohner der Stadt. Welche Dynamik das Wachstum der Stadt seit den 1840er und mehr noch in den 1860er Jahren und zu Beginn der 1870er Jahre[23] entwickelte, veranschaulicht Tabelle 1. Deutlicher noch als die sich Mitte der 1870er Jahren wieder verringernden Zuwachsraten belegt der Wanderungsumsatz, wie sehr ein beständiges Kommen und Gehen das städtische Leben gegen Ende des Jahrhunderts prägte: Kamen im Jahr 1900 auf 2,9 Einwohner ein Zu- oder Abzug, so verzeichnete die Statistik 1910 auf jeden zweiten Stuttgarter einen Umzug.

Auch auf Gemeinden des Umlandes strahlte der Urbanisierungsprozeß Stuttgarts aus. Allerdings setzte das rapide Bevölkerungswachstum zum Beispiel in Feuerbach sehr viel später ein, zudem stieg der Anteil der Fremden am Bevölkerungswachstum wohl erst im Zuge der eigenen Industrialisierung merklich an (Tabelle 1 und 2). Für Stuttgart kann man vermuten, daß spätestens seit den 1860er Jahren die verstärkte Zuwanderung Ortsfremder öffentliche Aufmerksamkeit beanspruchte, bevor sich gegen Ende des Jahrhunderts regionale Mobilität zur modernen Alltagserfahrung entwickelte. In Feuerbach begann dieser Prozeß offenbar zeitverzögert mit dem Anstieg der Zuwanderung in den neunziger Jahren; dann freilich mag sich im mittelstädtischen sozialen Umfeld der gesellschaftliche Wandel um so radikaler bemerkbar gemacht haben.

---

23 Durchschnittliches jährliches Wachstum 1871/75: 3,9 %.

Tab. 1: Entwicklung der Einwohnerzahlen von Stuttgart, Feuerbach und ausgewählten Nachbargemeinden 1821–1910

Jahr	Stuttgart[24] I	II	Feuerbach I	II	Cannstatt I	II	Untertürkheim I	II
01.11.1821	23620		2071		3402		1834	
15.12.1840	42217	3,1	2573	1,2	5451	2,5	1946	0,3
03.12.1861	61314	3,5	2874	0,5	7414	2,8	2328	0,9
01.12.1871	91623	4,1	3720	2,6	11804	4,8	2755	1,7
01.12.1880	117303	2,8	4549	2,3	16205	3,6	3164	1,6
01.12.1890	139817	1,8	5956	2,7	20265	2,3	3722	1,6
01.12.1900	176699	2,4	9052	4,3	26497	2,7	4952	2,9
01.12.1910	286218	4,9	14244	4,6	38211	3,7	7768	4,6

I   absolute Einwohnerzahlen
II durchschnittliches jährliches Bevölkerungswachstum in % berechnet nach: Jürgen Hagel, Vom Weinbaudorf zum Industriestandort. Die Entwicklung Feuerbachs von 1850 bis zum Ersten Weltkrieg (Veröffentlichungen des Archivs der Stadt Stuttgart Bd. 53), Stuttgart 1991, S. 81.

Tab. 2: Geburtenüberschuß und Wanderungsgewinn in Stuttgart und Feuerbach

Zeitraum	Stuttgart[24] Bevölkerung (am Ende des Zeitraums)	Stuttgart Bevölkerungszunahme	Stuttgart Anteil der Wanderung in %[1]	Feuerbach Bevölkerung (am Ende des Zeitraums)	Feuerbach Bevölkerungszunahme	Feuerbach Anteil der Wanderung in %
1876/1880	117303	10030	17,4	4549	(303)	–
1881/1885	125906	8603	26,0	5085	536	–
1886/1890	139817	13911	56,1	5956	871	–
1891/1895	158321	18504	66,9	6798	842	19,7
1896/1900	176699	18378	49,8	9052	2252	59,5
1901/1905	249286	72587	84,2	11524	2472	55,3
1906/1910	286218	36932	59,7	14244	2720	55,3

[1] einschließlich Eingemeindungen
Quelle: – Feuerbach: Otto Häussler, Die Industrialisierung der Stadt Feuerbach, Stuttgart 1932, S. 107; – Stuttgart einschließlich aller Eingemeindungen: Datensatz: Sozialer Wandel Stuttgart.

---

24 Mit Eingemeindungen.

Das anwachsende Wanderungsvolumen fand seinen Niederschlag nicht nur in der Zusammensetzung der ansässigen Einwohnerschaft,[25] sondern auch in der regionalen Heiratsmobilität (Schaubild 1 und 2).[26] Von den im ersten Jahrzehnt des 19. Jahrhunderts geborenen und später in Stuttgart verheirateten Frauen war noch mindestens jede zweite eine „echte" Stuttgarterin, doch schon bei den Geburtsjahrgängen der 1840er Jahre sank der Anteil der in Stuttgart gebürtigen Frauen auf unter 20 %.

Schaubild 1:

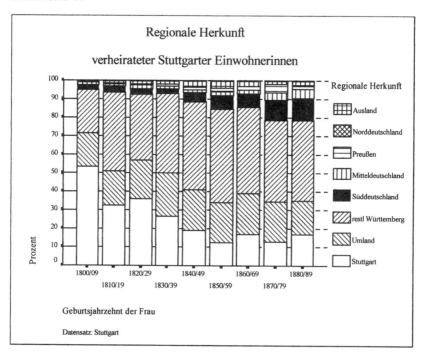

25 Schon 1871 waren nur noch 32,4 % der männlichen und 37,7 % der weiblichen Einwohner Stuttgarts in der Stadt geboren. In Feuerbach dagegen waren 1900 noch 55 % der Einwohner ortsgebürtig.
26 Grundlage der Berechnungen zur Heiratsmobilität sind zwei Stichproben der Familienregister Stuttgarts (n = 5.720) und Feuerbachs (n = 3.523), die im Rahmen eines Projekts zum sozialen Wandel im Großraum Stuttgart erhoben und mit EDV bearbeitet wurden. Das Projekt steht unter der Leitung von Prof. Wolfgang v. Hippel, Universität Mannheim, und wurde von der DFG finanziert. Auch an dieser Stelle sei der DFG für ihre Unterstützung gedankt. Dazu die Dissertation von Rita Müller „Von der Wiege zur Bahre. Männlichkeit und weibliche

Schaubild 2:

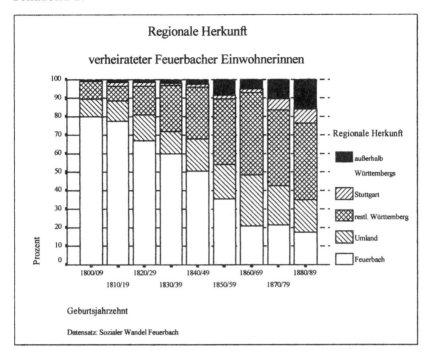

Insbesondere bei den Frauen der Unterschicht ist die rapide Zunahme der regionalen Heirats-Nahwanderung im Verlauf des 19. Jahrhunderts auffällig.[27] Dagegen waren Frauen aus „besseren" Verhältnissen traditionell bereits recht mobil, wenn es sich um Heiratswanderung handelte.[28] Vergleicht man die großstädtische regionale Heiratsmobilität mit den Verhältnissen im ländlichen Milieu am Beispiel Feuerbachs, dann wird augenscheinlich, wie eng einerseits Stadt und Mobilität, anderer-

---

Lebensläufe im 19. und frühen 20. Jahrhundert am Beispiel Stuttgart-Feuerbach", Stuttgart 2000.
Familienregister wurden vom zuständigen Pfarrer, später vom Standesamt für jedes heiratende bzw. zuziehende Paar angelegt. Zum Quellenwert vgl. u.a. Sylvia Schraut, Sozialer Wandel im Industrialisierungsprozeß. Esslingen 1800–1870 (Esslinger Studien Bd. 9), Esslingen 1989, S. 339ff.

27 Angrenzende Oberämter: Stuttgart-Amt, Cannstatt, Böblingen, Ludwigsburg, Esslingen, Tübingen und Nürtingen. Geburtskohorte 1800/09 Unterschicht, Anteil der in Stuttgart geborenen Frauen: 54,5 %; Geburtskohorte 1880/89: 13,8 %.

28 Bei der Geburtskohorte 1800/1809 betrug der Anteil der in Stuttgart geborenen

seits Land und Seßhaftigkeit schon vor der Industrialisierung zusam-
menhingen. Noch jede zweite in den 1840er Jahren geborene, in Feuerbach verheiratete Frau war ortsgebürtig. Um so krasser mag man hier
den massiven Anstieg einheiratender ortsfremder oder mit dem Ehemann
zuziehender Frauen gegen Ende des Jahrhunderts empfunden haben.
Ohnehin darf man die Integrationsmöglichkeiten über Heirat während
des 19. Jahrhunderts weder in Stuttgart noch in Feuerbach überschät-
zen. Tabelle 3 verdeutlicht, in welch geringem Maße auch noch gegen
Ende des Jahrhunderts ortsfremde Frauen tatsächlich Ehen mit Einheimischen eingingen. In vielen Fällen wählten Stuttgarterinnen ihre Partner unter den Einheimischen, während ortsfremde Frauen Ehen mit ebenfalls Zugezogenen schlossen, sei es, daß sie ihre Zukünftigen erst in
Stuttgart kennenlernten, ihren Verlobten in die Stadt nachfolgten oder
mit ihren Ehepartnern zusammen wanderten. Nur 11 % der in Stuttgart
und 20 % der in Feuerbach ortsfremden heiratenden Frauen nahmen
zwischen 1880 und 1913 einen Einheimischen zum Mann. Man kann
dies als Beleg für die relativ geringe Durchmischung von Einheimischen
und Fremden in Geselligkeit und Freizeit noch gegen Ende des Kaiser-
reichs bewerten, auch wenn sich eine allmähliche Aufweichung geschlos-
sener Milieus abzuzeichnen begann.

Aber nicht nur heiratende oder verheiratete Migrantinnen begannen
die Haushalte in Stuttgart und Feuerbach zu prägen. Auch der Zuzug
ortsfremder lediger Frauen gewann zunehmend an Bedeutung. Hier ist
in erster Linie die Wanderung weiblicher Dienstboten zu nennen. 8.679
Dienstmädchen zählte die Statistik im Jahr 1871.[29] Bis 1900 stieg ihre
Zahl auf 11.944 an. Der Zuzug der Mägde aus dem württembergischen
Hinterland hatte Tradition. Lediglich 8,8 % der 1829 im Gesinderegister
der Haupstadt registrierten weiblichen Dienstboten kamen aus Stuttgart.[30]
Jede zweite Magd, Köchin bzw. jedes zweite Stubenmädchen war nicht
im Umland Stuttgarts geboren, sondern meist aus dem ferneren Württemberg zugezogen. Die Dienstmädchenwanderung war nicht nur für
die Großstadt charakteristisch. Auch der Feuerbacher Pfarrer stellte 1874
fest: „Die hiesigen Dienstboten sind fast nur auswärtige."[31] Und 25 Jah-

---

Frauen in der Oberschicht: 30,8 %; bei der Geburtskohorte 1880/89 waren es
26,2 %.

29 Emil Kull, Die ortsanwesende Bevölkerung des Königreichs Württemberg vom
    1.12.1871, Stuttgart 1877.
30 Auszählung nach dem Gesinderegister vom 3. Distrikt Stuttgarts aus dem Jahr
    1829, Stadtarchiv Stuttgart Depot A C I, 6, Bd.1.
31 Landeskirchliches Archiv Stuttgart Bestand A 29/247, Pfarrbericht Feuerbach
    1874, S. 4.

Tab. 3: Partnerwahl und regionale Herkunft – Heiratende Frauen in Stuttgart und Feuerbach im 19. Jahrhundert

Regionale Herkunft des Mannes	Geburtsort heiratender Frauen								
	in Stuttgart				in Feuerbach				
	Stutt-gart	Angr. OÄ	Württ.	Aus-land	Feuer-bach	Angr. OÄ	Stutt-gart	Württ.	Aus-land
Heiraten 1790/1839									
Stuttgart / Feuerbach	66,8	52,8	29,5	33,3	91,4	85,2	50,0	67,3	83,3
OA Stuttg. und angr. Ämter	10,8	23,6	12,6	11,1	4,4	8,6	0,0	12,2	0,0
restliches Württemberg	16,8	19,1	52,6	50,0	3,6	6,2	50,0	20,4	16,7
Ausland	5,6	4,5	5,3	5,6	0,5	0,0	0,0	0,0	0,0
	100,0	100,0	100,0	100,0	100,0	100,0	100,0	100,0	100,0
Anzahl	232	89	95	18	795	81	2	49	6
Heiraten 1880/1913									
Stuttgart / Feuerbach	33,2	11,8	9,3	13,5	46,9	24,0	25,0	19,2	16,1
OA Stuttg. und angr. Ämter	14,8	31,0	15,6	9,3	19,8	30,0	23,5	13,7	10,1
restliches Württemberg	31,5	44,9	62,1	29,0	26,0	38,2	36,8	56,0	22,8
Ausland	20,6	12,3	13,0	48,2	7,3	7,9	14,7	11,1	51,0
	100,0	100,0	100,0	100,0	100,0	100,0	100,0	100,0	100,0
Anzahl	467	610	1368	517	273	267	68	532	149

Quelle: Datensätze Stuttgart und Feuerbach.

OÄ = angrenzende Oberämter

re später räsonierte ein Nachfolger: „Das Gesindewesen hat hier seine besonderen Schwierigkeiten wegen des leichten und lohnenden Verdienstes in den Fabriken [...],"[32] so daß man offenbar nach wie vor auch in Feuerbach auf auswärtige Dienstboten angewiesen war.[33] Lediglich 1,4 % der Stuttgarter Dienstmädchen des Jahres 1907 waren Stuttgarterinnen. Ihre fremde Herkunft stieß in der Regel nicht auf Kritik, denn die Eingliederung der Dienstboten in den Haushalt des Dienstherren legitimierte „manches besondere Recht" der Dienstherrschaft, nämlich das „der Beaufsichtigung, einer gewissen Disziplinargewalt, [die] Forderung von Gehorsam, Ehrerbietigkeit und Treue",[34] so daß vom weiblichen Dienstpersonal keine allzu große Gefährdung von Sitte und Moral zu erwarten war.

Der Sittenverfall schien den bürgerlichen „Tugendwächtern" auch in Stuttgart eher von ledigen jungen Frauen auszugehen, die auf der Suche nach Broterwerb in die Stadt zogen und weder in die Haushalte von Verwandten noch in die ihrer Arbeitgeber eingegliedert waren. Es kennzeichnet die Stuttgarter Entwicklung, daß die Zahl der Arbeiterinnen seit den 1880er Jahren rapide anstieg. Noch in den 1870er Jahren wurden im gesamten Neckarkreis nur knapp 4.000 Fabrikarbeiterinnen gezählt.[35] 1882 waren es in Stuttgart allein bereits 3.695; bis 1907 wuchs die Zahl auf 15.786 an.[36] Kam 1882 auf 33 Bewohner der Stadt eine Arbeiterin, so verringerte sich das Verhältnis bis 1907 auf 17:1. Von ihnen pendelten freilich viele in die Stadt (Pendlerinnen: 1900: 1.718; 1910: 2.798).[37] Auch aus Feuerbach gingen oder fuhren im Jahr 1900 121 Frauen nach Stuttgart oder in die umliegenden Nachbargemeinden.[38]

---

32 Landeskirchliches Archiv Stuttgart Bestand A 29/247, Pfarrbericht Feuerbach 1900, S. 11.

33 Ergebnisse der Volkszählung vom 1.12.1900 für das Königreich Württemberg, in: WJBB 1902.

34 Art. Gesinde, Brockhaus' Conversations-Lexikon, 13. Auflage 1884, 7. Bd., S. 911.

35 Hauptstaatsarchiv Stuttgart E 146 III (neu)/6089. Ergebnisse der über die Frauen- und Kinderarbeit in den Fabriken auf Beschluß des Bundesrats angestellten Erhebungen, zusammengestellt im Reichskanzleramt, Berlin 1876.

36 Dessauer (wie Anm. 20), S. 156.

37 Kurt Strohheim, Die Pendelwanderung Stuttgarts, Diss. Tübingen 1937. Es ist anzunehmen, daß es sich bei den Pendlerinnen überwiegend um Arbeiterinnen handelte.

38 Bis zum Jahr 1910 stieg die Zahl der Pendlerinnen aus Feuerbach auf 377 an. Vgl. Dessauer (wie Anm. 20), S. 170. Sowohl an den Pendlerinnen- als auch an

Zieht man für das Jahr 1907 hinsichtlich des Zusammenhangs von weiblicher Erwerbsarbeit und Wanderung eine Bilanz, so zeigt sich das große Gewicht ortsfremder Frauen unter den weiblichen Erwerbstätigen. Nur noch 40 % gewerblich beschäftigter Frauen waren in der Stadt geboren. Nach wie vor dominierten in Stuttgart die Württembergerinnen vor den fernwandernden Frauen, doch die Herkunft von außerhalb verlor wohl immer mehr ihren besonderen Status (Schaubild 3).

Schaubild 3:

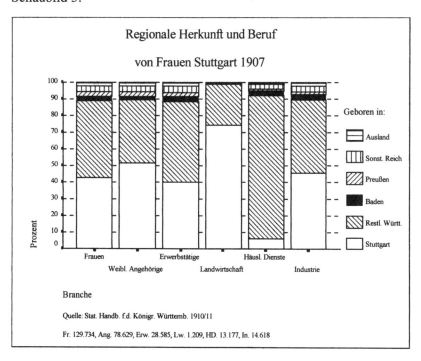

Nur noch vier von zehn der in der Industrie beschäftigten Frauen waren in Stuttgart geboren. Da 1907 18 % von ihnen verheiratet waren, läßt sich der Kreis lediger ortsfremder Arbeiterinnen zu diesem Zeitpunkt auf höchstens 5.000 Frauen schätzen.[39]

---

den Arbeiterinnenzahlen zeigt sich, daß erst nach der Jahrhundertwende Fabrik-
arbeitsplätze für Frauen in größerem Umfang in Feuerbach entstanden (1908:
600 Arbeiterinnen; vgl. Feuerbacher Zeitung vom 17.09.1908).

39 Diese Schätzung geht davon aus, daß es sich bei den ortsfremden, nicht pendeln-
den Frauen um ohne Familie wandernde ledige Frauen handelt.

Nur wenig ist über die Wohnformen der alleinstehenden Fabrikarbeiterinnen oder im sonstigen Gewerbe beschäftigten Frauen in Stuttgart bekannt. Zieht man die Listen der wohnsteuerzahlenden Einwohner
Stuttgarts aus den Jahren 1854/55 und 1873/74 zu Rate, dann zeigt sich,
daß die Zahl ortsfremder alleinstehender Frauen, die in Stuttgart ein Zimmer gemietet hatten oder mit selbständigem Haushalt registriert waren,
beträchtlich im Steigen begriffen war; 1873/74 beispielsweise zahlten
mehr alleinstehende ortsfremde Frauen Wohnsteuer als Stuttgarterinnen.[40]

Am Rande sei vermerkt, nicht nur die Zahl der alleinlebenden ortsfremden Frauen stieg an, auch das Spektrum ihrer beruflichen Tätigkeiten differenzierte sich aus.[41] Tabelle 4 belegt, daß überwiegend Frauen,
die aus dem entfernteren Württemberg zuwanderten, unter den selbständig wohnenden zu finden waren. Vermutlich fanden nah wandernde Frau-
en leichter Unterkunft bei Verwandten oder pendelten ohnehin in die
Stadt.

Tab. 4: Regionale Herkunft der zugewanderten Frauen, die in Stuttgart Wohnsteuer zahlten 1873/74

Herkunft	%
außerhalb Württembergs	18,6
heimatlos	1,3
Umland	25,1
restliches Württemberg	55,1

Quelle: Stadtarchiv Stuttgart Wohnsteuer 1873/74

---

40 Exemplarisch ausgewertet wurden die Buchstaben B und S der Wohnsteuerli-
    sten für die Jahre 1854/55 und 1873/74; Stadtarchiv Stuttgart Steueramt Steuer-
    abrechnungsbücher: Wohnsteuerliste Nr.1156 (1854/55); Nr. 1181 und Nr. 1184
    (1873/74). Während 1854/55 27 von 202 Frauen, die in Stuttgart Wohnsteuer
    zahlten, ortsfremd waren, stieg die Zahl auf 497 ortsfremde Frauen gegenüber
    204 in Stuttgart geborenen an.
41 Während 1854/55 83,3 % der wohnsteuerzahlenden zugewanderten Frauen als
    Dienstmädchen, Köchinnen usw. tätig waren, hatte sich das Bild 20 Jahre später
    geändert. 1873/74 waren Frauen nur noch zu einem Drittel im privaten Dienst-
    leistungsbereich beschäftigt. Über 50 % arbeiteten im Bekleidungswerbe, der
    Rest verteilte sich auf die Bereiche Bildung, Industrie und Handel sowie auf die
    Freien bzw. pflegerischen Berufe; Stadtarchiv Stuttgart, Steueramt Steuerabrech-
    nungsbücher: Wohnsteuerliste Nr.1156 (1854/55); Nr. 1181 und Nr. 1184 (1873/
    74).

Es war auch in Stuttgart ganz offensichtlich nicht die ortsfremde Herkunft dieses Kreises weiblicher Zuwanderer, sondern das selbständige „unbeaufsichtigte" Wohnen lediger Frauen, das die kritische Aufmerksamkeit der Geistlichen und der Repräsentanten bürgerlicher Wohlfahrt erregte und sie zeittypische Maßnahmen zur Behebung des Problems ergreifen ließ. Als mögliche Lösung empfahl die zeitgenössische Wohlfahrt, für zuwandernde Frauen, ähnlich wie für entlassene weibliche Sträflinge, in den Städten sogenannte Asyle einzurichten. „Die massenhaft nach den größeren Städten zureisenden Arbeiter und Dienstboten, besonders die weiblichen, bedürfen einer solchen Unterkunft oft schon aus dem Grunde, weil sie am Orte fremd und ohne derartige Zufluchtsorte mancherlei Gefahren ausgesetzt sind," so das Brockhaus'sche Conversationslexikon von 1882. „Hier eröffnet sich ein wichtiges und dankbares Feld für den Gemeinsinn [...]."[42] Die Brockhaus'sche Einschätzung wurde zeitgenössisch zumindest von den kirchlichen und bürgerlichen Trägern der Wohlfahrt geteilt. In zahlreichen Großstädten des Reiches entstanden solche „Asyle", die Wohnraum für alleinstehende Frauen mit einem wie auch immer definierten „Gefahrenabwehrprogramm" verbanden. Das war auch in Stuttgart so. Ein Stuttgarter Fabrikant empfahl sie gar als „größte und wirksamste Wohltat für die Arbeiterbevölkerung".[43] „Eine ehrliche Nähmamsell, die sich ohne Verwandte oder Freunde ein Zimmer mieten muß, hat bald, zumal wenn sie nett gekleidet ist, in der Nachbarschaft das Prestige ‚a Solche' zu sein," so zumindest ein unter Pseudonym verfaßtes Pamphlet gegen die Prostitution in Stuttgart aus dem Jahr 1878.

> Ist ein einzeln stehendes Mädchen gar so unvorsichtig, einmal den Besuch eines Landmannes oder eines ihrem Herzen Nahestehenden zu empfangen, kann eine Denunziation sie in die Lage versetzen, von einem Polizeibeamten rücksichtslos gefragt zu werden: ‚Sie empfangen Herrenbesuche ohne polizeiliche Kontrolle?'[44]

Alleinstehende ortsfremde Mädchen galt es auch nach Meinung der Stuttgarter kirchlichen, öffentlichen und bürgerlichen Wohlfahrt vor den

---

42 Art. Asyle, Brockhaus' Conversations-Lexikon, 14. Aufl. 1882, Bd. 2. S. 111.
43 Hauptstaatsarchiv Stuttgart E 146 III (neu)/6089. Ergebnisse der über die Frauen- und Kinderarbeit in den Fabriken auf Beschluß des Bundesrats angestellten Erhebungen, zusammengestellt im Reichskanzleramt, Berlin 1876, S. 51.
44 Asmodeus II, Die Geheimnisse von Stuttgart, Stuttgart 1878, S. 7 f.

„Gefahren" des großstädtischen Lebens zu bewahren. Implizit gingen solche Bemühungen freilich von der Meinung aus, daß sich junge Frauen ohne patriarchale Fürsorge und Aufsicht genau von eben diesen Gefährdungen angezogen fühlten. Eine diffuse Mischung aus Fürsorge und sozialer Disziplinierung durchzieht folglich auch die ersten kirchlichen und bürgerlichen Aktivitäten, dem unkontrollierten Wohnen junger alleinlebender, in der Regel ortsfremder Frauen Einhalt zu gebieten.

Als Zweigverein des 1866 gegründeten „Vereins für das Wohl der arbeitenden Klassen" organisierte sich 1867 der „Verein zur Fürsorge für Fabrikarbeiterinnen". Man habe erkannt, so der Vorsitzende, „daß die Lage der weiblichen Arbeiter-Bevölkerung vor allem eine Verbesserung erheische."[45] Der Verein unterstützte einen seitens der evangelischen Kirche entwickelten Plan für ein Mädchenheim und eröffnete 1868 eine überkonfessionelle Herberge für 20 „Töchter des Volkes".[46] Als einzige Aufnahmebedingung galt die Beschäftigung als Fabrikarbeiterin. In der Anfangszeit habe das Haus bei seiner Zielgruppe Mißtrauen überwinden müssen, doch bald überstieg die Nachfrage das Angebot. 1871 beherbergte man bereits über 100 Fabrikarbeiterinnen, von denen viele in der Druckindustrie beschäftigt waren und größtenteils von auswärts stammten.[47] Wie die Vereinsleitung begeistert feststellte, hatte „sich

---

45　Schwäbische Kronik, 12.6.1874.
46　Schwäbische Kronik, 11.4.1873.
47　Schwäbische Kronik, 19.11 1871. Im 3. Rechenschaftsbericht des Vereins aus dem Jahre 1871 finden wir eine detaillierte Auflistung des Alters, der Konfession, der Herkunftsorte und der Branche jener Frauen, die in der Herberge Unterkunft genommen hatten. 1871 wohnten in der Herberge 101 Personen, wovon eine Frau als Dienstmagd im Haus tätig war. 4 waren verheiratet, 1 verwitwet und 96 ledig. Altersgliederung: unter 20: 18; 20–24: 33; 25–29: 29; 30–34: 14; über 35: 8. Religion: 75 evangelisch, 23 katholisch, 1 Jüdin, 1 Wiedertäuferin, 1 Deutschkatholikin.
　　91 Frauen stammten aus Württemberg, 5 aus Bayern, 4 aus Baden und 1 aus Preußen. Die Württembergerinnen wiederum stammten aus folgenden Oberämtern: 4 Backnang, 2 Besigheim, 2 Brackenheim, 6 Böblingen, 2 Cannstatt, 1 Crailsheim, 2 Freudenstadt, 4 Gaildorf, 2 Geislingen, 1 Gerabronn, 1 Göppingen, 3 Heilbronn, 4 Herrenberg, 2 Kirchheim, 5 Leonberg, 2 Ludwigsburg, 5 Marbach, 1 Neckarsulm, 1 Neuenbürg, 2 Öhringen, 9 Stuttgart-Stadt, 2 Stuttgart-Amt, 1 Tettnang, 3 Tübingen, 2 Vaihingen, 4 Waiblingen, 1 Weinsberg, 9 Welzheim. Die Aufgliederung nach Gewerben liest sich wie folgt: 26 Frauen waren mit Buchdruckereiarbeiten beschäftigt, 24 mit Buchbinder- und Cartonage-Arbeiten. 11 arbeiteten in Korsetten-, zwei in Farb-, 12 in Konditorei- und Schokolade-, zwei in Bijoutrie und eine in Siegellackfabriken. Eine war mit der

die Hoffnung, auf die Sittlichkeit der Mädchen einen veredelnden Einfluß auszuüben, erfüllt."[48] Allabendlich versammelte sich eine große Zahl von Heimbewohnerinnen, „die aus eigenem Antrieb [...] gern aus ihren Fabriken und Werkstätten in den Saal der Herberge eilt, um hier Belehrung und Anregung zu finden."[49] Mit Unterstützung des Königshauses, der Vereinsmitglieder[50] und mit gezielten Spendenaufrufen an die Stuttgarter Bevölkerung, denen es nicht gleichgültig sein sollte, „ob einer nach vielen Hunderten zählenden Anzahl von hier wohnenden Arbeiterinnen die Möglichkeit wenigstens eines geordneten und sittlichen Lebens geboten ist oder nicht", sammelte der Verein Geld für einen Neubau mit 250 Betten.[51]

1874 konnte das neue Haus eröffnet werden. Die Königin beehrte die Einweihungsfeier mit ihrer Anwesenheit. Die Heimbewohnerinnen sangen ein „Danklied an die Heimat", und ein Vertreter der Kirche hielt eine Rede, in der er die Fürsorge für ortsfremde Fabrikarbeiterinnen und deren sittliche Verbesserung als Beitrag zur Befriedung der herrschenden gesellschaftlichen Konflikte empfahl:

> Fremd, aller Verführung ausgesetzt, kommen sie in die große, volkreiche Stadt, wie schwer, ja wie unmöglich war es oft, für sie ein geordnetes Nachtquartier zu finden und hilflos verdarb so manche in dem Staub der Straße – elend verwelkt wie die abgerissene Rose! Ach wie sehnsüchtig hatte so manches Mädchenherz wohl nach einer gemütlichen Ansprache für seine Freistunden verlangt, wie schmerzlich nach seiner Heimat sich zurückgesehnt. [...] Jedes derartige Haus, das Humanität gebaut, trage auf seinem Dache einen Blitzableiter, der unwillkürlich etwas von der gefährlichen Atmosphäre der Zeit auffange.[52]

Die Architektur des neuen Heims verdeutlicht die Vorstellungen des Vereins über eine den „Töchtern des Volkes" gemäße Wohnform. Für

---

Glasschleiferei, eine mit der Knopfmacherei, eine mit Strohhutnähen und drei mit Lumpensortieren beschäftigt. Eine weitere nähte Schuhe auf der Maschine, eine andere schnitt Weißzeug zu; Stadtarchiv Stuttgart Depot A C II, 3e, Bd. 1a, Nr.4.

48 Schwäbische Kronik, 11.4.1873.
49 Ebd.
50 1870 besaß der Trägerverein 443 Mitglieder; vgl. Schwäbische Kronik, 19.11.1871. 1885 waren es 578 Mitglieder; vgl. Stuttgarter Vereins-Buch, Stuttgart 1885, S. 95.
51 Schwäbische Kronik, 22.1.1874.
52 Schwäbische Kronik, 12.6.1874.

Fabrikarbeiterinnen, die „sich an einem stillen Hauswesen freuen und sich gern in Zucht und Ordnung fügen",[53] gab es drei Stockwerke mit jeweils sechs Sälen zu zwölf Betten und zwei Zimmer mit vier Betten. Insgesamt wurden so 240 Betten zur Verfügung gestellt. Die Wochenmiete betrug 35 Kreuzer. Die im gleichen Haus eingerichtete Volksküche des „Vereins für das Wohl der arbeitenden Klassen" sorgte für die Mahlzeiten. Für die relativ günstige Unterkunft und die billigen Essensmöglichkeiten hatten die Heimbewohnerinnen sich jedoch einer strengen Hausordnung unterzuordnen und angesichts der räumlichen Aufteilung des Hauses letztlich auf jegliches Privatleben im Haus zu verzichten. Daß die Fabrikarbeiterinnen der 1870er Jahre das Gebotene keineswegs einhellig begrüßten, zeigen die Belegungszahlen des Hauses. Wesentlich mehr als die Hälfte der Betten scheint in den folgenden Jahren nie vermietet gewesen zu sein, obwohl die Leitung sogar an die Stuttgarter Fabrikanten mit der Bitte herantrat, ihren Arbeiterinnen das Wohnen im Heim ernstlich nahezulegen.[54] Und bereits im Rechenschaftsbericht für das Jahr 1868 strich man lobend heraus, daß „einzelne Fabrikbesitzer den Mädchen, welche in der Herberge wohnen, bei der Anstellung entschieden den Vorzug geben."[55]

Trotz wachsender Fabrikarbeiterinnenzahlen in den 1880er und 1890er Jahren in Stuttgart vergrößerte sich die Zahl von Frauen nicht mehr, die bereit waren, die Regeln des Hauses zu akzeptieren. Der Verein zog schließlich die Konsequenzen und vermietete ein Stockwerk des Hauses der Stadt zu Schulzwecken, verkleinerte die Räume und verringerte die Bettenzahl in den übrigen Räumen, so daß sich jeweils zwei bis drei Frauen ein Zimmer teilten. Nun stand jeder Bewohnerin ein Bett, ein „verschließbares Kästchen, eine verschließbare Abteilung in einem Kleiderkasten und ein Waschgeschirr" zur Verfügung.[56] Trotz verringerter Kapazität fehlte es an Langzeitmieterinnen. Ende der 1880er Jahre entwickelte sich daher das Heim zusätzlich zur Anlaufstelle für neu in die Stadt ziehende, stellensuchende Mädchen. Von Oktober 1889

53 Schwäbische Kronik, 25.4.1876.
54 Ebd.
55 Stadtarchiv Stuttgart Depot A C II, 3e, Bd. 1a, Nr.4, Rechenschaftsbericht für das Jahr 1868.
56 Vgl. Führer durch die Anstalten zur Förderung der öffentlichen Gesundheitspflege in der Haupt- und Residenzstadt Stuttgart, Festschrift zur 20. Versammlung des deutschen Vereins für öffentliche Gesundheitspflege, redigiert von A. Deahna, Stuttgart 1895, S. 185 f.

bis September 1890 beherbergte das Mädchenheim insgesamt 315 Frauen für eine oder mehrere Nächte. Hatten sie in Stuttgart Fuß gefaßt, dann suchten sich viele von ihnen offenbar andere Unterkunftsmöglichkeiten, in denen das Mietverhältnis bei passender Gelegenheit nicht wegen „Übertretung der Hausordnung" gekündigt wurde, oder „grobe Verfehlungen" zur Ausweisung führen konnten.[57] Wie die Statistik des Hauses 1890 vermerkte, zogen von den 315 Bewohnerinnen 43 „in andere Logis oder nach auswärts", 67 wechselten in den Gesindedienst und 41 kehrten in ihre Heimatdörfer zurück.[58] „Für sie, wie auch für die heimlich Entwichenen, war es wohl verlockend, in Dachstübchen oder Kammern mit dem Hausschlüssel in der Hand sich freier bewegen zu können, anstatt sich unserer Hausordnung zu fügen."[59]

Das Haus des „Vereins zur Fürsorge für Fabrikarbeiterinnen" war Ende des 19. Jahrhunderts nicht das einzige Wohnheim für alleinstehende, meist von auswärts zuziehende Frauen in Stuttgart. Auf Initiative der Stuttgarter Aristokratin Julie von Palm und der vormaligen Pfarrhaushälterin Philomene Lambert geht die Gründung der katholischen „Marienanstalt", einer Herberge für katholische Dienstmädchen und Arbeiterinnen, im Jahr 1887 zurück. Die Einrichtung wollte der „arbeitenden weiblichen Jugend", jungen Frauen, „die in Stuttgart eine Stelle suchten", „Wohnung und Heimat" bieten.[60] Nach anfänglichen Notlösungen wurde schließlich 1898 ein Neubau errichtet, der immerhin 180 Betten zur Verfügung stellte und großen Zulauf registrierte. Das Heim erfreute sich wie das evangelische Pedant der Förderung des Königshauses und wurde von Franziskanerinnen geleitet. Es wandte sich nicht nur an unterkunftsuchende arbeitende Frauen, sondern explizit auch „an gefährdete Dienstmädchen vom Lande". 1912 wurde schließlich ein Dienstmädchenverein angeschlossen, „dessen wichtigste Aufgabe darin bestand, die Dienstmädchen ihrem Beruf zu erhalten und vor unnötigem Berufswechsel zu warnen".[61] Ob es sich angesichts des deutlich auf den weiblichen Dienstbotenstand ausgerichteten Begleitprogramms bei den

---

57 1890 wurde 11 Frauen gekündigt wegen Übertretung der Hausordnung, 4 wurden wegen „grober Verfehlungen" ausgewiesen, 10 entfernten sich „heimlich". Vgl. Schwäbische Kronik, 23.10.1890.

58 Stadtarchiv Stuttgart Depot A C II, 3e, Bd. 1a, Nr.4, 22. Rechenschaftsbericht über das Jahr 1889/90, S. 5.

59 Ebd.

60 Stuttgarter Zeitung vom 13.1.1988.

61 Amtsblatt der Stadt Stuttgart, 4.10.1962, 75 Jahre Stuttgarter Marienheim.

Bewohnerinnen in erster Linie um Dienstmädchen handelte, die im Haus wohnten, bis sie eine neue Stelle hatten, ist den Quellen nicht zu entnehmen.[62] Daß es selbstverständlich zu den Zwecken des Hauses gehörte, die Heimbewohnerinnen „vor den Gefahren des Großstadtlebens" zu bewahren,[63] bedarf eigentlich keiner besonderen Erwähnung. Das Klischee ist langlebig. Noch 1991 tradierte ein Artikel in den Stuttgarter Nachrichten die Sichtweise des 19. Jahrhunderts über die großstädtischen Gefährdungen, denen junge fremde Frauen ohne patriarchale Fürsorge ausgesetzt gewesen seien: „Zuhauf strömten um die Jahrhundertwende junge Frauen aus der Provinz nach Stuttgart, um hier Geld zu verdienen", so der Verfasser des Artikels. „Fanden sie keine Stelle oder Wohnung, standen sie auf der Straße und waren den Gefahren der Großstadt ausgeliefert"; sie zu unterstützen, machte sich das „Marienheim" zur Aufgabe.[64]

Heute scheint im übrigen die Migration von Frauen aus Drittländern vor allem in die Industrienationen und in die damit verbundenen städtischen Agglomerationen eine vergleichbare Problemsicht und ähnliche Vorurteile hervorzurufen. „There is a deep concern in India about the erosion of the moral values of female migrants through exposure to the modern, or the outside, world with its different life-style", betont Loes Schenk-Sandbergen.[65]

Offenbar an berufstätige alleinlebende Frauen nicht der Arbeiterschicht, sondern eher des Kleinbürgertums wandte sich um die Jahrhundertwende das Stuttgarter „Charlottenheim". Es wurde von der „Evangelischen Gesellschaft" Stuttgarts betrieben. Seit 1876 hatte die Gesell-

---

62 Bei den in den Adreßbüchern genannten Dauermieterinnen der „Marienanstalt", die zunächst in der Militärstr. 2 E. Hinterhaus, später in der Katharinenstr. 4 untergebracht waren, handelte es sich um Frauen mit folgenden Berufen. Adreßbuch 1891: Industrielehrerin, Vorsteherin, Wäscherin, Näherin; Adreßbuch 1900: Vorsteherin, Musiklehrerin, Lehrerin, Weißnäherin, Privatiere, 2 Kleidernäherinnen, Korsettnäherin, Monatmädchen; Adreßbuch 1914: Vorsteherin, 2 Fräuleins, Privatiere, 27 Postanwärterinnen, Eisenbahnwärterin, Damenschneiderin, Hauswirtschaftslehrerin, Lehrerin, 3 Weißnäherinnen, 2 Postgehilfinnen, Strikkerin, Hauptlehrerin, Schreibgehilfin.

63 Ebd.

64 Stuttgarter Nachrichten vom 14.9.1991, „Schützende Mauern" für die Mädchen vom Lande, Autor: Uwe Renz.

65 Loes Schenk-Sandbergen (Hrsg.), Women and seasonal labour migration (Indo-Dutch Studies on Development Alternatives 16), New Dehli/Thousand Oaks/London 1995, S. 15.

schaft Räume an das Heim vermietet, das „alleinstehenden und berufstätigen Mädchen eine Heimat bot" und eine Haushaltungsschule für
Fabrikarbeiterinnen unterstützte. Nach einigen Vergrößerungen und einem Neubau 1903/04 übernahm die Gesellschaft das Heim in eigener
Regie. Schon der Pensionspreis (400 Mark jährlich) mag als Selektions-
mechanismus gewirkt haben. Legt man die Adreßbucheintragungen der
Dauermieterinnen von 1914 zugrunde, dann wohnten hier besonders viele
Angehörige der neuen weiblichen Angestelltenberufe, für die die Reichs-
post Stellen eingerichtet hatte. Auf deren Sitte und Moral „mußte" die
Heimleitung wohl weniger Einfluß als in den anderen Unterkünften nehmen, zumindest liegen keine Berichte über entsprechende Maßnahmen
vor.[66]

Vom „modernen" Abbau patriarchalischer Fürsorge war ein weiteres Heim in Stuttgart, die sogenannte „Mägdeanstalt", weit entfernt.
Christliche Werte und Moral rangierten hier an erster Stelle; Disziplin,
Ordnungssinn, Bescheidenheit und Unterwürfigkeit sollten vermittelt,
„christlich gesinnte, gewissenhafte, brauchbare Dienstboten" erzogen
werden.[67] In der 1860 gegründeten Anstalt, die auf einen weiblichen
Personenkreis zugriff, dessen patriarchale Überwachung eigentlich als
gesichert galt, hatte man sich u.a. zum Ziel gesetzt, „der unter den Dienstboten so vielfach herrschenden Eitelkeit in der Kleidung, dieser Quelle
von mancherlei anderweitigem Verderben, entgegenzuwirken und die
Mädchen an einen einfachen Sinn zu gewöhnen".[68] Deshalb war am
Ende des Jahrhunderts genau vorgeschrieben, was ein Mädchen beim
Eintritt an Ausstattung mitzubringen hatte:[69]

> 1 schwarzes Kleid zum Abendmahl, 1 Sonntagskleid, 2 Waschkleider für den
> Sommer, 1 Winterwerktagskleid, 2 gute Unterröcke, 4 Zeuglesschürzen, 2 Putz-
> schürzen, 4 kleine Halstüchle, 6 gefärbte und 2 weiße Taschentüchle, 6 Paar
> farbige baumwollene Strümpfe, 3 Paar wollene Strümpfe, 3 Paar Beinkleider, 3

---

66 Vgl. Informationen über das Charlottenheim der Evangelischen Gesellschaft in
Stuttgart, Blüchsenstr. 36, Stadtarchiv Stuttgart, Zeitungsauschnittsammlung. Der
Neubau von 1904/05 (Charlottenheim – Ev. Vereinhaus für Töchter und Haus-
haltungsschule) sollte vor allem auch den Jungfrauenvereinen zur Verfügung ste-
hen, die Säle sollten zu einem Mittelpunkt für die weibliche Jugendfürsorge in
Stadt und Land werden; Stadtarchiv Stuttgart Depot A C II, 3d, Bd.2, Nr. 14.

67 Stadtarchiv Stuttgart Depot A C II, 3d, Bd.1, Nr.5, Jahresbericht 1885/86, S. 8.

68 Stadtarchiv Stuttgart Depot A C II, 3d, Bd.1, Nr.5, Jahresbericht 1864/65, S. 5.

69 Stadtarchiv Stuttgart Depot A C II, 3d, Bd.1, Nr.5, Jahresbericht 1899/1900, S.
    18.

Bettjacken, 4 Schlafhauben, 6 gute Hemden, 6 Handtücher, 2 Paar Lederschuhe, 1 Paar Hausschuhe, 1 älteres Gewand nebst Schuhen zum Putzen, 1 Schwamm oder Waschfleck, 1 Kamm und Zahnbürste, Schere und Fingerhut, Nadelbüchse, Flecke zum Flicken, 1 Bibel und Gesangbuch nebst Schiefertafel, Dienstbuch oder Heimatschein, 1 Regenschirm.

Die Mädchen vom Land, aus kleinbäuerlichen und kleinbürgerlichen Familien, die in der Regel zwischen dem 14. und 16. Lebensjahr in die „Mägdeanstalt" eintraten, sollten sich nicht anmaßen, ihren Herrschaften in Äußerlichkeiten nachzueifern oder ihre Autorität zu untergraben. Deshalb achtete man sehr streng darauf, daß die Mädchen „entschieden" gute Zeugnisse von ihrem Pfarramt und ihrem Schullehrer über Fleiß und Betragen, sowie über ihre körperliche und geistige Befähigung für einstige Erfüllung des Dienstbotenberufes vorzuweisen hatten. Anfragen kamen vornehmlich von auswärts, begeistert war man jedoch nicht von der Aufnahme jener aus der ländlichen Unterschicht stammenden Mädchen:

[...] und wir wiederholen, was wohl schon häufig aber noch nicht oft genug ausgesprochen worden ist, wie wenig manche Töchter vom Land für den Dienst in städtischen Verhältnissen und deshalb auch für unsere Anstalt taugen. [...] Noch viel bedenklicher ist es, Mädchen von leichtfertigen Neigungen und aus ungeordneten Familien in die Stadt verpflanzen zu wollen und für sie eben die Mägde-Anstalt zum korrigierenden Durchgangspunkt zu erwählen; denn mögen sie auch in unserer Anstalt sich der Ordnung fügen und sogar im Geschäft sich durch Gewandtheit auszeichnen, so genügen 1½ Jahre Aufenthalt und Ausbildung daselbst zur Richtigstellung in den neuen städtischen Verhältnissen nur, wenn bei den Zöglingen ein gehöriger sittlich-religiöser Unterbau von Haus vorhanden ist. Andernfalls erweisen sich leider die städtischen, vollends die großstädtischen Versuchungen übermächtig, nachdem Schutz und Zucht des Anstaltslebens ein überwundener Standpunkt sind. Endlich hat es die Mägde-Anstalt auch schon mit Kindern vom Land zu tun gehabt, welche in so armselig-einfachen Verhältnissen aufgewachsen sind, daß keine Spur von häuslichem Ordnungssinn und hauswirtschaftlichem Interesse sich vorfand und diese Eigenschaften sich auch nicht wecken ließen, weil der Stumpfsinn schon zu tief eingewurzelt war.[70]

Hier wird nicht nur der verderbliche Einfluß der Großstadt betont, es zeigt sich vielmehr auch, daß die idealisierenden Vorstellungen über ländlich-sittliches Leben in der realen Konfrontation mit den „Töchtern des Volkes" viel an Überzeugungskraft einbüßten.

---

70 Stadtarchiv Stuttgart Depot A C II, 3d, Bd.1, Nr.5, Jahresbericht 1886/87, S. 4f.

Anfang des 20. Jahrhunderts rückten auch die zuwandernden Kellnerinnen bzw. Gasthofgehilfinnen in den Mittelpunkt des Interesses. Neben einer Unterkunftsmöglichkeit im Falle von Arbeitslosigkeit wollte der „Verein zur Fürsorge für Gasthofgehilfinnen" den Kellnerinnen in dienstfreien Stunden Erholung und geistige Anregung bieten.[71] Im Jahr nach der Eröffnung 1904 wurde das Heim von 355 Kellnerinnen frequentiert, die dort meist nur wenige Nächte verweilten. Möglicherweise berufsbedingt, wurden mit diesem Heim überproportional viele Fernwanderinnen angesprochen. Lediglich die Hälfte der Frauen stammte aus Württemberg, der Rest der in Stuttgart vom Heim erfaßten arbeitssuchenden Frauen kam aus Bayern (87), Baden (36), Preußen (25) und anderen europäischen Staaten; eine gab als Heimatadresse Amerika an. Primär lag es nicht im Interesse des Vereins, die Frauen seelisch und moralisch auf den richtigen Weg zu bringen, sondern im Vordergrund stand die Bekämpfung der Mißstände im Stellenvermittlungswesen; stellenlosen Kellnerinnen sollte die Möglichkeit eröffnet werden, auf die Unterkunft bei gewerbsmäßigen Vermittlerinnen zu verzichten. Möglicherweise deutet sich hier bereits eine allmähliche Versachlichung der Fürsorge für alleinstehende ortsfremde Frauen an.

Mit diesem weiten Vereinsspektrum dürften im Stuttgart der Jahrhundertwende Anlaufstellen für zuwandernde Frauen jeglicher Berufssparte vorhanden gewesen sein, manches spricht dafür, daß das Angebot „fürsorgerisch" begleiteter Schlafmöglichkeiten die Nachfrage bei weitem überstieg. Denn insgesamt gehörte die selbständig lebende Schlafgängerin oder Untermieterin immer noch zu den Randerscheinungen im Stuttgarter Alltag (Tabelle 5).

In dem Maße, in dem sich Wanderung in Stuttgart zum alltäglichen Phänomen entwickelte, begann sich langsam bei kirchlichen, öffentlichen und privaten Wohlfahrtsexperten die Erkenntnis durchzusetzen, daß sich ein Großteil ihrer Zielgruppe für das Wohnen in den patriarchalisch/fürsorgend geführten Heimen nicht oder nicht mehr erwärmen konnte. Bezeichnend ist ein Artikel in der Schwäbischen Kronik vom Dezember 1890. Er lenkte die Aufmerksamkeit „aller alleinstehenden Bewohnerinnen Stuttgarts" auf das unter dem Protektorat Ihrer Majestät, der Königin stehende Frauenheim; „es verfolgt den Zweck, Frauen und Jungfrauen ein Heim zu bieten, ohne dieselben in ihrer Erwerbsfähig-

---

71 Am 15.03.1911 wurde ein neues Heim in der Rotebühlstr. 79 eingeweiht; Stadtarchiv Stuttgart Depot A C II, 3e, Bd. 8, Nr. 34a.

Rita Müller/Sylvia Schraut

Tab. 5: Wohnformen in Stuttgart und Württemberg im Jahr 1900

| Personen | Stuttgart | | | | Württemberg | | | |
| | Frauen | | Männer | | Frauen | | Männer | |
	Anzahl	%	Anzahl	%	Anzahl	%	Anzahl	%
Haushvorst.	5774	6,46	28949	37,05	53834	4,89	373258	36,99
Ehefrauen	28113	31,47	—	—	351710	31,92	—	—
Kinder	31629	35,40	28883	36,97	492322	44,68	459551	45,54
Verwandte	4493	5,03	1705	2,18	77355	7,02	43881	4,35
Pflegekinder	404	0,45	313	0,40	7477	0,68	7012	0,69
Dienstboten	11944	13,37	323	0,41	55343	5,02	1164	0,12
Gewerbegeb.	1199	1,34	4187	5,36	18300	1,66	64335	6,38
Aftermieter	2820	3,16	12650	16,19	12478	1,13	45418	4,50
Sonstige	1037	1,16	272	0,35	5121	0,46	2727	0,27
Einpersonenh.	1931	2,16	844	1,08	28026	2,54	11788	1,17
Summe	**89344**	**100,00**	**78126**	**100,00**	**1101966**	**100,00**	**1009134**	**100,00**

Quelle: Hauptergebnisse der Haushaltungs- und Wohnungsstatistik vom 1. Dez. 1900, in: Statistisches Handbuch für das Königreich Württemberg Jg. 1901, S. 15

keit und Selbständigkeit zu beschränken." Das neue Haus sollte „29 kleine Wohnungen, aus Wohnzimmer, Schlafzimmer, Wärmeküche und Zubehör bestehend und 15 größere und kleinere Einzelzimmer" anbieten, „deren Mietpreis um ein Beträchtliches unter dem in der Stadt Üblichen bleibt."[72] Auch der „Verein zur Fürsorge für Fabrikarbeiterinnen" sah sich schließlich im Jahr 1912 genötigt zu betonen, „daß die Einwohnerinnen unserer Heime eine ihrem Alter entsprechende Freiheit genießen".[73]

Auch in den einschlägigen Diskussionen der Repräsentanten bürgerlicher und kirchlicher Wohlfahrt läßt sich eine allmähliche Abkehr von den polarisierenden Zuschreibungen erkennen, die Seßhaftigkeit positiv belegten und Wanderung gerne stigmatisierten. Schon 1882 war dem kirchlichen Visitator Feuerbachs aufgefallen, daß „der unkirchliche Teil" der Bevölkerung sich gerade „nicht vorwiegend" aus den „hereingezogenen Fabrikleuten" zusammensetzte.[74] „Hat sich in den Städten die christliche Volkssitte hauptsächlich durch den Zuzug von außen verloren, so verliert sie sich auf dem Lande vorzugsweise durch den Einfluß der Städte",[75] kommentierte 1901 ein Autor in den Blättern für das Armenwesen den Siegeszug urbaner Lebensweise und wies damit den Migranten und Migrantinnen zumindest nicht mehr allein die Schuld am konstatierten Sittenverfall zu. Der Pfarrer von Feuerbach schloß schließlich mit den Zugezogenen seinen Frieden:

Aber der Hereingezogene tut sehr schwer, er wird von den Eingeborenen unbedingt für minderwertig gehalten. Sehr mit Unrecht! Es gibt unter reichen und armen Hereingezogenen – und die letzteren haben jetzt stark die Mehrheit in der Gemeinde – viele sehr gute Elemente, […].[76]

Für die Organisation, die beanspruchte, besser als die bürgerlichen Wohlfahrtsorganisationen die „wirklichen" Interessen der Arbeiterinnen zu vertreten, stellte die regionale Herkunft ohnehin kein Thema dar. 1897

---

72 Schwäbische Kronik, 29.12.1890.
73 Stadtarchiv Stuttgart Depot A C II, 3e, Bd. 1a, Nr.4, 44. Rechenschaftsbericht über das Jahr 1911/12, S. 3.
74 Landeskirchliches Archiv Stuttgart Bestand A 29/247, Pfarrbericht Feuerbach 1882, S. 3.
75 Blätter für das Armenwesen Nr. 6 (1901), S. 23.
76 Landeskirchliches Archiv Stuttgart Bestand A 29/247, Pfarrbericht Feuerbach 1900, S.17.

führten die Vereinigten Gewerkschaften Stuttgarts eine Erhebung über die sozialen Verhältnisse Stuttgarter Arbeiter und Arbeiterinnen durch.[77] Insgesamt wurden knapp 6.500 Arbeiter und rund 1.100 Arbeiterinnen über ihre Arbeits- und Wohnverhältnisse befragt. Der Geburtsort der Befragten blieb ohne Erwähnung, die Wohnsituation war einzig unter dem Gesichtspunkt der Miethöhe von Interesse. Nur ein Aspekt regionaler Mobilität schien dem Autor der Studie, Theodor Leipart, besonders erwähnenswert: die Schwierigkeiten der Gewerkschaften, einpendelnde Fabrikarbeiterinnen organisatorisch zu erfassen.

---

77 Theodor Leipart, Zur Lage der Arbeiter in Stuttgart, Stuttgart 1900.

Peter Maidl

Transatlantische Auswanderinnen aus Bayerisch-Schwaben im 19. Jahrhundert

Grundlage des folgenden Beitrages[1] ist ein Forschungsprojekt, das 1986 von der Schwäbischen Forschungsgemeinschaft bei der Kommission für bayerische Landesgeschichte der Bayerischen Akademie der Wissenschaften initiiert und von 1987 bis 1991 von der Deutschen Forschungsgemeinschaft mitgetragen wurde.[2] Untersucht werden sollte die Gesamtauswanderung aus Bayerisch-Schwaben von 1800 bis 1914 nach außereuropäischen Zielen. Quellen waren schwerpunktmäßig die einschlägigen Akten des damaligen Staatsarchivs in Neuburg a.d. Donau[3] sowie des Stadtarchivs Augsburg. Nach Abschluß der Archivarbeiten und der maschinenlesbaren Erfassung der erhobenen Daten erfolgten eine redaktionelle Überarbeitung der mittlerweile aufgebauten Datenbank sowie eine erste Auswertung des gesammelten Materials.[4] Es zeigte sich hierbei, daß die geschaffene Datengrundlage für eine Fülle von Fragestellungen herangezogen werden konnte, weshalb die Schwäbische Forschungsgemeinschaft beschloß, die weitere Bearbeitung des Themas durch die Einrichtung einer „Arbeitsstelle für Auswanderungsgeschich-

---

1   Ausführlich zu Forschungsinteresse und -stand vgl. Peter Maidl, Auswanderung nach Übersee. Band 1: Studien zur bayerisch-schwäbischen Auswanderung nach Nordamerika im 19. Jahrhundert, Augsburg 1993, S. 11 ff.

2   Zur Projektgeschichte vgl. Otto Hallabrin/Peter Maidl, Auswanderungen aus Bayerisch-Schwaben zwischen 1800 und 1914 in das außereuropäische Ausland, in: Peter Fassl u.a. (Hrsg.), Aus Schwaben und Altbayern. Festschrift für Pankraz Fried zum 60. Geburtstag (Augsburger Beiträge zur Landesgeschichte Bayerisch-Schwabens, Bd. 5), Sigmaringen 1991, S. 49 – S. 64, S. 49 ff.

3   Heute Staatsarchiv Augsburg (STAA).

4   Vgl. Maidl (wie Anm. 1), S. 7 ff.

te" sowie durch die Begründung der Reihe „Historische Migrationsforschung in Bayerisch-Schwaben" im Rahmen ihrer Veröffentlichungen zu fördern.[5] Nachdem dieses Forschungsprojekt eine eher quantitative Ausrichtung hatte, wurde mittlerweile das Editionsprojekt „Quellen und Dokumente zur Auswanderung" angestoßen, in dessen Rahmen v.a. auch persönliche Zeugnisse von Auswanderern bearbeitet werden.

Zur besseren Orientierung sei an dieser Stelle lediglich angeführt, daß die ermittelten Auswanderer und Auswanderinnen aus einem überwiegend ländlich strukturierten Umfeld stammen, daß schwerpunktmäßig die legale Auswanderung erfaßt wurde und daß die bearbeiteten Quellen besonders für die Mitte des 19. Jahrhunderts eine relativ hohe Datendichte enthalten, die zum Ende des 19. Jahrhunderts und im frühen 20. Jahrhundert vor allem aus juristischen und administrativen Gründen stark abnimmt.

I.   Strukturen der Auswanderung

Für die hier interessierende Fragestellung bot sich anhand der Materialien eine Kombination aus der Darstellung einiger wesentlicher struktureller Tendenzen der Auswanderung aus Bayerisch-Schwaben – wobei hier ein besonderer Schwerpunkt auf die Nachfolgewanderung gesetzt wurde – und den Aussagen von Auswanderinnen und Auswanderern in Briefen und Selbstzeugnissen an.

Zu den Strukturen der Auswanderung aus Deutschland im 19. Jahrhundert liegen insgesamt stark divergierende Befunde und Aussagen vor.[6] Für unser Untersuchungsgebiet lassen sich die folgenden Feststellungen treffen: Etwa 56 Prozent der cirka 5000 ermittelten Auswanderer waren männlichen, 44 Prozent weiblichen Geschlechts,[7] wobei der Anteil der weiblichen Auswanderer zum letzten Drittel des 19. Jahrhunderts hin deutlich abnahm. Das Durchschnittsalter betrug 25 Jahre; Männer waren etwas älter als Frauen, allerdings nur bei der Gesamt- und bei

---

5   Mein herzlicher Dank gilt an dieser Stelle dem 1. Vorsitzenden der Schwäbischen Forschungsgemeinschaft, Herrn Prof. Dr. Pankraz Fried, der mir die Benutzung der Einrichtungen der „Arbeitsstelle für Auswanderungsgeschichte" ermöglichte.

6   Detailliert vgl. zum folgenden Maidl (wie Anm. 1), S. 75 ff.

7   Unter „Männern" respektive „Frauen" sind auch Knaben und Mädchen zu verstehen.

der Einzelauswanderung. Bei der Gruppen- oder Familienwanderung dagegen waren Männer mit fast 40 erheblich älter als Frauen mit knapp über 30 Jahren. Anders als bei den Männern nahm das Alter der Auswanderinnen im letzten Drittel des 19. Jahrhunderts nur leicht von 29 auf 27 Jahre ab. Insgesamt war der Anteil der Einzelauswanderung mit 45 Prozent deutlich geringer als der der Familien- oder Gruppenwanderung, wobei der Anteil von Frauen und Kindern an letzterer – dieser betrug nahezu 80 Prozent – belegt, daß es sich hierbei fast ausschließlich um Familienwanderung handelte, allerdings mit der Einschränkung, daß deren Anteil ab der Mitte der 1850er Jahre ständig abnahm.

Einen wesentlichen Anteil an der Auswanderung des 19. Jahrhunderts hatte die Nachfolge- oder Kettenwanderung; dies gilt generell[8] ebenso wie für unser Untersuchungsgebiet, wo über ein Fünftel der Ausgewanderten Nachfolgewanderer waren.[9] Folgende Punkte scheinen hier besonders relevant: Die Nachfolgewanderung erfolgte zu nahezu 65 Prozent als Gruppen- oder Familienwanderung; beide Geschlechter waren hier etwa gleich häufig vertreten; bei der Einzel-Nachfolgewanderung hingegen überwog der Anteil der Männer mit mehr als 62 Prozent bei weitem.[10]

Betrachten wir zunächst die weibliche Nachfolgewanderung[11] näher, was in 279 Fällen möglich war, so ist folgendes festzustellen: Ihrem Vater folgte eine Auswanderin,[12] ihren Müttern folgten zwei,[13] Geschwi-

---

8   Vgl. Günter Moltmann, Charakteristische Züge der deutschen Amerika-Auswanderung im 19. Jahrhundert, in: Frank Trommler (Hrsg.), Amerika und die Deutschen. Bestandsaufnahme einer 300jährigen Geschichte, Opladen 1986, S. 40 – S. 49, S. 42.

9   Vgl. Maidl (wie Anm. 1), S. 101.

10   Vgl. Maidl (wie Anm. 1), S. 101.

11   Um Interessierten den gezielten archivalischen Zugang zu einzelnen Problemfeldern oder Personengruppen zu ermöglichen, wurden möglichst detaillierte Quellenverweise eingerückt; wo dies aus Platzgründen nicht mehr vertretbar schien, erteilt die „Arbeitsstelle für Auswanderungsgeschichte" der Schwäbischen Forschungsgemeinschaft im Rahmen ihrer Möglichkeiten Auskunft. Wenn nicht anders vermerkt, handelt es sich im folgenden um im Staatsarchiv Augsburg lagernde Bezirksamtsakten. Abkürzungen: Dillingen [Dill] – Donauwörth [Don] – Füssen [Füss] – Günzburg [Günz] – Illertissen [Iller] – Kempten [Kemp] – Krumbach [Krum] – Memmingen [Memm] – Mindelheim [Mind] – Neuburg [Neub] – Nördlingen [Nörd] – Oberdorf [Ober] – Sonthofen [Sont] – Wertingen [Wert] – Zusmarshausen [Zus]; Arbeitsstelle für Auswanderungsgeschichte [AAG]; Datensatz-Nummer [DNr.].

12   Krum 3367.

13   Füss 437 IV.; Krum 3396.

stern zweiundzwanzig,[14] Brüdern sechsundvierzig,[15] Schwestern fünf-
undvierzig,[16] Kindern fünf,[17] Söhnen neun,[18] Töchtern sechs,[19] Onkeln
zehn,[20] Tanten acht,[21] der Familie im weiteren Sinne fünf,[22] Verwandten allgemein achtzig,[23] männlichen Verwandten sieben,[24] weiblichen
Verwandten folgten zwei[25] Auswanderinnen. Ihren Ehemännern folgten
zwölf[26] Frauen, ihren Verlobten vier[27] und den Vätern ihrer unehelichen
Kinder neun.[28] Angaben zum Geschlecht der Vorausgewanderten wur-

---

14 Füss 437 IV.; Günz 1-60-84 3163 3165, 5132; Kemp 3459; Krum 3357, 3368,
    3443, 3457, 3460; Memm 3436/57, 3436/73; Neub 3458; Ober 2223/24; Sont
    4560, 4564, 4719; Wert 2608; Zus 2123 3-4; 2123 II.
15 Stadtarchiv Augsburg (StadtAA) A 298; Dill 2028 II; Füss 437 I., 437 II., 437
    IV.; Günz 1-60-84 3163-3165, 1-60-84, NR. 3161, NR. 3191; Kemp 3044, 3056,
    3258; Krum 3321, 3415, 3447, 3481; Memm 3434/20, 3437/101, 3438/113, 3439/
    151, 3441/199, 3442/213; Neub 3626; Nörd 938; Ober 2133, 2210, 2219, 2226,
    2238, 2250; Sont 4742, 4922; Wert 2609, 2665, 2667, 2718, 2804, 2813.
16 StadtAA A 298; Dill 2028 IV; Füss 437 II., 437 IV; Günz 1-60-84 3163-3165,
    5132, NR. 3161; Kemp 3411; Krum 3390, 3396, 3436, 3438, 3442, 3478; Memm
    3437/96, 3439/138, 3439/141, 3441/207, 3443/237, 3443/242, 3448/260; Neub
    3462; Ober 2208,2231, 2278, 2287; Sont 4812; Wert 2585, 2676, 2692, 2696,
    2705, 2793, 2800; Zus 2123 II.
17 Iller LGäO 460; Memm 3442/220; Sont 2997, 4913; Wert 2787.
18 StadtAA A 298; Dill 2028 V; Kemp 3459; Memm 3438/113; Nörd 1299, 1301,
    938/4; Ober 2190; Sont 4896.
19 Günz NR. 3161; Krum 3499; Memm 3442/277; Nörd 1302; Wert 2593; Zus
    2123 3-4.
20 Dill 2028 II; Günz 1-60-84; Memm 3448/272; Ober 2306; Sont 4821; Wert 2562,
    2630, 2701, 2740; Zus 2123 3-4.
21 Krum 3328; Memm 2438/108; Sont 4651; Wert 2605, 2657, 2658, 2672, 2750.
22 Füss 437 III., 437 IV.; Memm 3443/243; Neub 3406; Ober 2314.
23 StadtAA A 298; Füss 437 IV.; Günz 1-60-84 3163-3165, 5132, 1-60-84, LGäO
    70; Iller LGäO 460, LGäO Bab. 65; Kemp 3249; Krum 3289, 3298, 3404, 3425,
    3426, 3469, 3472, 3483, 3489, 3511; Memm 3435/49, 3435/51, 3437/101, 3437/
    92, 3440/187, 3442/230, 3443/234, 3443/247a; Neub 3448, 3529, 3581, 3618;
    Nörd 1301, 1302; Ober 2177, 2230, 2300; Sont 2989, 4515, 4526, 4542, 4699,
    4722, 4744, 4772, 4778, 4781, 4858, 4916; Wert 2555, 2582, 2598, 2618, 2647,
    2660, 2694, 2717, 2772; Zus 2123 3-4.
24 Dill 2025 I, 2028 I; Füss 437 II., 437 IV.
25 Krum 3304.
26 StadtAA A 298; Dill 2025 I; Füss 437 II, 437 IV; Memm 3436/67, 3448/278;
    Neub 3641; Sont 4523, 4848; Zus 2123 3-4.
27 Füss 437 IV; Memm 3441/201; Nörd 1301; Ober 2310.
28 Füss 437 IV, Günz 1-60-84 3163-3165, 1-60-84; Iller LGäO 460; Krum 3367;
    Memm 3440/159; Ober 2171, 2345; Wert 2721.

den in 161 Fällen ermittelt; achtundneunzig waren männlich, 63 weiblich.

In 549 Fällen konnte die männliche Nachfolgewanderung genauer aufgeschlüsselt werden. Ihren Vätern folgten demnach zehn Auswanderer,[29] Müttern vier,[30] Geschwistern sechsundzwanzig,[31] Brüdern einhundert,[32] Schwestern einundzwanzig,[33] Kindern zehn,[34] Söhnen neun,[35] Töchtern acht,[36] Onkeln fünfundzwanzig,[37] Tanten sieben,[38] der Familie im weiteren Sinne dreizehn,[39] Verwandten allgemein fünfundneun-

---

29 Dill 2025 I.; Füss 437 II., 437 IV.; Krum 3554; Memm 3440/159; Mind 3006; Nörd 938/20; Ober 2310; Wert 2602.

30 Günz LGäO 58; Iller LGäO 225; Ober 2256; Wert 2556.

31 Günz 1-60-84 3163-3165, NR. 3161; Iller 831, LGäO 460/471, LGäO 484, LGäO 513; Krum 3311, 3430, 3460; Memm 3440/185, 3443/244; Mind 3006; Neub 3505, 3555; Nörd 1300, 1301, 1302; Ober 2284, 2313; Sont 4540, 4552, 4894; Wert 2646, 2749, 2794; Zus 2123 3-4.

32 Dill 1885, 2025 I, 2028 III; Don NS 5468, NS 5469; Füss 437 II., 437 IV., II. 38-611; Günz 1-60-84 3163-3165, 5132, 1-60-84, 3191, NR. 3161, NR. 3166, NR. 3191; Iller 851, LGäO 460, LGäO 481, LGäO 485, LGäO 502, LGäO 505, LGäO Bab. 204, LGäO Bab. 211, LGäO Bab. 216, LGäO Roggenb.170, LGäO Roggenb. 176.; Kemp 3093, 3444, 3459; Krum 3237, 3301, 3349, 3406, 3420, 3421, 3470, 3495, 3552, 3565; Memm 3434/18, 3437/102, 3439/142, 3440/155, 3440/162, 3440/188, 3441/206, 3442/212, 3443/232, 3448/257; Mind 3006; Neub 3423, 3428, 3474, 3479, 3607, 6782 2; Nörd 1300, 1302, 938; Ober 2125, 2194, 2210, 2233, 2253, 2268; Sont 4547, 4581, 4750, 4849, 4871; Wert 2616, 2621, 2754, 2757,2759, 2791; Zus 2123 3-4.

33 Don NS 5468, NS RRA 3b/304/63, NS RRA 3b/305/64; Günz 5132, NR. 3161; Iller LGäO 493, LGäO 509, LGäO Bab. 212, LGäO Roggenb. 173; Krum 3422; Memm 3435/47, 3441/197, 3443/246; Neub 3424, 6782 25; Nörd 1302, 938; Ober 2259; Sont 4538, 4765; Wert 2753.

34 Günz 5132, LGäO 64; Iller LGäO 477; Krum 3395; Memm 3439/129, 3440/166; Nörd 1302; Sont 4644; Wert 2641, 2781.

35 Iller LGäO 480; Krum 3281, 3287; Memm 3433/9, 3436/70, 3438/106; Neub 3661; Nörd 1300; Ober 2156.

36 Iller LGäO 486, LGäO Bab. 229; Krum 3344; Memm 3438/118, 3439/136, 3439/143; Neub 3393; Wert 2571.

37 Dill 2025 II; Don NS 5468; Füss 437 IV.; Günz 1-60-84 3163-3165, 1-60-84; Günz LGäO 69, NR. 3161; Iller LGäO 460, LGäO 460/470; Kemp 2918a; Krum 3556; Memm 3443/239; Nörd 1300; Ober 2393; Sont 4594; Wert 2575, 2622, 2690; Zus 2123 3-4.

38 Dill 2025 II; Don NS RRA 3b/296/55; Iller 850; Krum 3326; Memm 3448/253; Nörd 1302; Sont 4674.

39 Füss 437 IV., Günz 1-60-84, LGäO Burgau 84, NR. 3191; Iller 830; Neub 3422; Ober 2137, 2201, 2310; Sont 4554; Wert 2805.

zig,[40] männlichen Verwandten fünf,[41] Vorausgewanderten allgemein fünf,[42] männlichen Vorauswanderern zehn;[43] lediglich ein Auswanderer folgte einer weiblichen Vorauswanderin, zu der er in keiner genauer spezifizierten verwandtschaftlichen Beziehung stand.[44] Angaben zum Geschlecht der Vorausgewanderten wurden in 200 Fällen ermittelt; 159 von ihnen waren männlich, 41 weiblich.

Zusammenfassend kann festgestellt werden, daß zum einen weibliche Auswanderer nahezu doppelt so häufig Vorauswander*innen* folgten wie männliche. Schwestern folgten dabei etwa doppelt so häufig ihren Schwestern wie Brüder, aber nur halb so häufig wie Brüder ihren Brüdern. Der vorausgewanderte Ehepartner rangierte als Zielperson der Nachfolgewanderung ganz deutlich nach den Geschwistern, der Vater eines unehelichen Kindes[45] noch nach Onkeln und Söhnen; Verlobte waren schließlich nur ganz selten Zielpersonen der Folgewanderung. Schließlich folgte – im Gegensatz zu den Männern – keine einzige Auswanderin einer Bezugsperson, zu der sie keinerlei verwandtschaftliche oder intime Bindung angab.

---

40   StadtAA A 298; Don NS RRA 3b/281/40; Füss 437 IV.; Günz 1-60-84 3163-
     3165, 5132, 1-60-84, NR. 3161; Iller 836, 845, 847, LGäO 460, LGäO 460/473,
     LGäO 475, LGäO 496, LGäO 509; Krum 3298, 3348, 3361, 3402, 3479, 3482,
     3484, 3506, 3531, 3532, 3533, 3534, 3537, 3548, 3550; Memm 3436/60, 3437/
     76, 3439/127, 3440/160,3440/181,3448/259; Mind 3006; Neub 3424, 3481, 3502,
     3612/3620, 3623, 3649; Nörd 1299, 1300, 1302, 938; Ober 2131, 2145, 2177,
     2212, 2237, 2294; Sont 4543, 4548, 4597, 4806, 4920; Wert 2551, 2580, 2583,
     2586, 2604, 2693, 2751, 2755, 2792, 2821; Zus 2123 I.
41   Günz 1-60-84 3163-3165, 1-60-84; Neub 3545, 3610; Nörd 938.
42   Günz 1-60-84 3163-3165, 1-60-84; Memm 3437/91; Sont 4718, 4753.
43   Dill 2028 II; Füss 437 IV.; Günz 1-60-84 3163-3165, 1-60-84, NR. 3161; Krum
     3313; Sont 4553, 4571, 4661.
44   Memm 3433/7.
45   Eine besonders enge materielle wie ideelle Bindung an einen solchen dürfte grund-
     sätzlich eher die Ausnahme gewesen sein; vgl. Monika Bergmeier, Wirtschafts-
     leben und Mentalität. Modernisierung im Spiegel der bayerischen Physikatsbe-
     richte 1858–1862 (Mittelfranken, Unterfranken, Schwaben, Pfalz, Oberpfalz),
     München 1990, S. 423 f. Einschränkend vgl. Michael Völker, Lebenszyklus und
     Alltag der Bevölkerung Bayerisch-Schwabens im 19. Jahrhundert. Nach den Phy-
     sikatsberichten der Bezirksärzte aus den Jahren 1858 bis 1861, München 1988,
     S. 140.

II. Motive

Die Forschung ist sich einig darüber, daß als Motivbündel der meisten Auswanderinnen – so sie nicht lediglich mehr oder weniger freiwillig die Entscheidung ihrer Männer mittrugen – ebenso wie bei diesen der Wunsch nach einer allgemeinen Verbesserung der Lebenssituation, besonders des Verdienstes und der Arbeitsbedingungen, wirksam war,[46] wobei „[...] gerade die Aussicht, im Einwanderungsland die traditionelle Familienrolle ausfüllen zu können, für Frauen ein zentrales Auswanderungsmotiv [...]"[47] darstellte.

Ihre Chancen, dem gesteckten Ziel näher zu kommen, dürfen dabei generell als gut bezeichnet werden, denn deutsche Frauen wurden in Amerika als allgemein fleißiger[48] und für die Ehe geeigneter[49] charakterisiert, und amerikanische „[...] Frauen galten [im 19. Jahrhundert] zeitweise als unerreicht nervös, mürrisch und unzufrieden [...]".[50] Junge deutsche Frauen hatten somit gute Aussichten, zunächst bevorzugt[51] als Dienstmädchen unter gegenüber den Verhältnissen in der alten Heimat wesentlich verbesserten materiellen Bedingungen[52] einen vergleichs-

---

46 Vgl. Silke Wehner-Franco, Deutsche Dienstmädchen in Amerika 1850–1914, Münster 1994, S. 131 ff.
47 Rosalind Arndt-Schug/Gaby Franger, Fremde Frauen. Migrantinnen im Lichte der neueren deutschen Migrationsforschung, in: Beate Fieseler/Birgit Schulze (Hrsg.) Frauengeschichte: Gesucht – Gefunden? Auskünfte zum Stand der historischen Frauenforschung, Köln/Weimar/Wien 1991, S. 257 – S. 274, S. 261; vgl. auch Agnes Bretting, Frauen als Einwanderer in der Neuen Welt: Überlegungen anhand einiger Selbstzeugnisse deutscher Auswanderinnen, in: Amerikastudien, Jg. 33, H. 3 (1988), S. 319 – S. 327, S. 324 ff.
48 Wehner-Franco (wie Anm. 46), S. 110.
49 Arndt-Schug (wie Anm. 47), S. 264.
50 Gert Raithel, Geschichte der nordamerikanischen Kultur. Band 2: Vom Bürgerkrieg bis zum New Deal 1860–1930, Weinheim 1988, S. 92.
51 Vgl. Ulrike Sommer, Dienstbotinnen, in: Wolfgang Helbich u.a. (Hrsg.), Briefe aus Amerika. Deutsche Auswanderer schreiben aus der Neuen Welt 1830–1930, S. 493 – S. 569, S. 493; Christiane Harzig, Man hat hier keinen Kaiser. Das Einwanderungsland USA, in: Dirk Hoerder/Diethelm Knauf (Hrsg.), Aufbruch in die Fremde. Europäische Auswanderung nach Übersee, Bremen 1992, S. 123 – S. 147, S. 146; dies., Lebensformen im Einwanderungsprozeß, in: Klaus J. Bade (Hrsg.), Deutsche im Ausland – Fremde in Deutschland. Migration in Geschichte und Gegenwart, München 1992, S. 157 – S. 170, S. 166.
52 Vgl. Wolfgang J. Helbich, „Alle Menschen sind dort gleich...". Die deutsche Amerika-Auswanderung im 19. und 20. Jahrhundert, Düsseldorf 1988, S. 45; vgl. Sommer (wie Anm. 51), S. 497 f.

weise schnellen und risikolosen Akkulturationsprozeß[53] zu durchlaufen, um sich schließlich zu verehelichen.[54]

Folgerichtig findet sich mit einem Anteil von 56,62 Prozent eine große Anzahl von Dienstmägden unter den Einzelwanderinnen, gefolgt von Näherinnen mit 25,30 Prozent; eine nennenswerte berufliche Konzentration läßt sich ansonsten nur noch für Köchinnen und Tagelöhnerinnen mit jeweils 4,21 Prozent sowie für Fabrikarbeiterinnen mit 2,40 Prozent ausmachen, ein Befund übrigens, der sich weitgehend mit anderen Forschungsergebnissen deckt.[55]

Tab. 1 Weibliche Antragstellerinnen (ohne Ehemann)

Beruf	Anzahl	Prozent
Anwesensbesitzerin	1	
Austräglerin	1	
Dienstmagd	94	56.62
Erzieherin	1	
Fabrikarbeiterin	4	2.40
Gesellschafterin	1	
Hausrepräsentantin	1	
Hebamme	1	
Köchin	7	4.21
Krankenpflegerin	1	
Näherin	42	25.30
Taglöhnerin	7	4.21
Verkäuferin	1	
Webereiarbeiterin	1	
Weberin	2	
Ziegeleiarbeiterin	1	
	166	

---

53 Vgl. Sommer (wie Anm. 51), S. 493 f.; zur Begriffsdiskussion vgl. Wehner-Franco (wie Anm. 46), S. 264 ff.
54 Vgl. Arndt-Schug (wie Anm. 47), S. 262; vgl. Sommer (wie Anm. 51), S. 494.
55 Wehner-Franco (wie Anm. 46), S. 128.

Ein im Gegensatz zu den oben angeführten Beweggründen spezifisch weibliches Motiv war dagegen die uneheliche Schwanger- und Mutterschaft[56] – und die u.U. daraus resultierende soziale Ächtung –, wie die folgenden Fallbeispiele belegen.

Am 28. Mai 1853 erscheint Josepha Pfaudler, ledige Bauerntochter aus Bihlendorf,[57] vor dem Landgericht in Immenstadt und beantragt die Auswanderungsgenehmigung für sich und ihr uneheliches Kind Eduard. Als wesentlichen Grund für die Auswanderung gibt sie an, „[…] daß sie von ihren Eltern und Geschwistern zurückgesetzt sei, und sie die gehörige Achtung ihrer Mitmenschen, weil sie außerehelich geboren, verloren habe […]"[58] – eine soziale Ächtung, die zumindest für manche[59] der weiblichen ledigen Auswanderinnen mit Kindern, die immerhin einen Anteil von über 15% der ledigen weiblichen Antragstellerinnen ausmachten,[60] ebenfalls bittere Alltagserfahrung gewesen sein dürfte. Exemplarisch findet die negative gesellschaftliche Sanktionierung ihren Niederschlag in den Einlassungen des Gemeindevorstehers von Billenhausen,[61] der im Zusammenhang mit einem Auswanderungsgesuch erklärt,

> […] daß die Gemeinde bezüglich der Gesuchsstellerin Monika Bartner nicht nur keine Caution […] verlange, sond. daß die Gemeinde froh sei, wen[n] dieses Individuum irgendwo anders ein Unterkom[m]en finde, da dieselbe seit einer Reihe von Jahren jährlich in guter Hoffnung aus ihrem Dienst nach Hause kom[m]e u. die Gemeinde, obwohl bis jetzt säm[m]tliche Kinder der Monika Bartner gestorben seien, voraussehe, daß sie über kurz oder lang die Ernährung dieser Weibsperson mit ihrer Nachkom[m]enschaft zu bestreiten habe würde.[62]

---

56 Vgl. Arndt-Schug (wie Anm. 47), S. 261.

57 Heute Gemeindeteil von Blaichach bei Sonthofen im Allgäu.

58 StAA, BA Sonthofen, Akt Nr. 4531.

59 Völker bemerkt hierzu, gestützt auf die bezirksärztlichen Physikatsberichte: „Diese vor- oder unehelich Schwangeren wurden nun keineswegs mit Schimpf und Schande verstoßen, sondern vor allem im bäuerlichen Familienverband integriert und weiterversorgt." Völker (wie Anm. 45), S. 140 f.

60 88 von 573 Personen; bei den Antragstellerinnen, die anderen Auswanderern folgten, betrug der Anteil nahezu 17% (28 von 224 Personen); Quelle: AAG.

61 Landkreis Krumbach (Schwaben).

62 StAA, BA Krumbach, Akt Nr. 3403.

III. Reise

Waren der Entschluß zur Auswanderung gefaßt und die Formalitäten
erledigt, so sahen sich Frauen vor einer für sie ungewohnten und in mehr
als einer Hinsicht gefährlichen Situation – der Binnen- und Schiffsreise
nach Nordamerika. Um den hier zu erwartenden Gefährdungen entge-
genzutreten, wurde schon vom Zielland aus Vorsorge getroffen. So
schreibt ein Vorausgewanderter: Ich

> [...] ersuche dir als einen guten Bruder, thue uns die Gefälligkeit und begleite
> die Mutter und Schwester am Frühjahr wan[n] sie keine gute Leute trieft auf die
> sie sich verlassen kan; und Reise mit ihnen bis Sie in guter Ordnung sind, wo Sie
> gut Versorgt sind [...].[63]

Bei der gemeinsamen Reise spielte jedoch nicht nur die Sicherheit der
Frauen, sondern auch die Erfüllung der traditionell in sie gesetzten Erwartungen eine Rolle, so daß spontane Zusammenschlüsse wie im folgenden Falle entstanden:

> Ich ging auch ungern von der Mad.[ame] Ditrich indem wir uns unterredten bei-
> sammen zu bleiben bis Amerika. Sie ist mit allem Kochgeschirr versehen, und
> wir halten zusamen und sie kocht für uns, nämlich Ich u[nd] ihr Vetter [...] und
> ihre 2 kleinen Kinderchen [...].[64]

Neben den Unbilden, denen sich alle Auswanderer, wenn auch nicht in
gleichem Maße ausgesetzt sahen – schlechte Transportbedingungen
während der Binnenwanderung, Betrügereien in den Häfen, teilweise
miserable räumliche und hygienische Verhältnisse im Verlauf der See-
reise[65] – grassierte vor allem auf den Schiffen ein Problem, das für unseren Forschungsgegenstand nach allen Befunden nur Frauen betraf: das
der sexuellen Belästigung.[66] Eindringlich wiesen Vorausgewanderte vor
allem jüngere Mädchen[67] auf die hier herrschenden Gefahren hin: So
schreibt ein Onkel: „[...] seit tugendhaft auf dem Schiffe, den[n] die
Wände haben Ohren [...] nochmals sage ich Jette zu strenge ihre Tu-

---

63 AAG, DNr. 2.2.
64 AAG, DNr. 1.3.
65 Vgl. Hallabrin/Maidl (wie Anm. 2), S. 54 ff.
66 Vgl. Wehner-Franco (wie Anm. 46), S. 141 ff.
67 Deren Stellung ist allerdings durchaus differenziert zu sehen; so berichtet ein
    Zeitzeuge: „Mit 14 Jahren fangen die Mädchen, und namentlich ist dieß unter

gend zu sehen, u. vorzüglich auf dem Schiffe [...]", und die Tante fährt in demselben Brief fort: liebe

[...] Jette lasse mich als Mutter als Freundin dich aufmerksam machen, sei auf deiner Hut, bewahre dein Charakter den das ist das einzige, was einen Mädchen sein Glück in Amerika begründet, u. in verkehrtem Falle ein Mädchen in ewigen Verderben reißt, den das Mädchen daß nicht besonders auf dem Schiffe delikat ist, ist es wie ausgetrommelt über ganz Baltimore [...].[68]

Die folgende Darstellung einer Auswanderin mag an dieser Stelle verdeutlichen, was sich im Einzelfall abspielte:

Ein sehr hübsches Mädchen, noch mehr Kind als Jungfrau, wurde von dem ersten Steuermann und zwei seiner gleichgesinnten Freunde auf solch raffinirte und wahrhaft teuflische Art und Weise um Ehre und Tugend gebracht, daß mir das Herz blutete [...] plötzlich war sie so zu sagen vom Schauplatz abgetreten und wurde erst nach drei oder vier Tagen wieder sichtbar.[69]

Erst einmal in Amerika angekommen, konnten nun allerdings Auswanderinnen zumindest teilweise mit einer gewissen Bevorzugung rechnen: So berichtet ein Augenzeuge – dieser war selbst professionell im Geschäft mit den Auswanderern engagiert –, daß sie den dort üblichen Betrügereien nicht in demselben Maße ausgesetzt waren wie Männer oder Familien. Er schreibt, daß es

[...] eine Thatsache [sei], daß ich und Alle, welche sich mit diesem Geschäfte [dem Binnentransport der Auswanderer in Amerika] befassen, aus den Passagie-

---

den Bauernmädchen ausschließlich der Fall, schon an, sich der Geschlechtslust zu ergeben, kaum daß der Körper eine entsprechende Entwicklung erlangt, kaum daß sich die Menses das erste Mal gezeigt haben. Diese Lebensweise wird dann fortgesetzt, bis mit dem 18. Jahre der erste Sprößling dieser verfrühten Liebe zum Vorschein kommt." Zit. nach Völker (wie Anm. 45), S. 145. Und eine weitere zeitgenössische Schilderung führt aus: „Mädchen, die bis zum Ehebette keusch bleiben, sind in der Regel treuere Gattinnen als solche, die schon vor der Verehelichung zu Fall kamen, oder, wie nicht selten, sich mehreren hingaben. Machen sich solche in solchen Orten ansässig, in denen ihre früheren Liebhaber hausen, u. dies kommt bei uns nicht selten vor, so gewähren sie ihnen dann auch später verpoente Genußbezeigungen." Zit. nach Völker (wie Anm. 45), S. 131.
68   AAG, DNr. 2.3.
69   Louise Weil, Aus dem schwäbischen Pfarrhaus nach Amerika, Stuttgart 1860, S. 35.

ren herauspressen, was wir nur können. Ich mache nur eine Ausnahme bei einer
Dame, die allein reist. Eine solche lasse ich nie scheren: Es ist schon schlimm
genug, einen Mann zu scheren.[70]

IV. Funktionen der Auswanderinnen

Die Funktion oder besser die Funktionen, die auswandernden, besonders nachfolgenden Frauen zugedacht waren, blieben weitestgehend in
traditionellen Vorstellungen verhaftet und stellen sich als Kombination
verschiedener Bereiche dar.[71] So schreibt ein Auswanderer in die alte
Heimat, er

> [...] möchte, den Hochlöbchen, Hochverehrten Stadtmagistrat Nördlingens um
> die Genehmigung, der Überfahrtskosten nach Amerika für meine Frau und Kin-
> der gehorsamst bitten, da es ja doch in einem Jahr [...] mehr für meine Frau und
> Kinder zu Unterhalten kostet als die Reisekösten ausmachen, da es so kein Le-
> ben ist für mich wie für meine Frau ich muß mein Verdienst für mein Essen und
> Loschie und Wasch ausgeben, und meine Frau vergeht aus Kumer und Sorgen
> um mich und mir geht es auch so ich habe so viel Kumer und Sorgen um meine
> Familie daß ich so nicht mehr lange leben möchte. Ich muß alle Monate für Kost,
> Loschie und Wasch 20 Dollar zahl, daß sind so über 80 Mark da könte ich mit
> meiner ganzen Familie schön leben und hätte dan eine bessere Wart [und] Pflege
> wie im Kosthaus [...] Kan es also nicht anders sein daß ich mit meiner Familie
> nicht mehr leben kan so will ich dann auch nicht mehr leben dann mache ich
> meinen Sorgen und Kummer ein baldiges Ende. Der Tod bringt dan die beste
> Ruhe für mich wie für meine Frau im Grabe ist man dan von Kummer und Sor-
> gen frei [...].[72]

Und eine verheiratete Auswanderin informiert ihre zuhause gebliebene
Schwester:

> Liebe Kathie! Du wirst Dich sehr verwundern über den unerwarteten Besuch
> meines Schwagers noch mehr aber über die Ursache seines Daseins da es aber
> sein fester Wille ist Dich als seine Frau abzuholen und den kleinen Ludwig als
> seinen Sohn hoffe ich nicht das Du diesen Antrag wieder zurücklehnst. Liebe

---

70 Friedrich Kapp, Aus und über Amerika. Thatsachen und Erlebnisse, Bd. 1, Ber-
    lin 1876, S. 210.
71 Zur Rolle der Frau in Arbeitsalltag und Familie vgl. Bergmeier (wie Anm. 45),
    bes. S. 421 ff. u. S. 432 ff.
72 AAG, DNr. 3.3.

Schwester sei nicht so ungeschickt was willst Du noch Du bist 30 Jahre und ledig wirst Du auch nicht bleiben wohlen[73] Martin ist ein guter Mensch und macht gewiß einen guten Man und Vater und Du brauchst Dich für Dein Vortkomen nicht zu kümern und wie schön hätten wier es wen eine krank kan sie die andere Pflegen [...] wen man ledig ist hat man auch imer zu kümern mehr als dan wen Du da Deinem Man gekocht hast bist Du fertig dan könen wir uns imer von vergangenen Zeiten erzählen.[74]

Bereits diese beiden Belege machen die Verquickung verschiedener durch die nachfolgenden Frauen abzudeckender Lebensbereiche deutlich. Besonders explizit funktionalisiert der folgende Schreiber seine – zu diesem Zeitpunkt noch antizipierte – Ehefrau: „Es ist sehr wahrscheinlich, daß Ihr mit meinem nächsten Brief die Information erhaltet, daß ich geheiratet habe, denn es ist schwierig, eine Frau für die Hausarbeit zu finden."[75] Anzumerken ist hier, daß diese Funktionalisierung des Ehepartners durchaus keine ausschließlich männliche Domäne war, sondern zum einen in der Tradition der aus der Heimat bekannten Verhältnisse stand[76] und zum anderen durch das erst noch zu erobernde Land[77] regelrecht erzwungen wurde. So heiratete eine Auswanderin nach dem Tode ihres Mannes erneut,[78] was von einer anderen dahingehend kommen-

---

73 Bergmeier schreibt hierzu: „Schlimmer noch als eine schlechte Ehe war es für eine Frau in den Augen der Zeitgenossen aber, überhaupt nicht verheiratet zu sein." Bergmeier (wie Anm. 45), S. 434.

74 AAG, DNr. 1.13.

75 Raeithel (wie Anm. 50), S. 89.

76 Bergmeier zitiert in diesem Zusammenhang einen zeitgenössischen Physikatsbericht: „Im Ganzen leben die Ehepaare so ziemlich passiv nebeneinander, arbeiten die Woche hindurch still, unermüdet und mit der Resignation von Sclaven, ohne sich dabei Beweise großer Zu- oder Abneigung zu zeigen. Die schwere Arbeit mag wohl viel dazu beitragen [...]"; Bergmeier (wie Anm. 45), S. 421. Zur Rolle der Frau im ländlichen Berufsleben vgl. auch Pankraz Fried, Die Sozialentwicklung im Bauerntum und Landvolk, in: Max Spindler (Hrsg.), Handbuch der bayerischen Geschichte 1800–1970, Vierter Band: Das neue Bayern, München 1978, S. 749 – S. 780, S. 771. Völker schreibt: „Primär war die Familie des 19. Jahrhunderts eine Zweckgemeinschaft zur Überlebenssicherung der einzelnen Mitglieder." Völker (wie Anm. 45), S. 129.

77 Vgl. Gert Raeithel, Geschichte der nordamerikanischen Kultur. Band 1: Vom Puritanismus bis zum Bürgerkrieg 1600–1860, Weinheim 1987, S. 337.

78 Zur Wiederverehelichung bemerkt Sieder: „Insgesamt kann davon ausgegangen werden, daß sich [...] unterschiedliche Wiederverehelichungschancen [...] zwischen den Ehegatten je nach den sozialen oder ökonomischen Verhältnissen ergaben, also in der Regel aus faktischem oder künftigem Besitz bäuerlicher oder

tiert wurde, dies sei „[…] zwar noch früh, aber sie kon[n]te unmöglich länger warten [denn] man weiß zur Zeit der Ernte nicht […] Jemand zum Arbeiten zu bekom[m]en".[79]

Generell ist festzustellen, daß die tragende Rolle, die der Frau beim Aufbau oder Ausbau der neu zu gründenden Existenz vor allem auch im wirtschaftlichen Bereich zukam, von Männern und Frauen sehr wohl realisiert und entsprechend gewertet wurde.[80] So schreibt ein Auswanderer an seine Familie:

> Wir [er u. sein von ihm zur Nachfolge aufgeforderter Bruder] werden zuerst etwas kleines [eine Wirtschaft mit Kostgängern] übernehmen den zu so was gehört schon ein geheurateter Man und eine Geschückte frau.[81]

Und ein Schneider berichtet, daß nach dem Abzug der Konkurrenz vor Ort die Geschäfte gut gingen, weil „[…] ich jetzt allein bin, so giebt es uns zu thun genug, nemlich weil sie [seine Frau] mir soviel als möglich zum geschäft helfen muß […]".[82]

Schwerpunktmäßig können wir für diejenigen Frauen, die sich nicht als Dienstbotinnen verdingt hatten, klar den Bereich des textilen Dienstleistungswesens als Haupteinnahmequelle ausmachen, wenn es um die Erwirtschaftung von Geldmitteln für sie oder die Familie ging. Die Höhe des zu erzielenden Betrages kam durchaus dem Verdienst einer männlichen Arbeitskraft nahe,[83] wie ein Auswanderer seinen Eltern berichtet: „Auch verdient sich die Maria, meine Frau, und seine Schwester Magdalena die Woche mit nähen und waschen 3 Thaler. Wir leben ganz fröhlich miteinander."[84] Der Auswanderer selbst verdiente monatlich etwa 13 Taler.

---

gewerblicher Produktionsmittel […]. Zusätzlich dürften die Erfordernisse des bäuerlichen Wirtschaftens oder einer gewerblichen Familienwirtschaft spezifische Kriterien bei der Wahl des Ehepartners ergeben haben." Zit. nach Völker (wie Anm. 45), S. 128 f.

79 AAG, DNr. 1.1.

80 Vgl. Bergmeier (wie Anm. 45), S. 432 ff.

81 AAG, DNr. 3.67.

82 AAG, DNr. 1.1.

83 So stellt ein Schreiber fest: „Handarbeit ist aber ungemein theuer, das Waschen also ebenfalls […]"; AAG, DNr. 3.38.

84 AAG, DNr. 1.4.

V. Persönliches

Ein wesentlicher Bereich, der im Rahmen ihrer traditionellen Familienrolle von Frauen abgedeckt werden mußte, war sicher der immateriell-emotionale, und manchem hat wohl erst das Fehlen der Partnerin die existentielle Bedeutung derselben wirklich vor Augen geführt.[85] So schreibt ein Kemptener Auswanderer an seine Frau:

> Ich hoffe, daß wir in wenigen Jahren wieder Zusammenkommen, u. hätte ich bis Frühjahr so viel erspartes Geld dich in Deutschland abzuhohlen so würde ich diese beschwerliche Reise mit größten Freuden wieder machen [...] [denn es vergeht kein Tag, ohne] an dich u Kinder zu denken. Es kommt mir an Sonntagen manchmal recht langweilig vor, allein zu leben.[86]

Ein Witwer berichtet über die familiäre Situation nach dem Tod seiner Frau:

> [...] hat uns der liebe Gott die liebende Mutter und treue Gattin uns entrissen was ein harter Schlag für mich war. [...] Dem Bruder [der Frau] Johann kam es hart an und ich mußte ihn noch in meiner traurigen Lage trösten ja meine Lieben es war ein harter Abschied. [...] den einzigen Trost wo ich noch habe ist meine [Tochter] Josephine Sie ist nun die Mutter zu ihrem kleinen Bruder welcher jetzt so anfängt zu sprechen und heist die Josephine Mama [...];[87]

der Bruder der Verstorbenen ergänzt: „Ich kan[n] beinahe nicht über den Verlust meiner Schwester hinwegkom[m]en, den ich habe von allen am meisten verloren, ihre Kinder haben einen Vater ich hab niemand."[88]

Es konnte hier weder eine umfassende Darstellung noch eine tiefer gehende Analyse des vorliegenden Materials geleistet werden. Weiterführende Interpretationen unterbleiben vor allem deshalb, weil weitgehend wirklich vergleichbare empirische Untersuchungen fehlen, ein Mangel, der bereits seit Jahren[89] und bis in die neueste Forschungsliteratur hinein[90] immer wieder beklagt wird. Sichtbar werden jedoch einige strukturelle Tendenzen und Grundlagen für eine weiterführende Diskussion.

---

85 Vgl. Bergmeier (wie Anm. 45), S. 421 ff.
86 AAG, DNr. 1.2.
87 AAG, DNr. 1.13.
88 AAG, DNr. 1.13.
89 Vgl. etwa Bretting (wie Anm. 47), S. 320 u. S. 327.
90 Vgl. etwa Wehner-Franco (wie Anm. 46), S. 12.

Christiane Harzig

Beruf und Berufung: Zum Arbeitsbegriff von deutschen Einwanderinnen in den USA um die Jahrhundertwende

„Die Frauenfrage und die Damenfrage," so lautete der Titel eines Essays, den Amalie von Ende 1896 in der „Frauen-Zeitung" veröffentlichte. Die „Frauen-Zeitung" erschien als Sonntagsbeilage der „Illinois Staats-Zeitung", der zweitgrößten deutschamerikanischen bürgerlichen Tageszeitung in Chicago um die Jahrhundertwende.[1] Zu dieser Zeit arbeitete Amalie von Ende u.a. als freie Journalistin in der Stadt und war maßgeblich an der Gestaltung dieser Beilage beteiligt.[2] Deutsche Leser und Leserinnen werden sehr schnell die dahinter stehenden Diskurse aus dem Umfeld der sozialdemokratischen und bürgerlichen Frauenbewegung erkannt haben: Für die Sozialdemokraten stand die Lösung der Frauenfrage in einem engen, aber nachgeordneten Zusammenhang mit der Lösung der sozialen Frage. Für die bürgerliche Frauenbewegung war die Schaffung standesgemäßer Erwerbsmöglichkeiten für Frauen aus der bürgerlichen Klasse oberstes Gebot. Es ist davon auszugehen, daß der klugen, belesenen und engagierten Autorin der deutsche Diskussionskontext vertraut war, für den amerikanischen Kontext lieferte sie eine präzise Definition und verwies auf die damit verbundenen Differenzierungen: Ging es bei der Frauenfrage in erster Linie um den „pe-

---

1   Die Situation der deutschamerikanischen Presse in Chicago ist ungewöhnlich gut erforscht. Vgl. z. B. Beate Hinrichs, Deutschamerikanische Presse zwischen Tradition und Anpassung, Frankfurt a.M. 1989; zum Verhältnis von Frauen und Presse in diesem Kontext siehe Monika Blaschke, Die Entdeckung des weiblichen Publikums. Presse für deutschen Einwanderinnen in den USA 1890–1914, Frankfurt a.M. 1997.

2   Zu Amalie von Ende siehe Blaschke (wie Anm. 1), S. 329; Walter Grünzweig, „Das „literarische Wien": Idiosynkrasie und Kult? Über Amalie von Ende", in: Das Jüdische Echo Bd. 38/1 (Okt. 1989), S. 181–193.

cuniären Punkt", also die Sorge um die Existenzmittel, so ging es bei
der „Damenfrage" eher darum, den höheren Töchtern einen Lebensin-
halt zu verschaffen. Denn im

> Dasein derer, die von den materiellen und geistigen Bedürfnissen des Lebens
> nichts entlehnen, die in behaglichen, vielleicht glänzenden Verhältnissen leben,
> [gähnt] eine Leere, die sich um so schmerzlicher fühlbar macht, als sie Muße
> haben, ihrer bewußt zu werden. Neben der Magenfrage für die Frauen, die für
> sich sorgen müssen, existirt aber auch eine andere Frage – wie sich Frauen über
> die Mißstände eines einsamen Lebens am leichtesten hinwegsetzen können. Auf
> diese Frage gibt es aber nur eine Antwort: durch eine ihren individuellen Fähig-
> keiten und Neigungen entsprechende Tätigkeit.[3]

In beiden Fällen ging es jedoch um Arbeit, wie unterschiedlich auch
immer die Intentionen waren. Im folgenden werde ich mir daher die
verschiedenen Formen von Arbeit und die damit verbundenen geschlechtsspezifischen Konzepte im Umfeld der deutschamerikanischen
„community" um die Jahrhundertwende genauer ansehen. Dabei möchte ich auf die zwei Komponenten des Begriffs „Arbeit" eingehen, d. h.
die alltägliche Realität von Arbeit auf der einen Seite und Arbeit im
Lutherischen Sinne als Beruf, Mission und Sinngebung, wie sie uns von
Max Weber übermittelt wurde, auf der anderen.[4]

Zunächst geht es um die verschiedenen diskursive Kontexte, in denen arbeitende (eingewanderte) Frauen im urbanen Umfeld in den Jahren 1870 bis 1910 erfaßt wurden. Anschließend sehen wir uns die verschiedenen Realitäten deutschamerikansicher arbeitender Frauen an. Ich
gehe davon aus, daß Deutschamerikanerinnen ein spezifisches Verständnis von „Arbeit" hatten, und sie damit ihren eigenen diskursiven Kontext gestalteten. Dieser wiederum prägte ihr Verhalten als arbeitende,
berufstätige Frauen.

---

3   *Frauen-Zeitung*, 29.11.1896. Zitiert in Christiane Harzig, Familie, Arbeit und
     weibliche Öffentlichkeit: Deutschamerikanerinnen in Chicago um die Jahrhun-
     dertwende, St. Katharinen 1991, S. 245.

4   Vgl. Max Weber, Die Protestantische Ethik und der „Geist" des Kapitalismus,
     hrsg. von Klaus Lichtblau/Johannes Weiß, Textausgabe auf der Grundlage der
     ersten Fassung von 1904/05, Weinheim 1996, S. 39. „...aber unbedingt neu war
     (bei Luther) jedenfalls zunächst eins: die Schätzung der Pflichterfüllung inner-
     halb der weltlichen Berufe als *höchsten* Inhaltes, den die sittliche Selbstbestäti-
     gung überhaupt annehmen könne." Zur Diskussion um den Lutherischen Be-
     rufsbegriff bei Weber siehe Hartmut Lehmann, Max Webers ‚Protestantische
     Ethik', Göttingen 1996.

Lange Zeit bestimmte die soziale Konstruktion bzw. das „heuristische Modell" des „working girl" sowohl die zeitgenössische Debatte als auch die historische Forschung über die weiblichen arbeitenden Immigranten in den USA. Sie waren in der Regel jung – zwischen 15 und 24 –, unverheiratet und lebten in Familien. Sie wurden nicht als autonome Personen weiblichen Geschlechts wahrgenommen, sondern durch ihre Position im Familienverband, in der Regel als Töchter, definiert. Ihre Aufgabe war es, zum Familieneinkommen beizutragen und die Familienökonomie, d. h. das materielle und soziale Gefüge in der Familie, durch ihre mageren Löhne zu stabilisieren. Diese Löhne wiederum waren nie dafür vorgesehen, einen Lebensunterhalt zu sichern, geschweige denn, daß frau damit in der Lage gewesen wäre, selbst eine Familie zu ernähren. Vielmehr sollte das sogenannte „pin money", wie der Verdienst der arbeitenden Töchter beschönigend genannt wurde, lediglich den Haushalt der Einwandererfamile aus der Arbeiterklasse absichern. Damit wurde die abhängige Position der jugendlichen Tochter im Kontext der patriarchalen Familie sicher gestellt. Die Erfahrungen am Arbeitsplatz waren durch geringe Ausbildung und Qualifikation, fehlende Aufstiegsmöglichkeiten, saisonabhängige Anstellungen und Arbeitslosigkeit gekennzeichnet, durch unwürdige und gefährliche Arbeitsbedingungen, männlich dominierte Hierarchien, sexuelle Belästigung, Übervorteilungen und kleinliche Bestrafungen. Erwerbstätigkeit wurde als vorübergehend betrachtet, als eine Phase im Lebenslauf zwischen Schule und Ehe. Die gesammelten Erfahrungen im Arbeitsalltag unterstrichen das Gefühl von Marginalität und ließen das Leben einer verheiratete Ehefrau als attraktive Alternative erscheinen.[5]

Natürlich gab es Ausnahmen zu der Regel: zum Beispiel die „woman adrift", die junge ungebundene Frau, die in die Stadt kam auf der Suche nach Unabhängigkeit, Arbeit und etwas Abenteuer,[6] oder die junge Witwe, die als weiblicher Familienvorstand nicht nur für kleine Kinder zu sorgen hatte, sondern auch die Miete aufbringen mußte und Essen auf den Tisch zu stellen hatte. Beide Gruppen erhielten ebenfalls Löhne, die sich am „Töchter-Prinzip", bzw. an dem simplen kapitalistischen Leitgedanken des maximalen Profitstrebens ausgerichtet waren.

5	Vgl. Leslie Tentler, Wage-earning Women: Industrial Work and Family Life in the United states, 1900–1930, New York 1979.

6	Diese Figur ist in Theodor Dreiser's Sister Carrie (1912) verewigt worden. Vgl. weiter Joanne Meyerowitz, Women Adrift: Independent Wage Earners in Chciago, 1880–1930, Chicago 1988.

Sie mußten jedoch davon leben, was – wie jeder wußte – unmöglich war. Und darum stellten sie ein „Problem" dar, das zunächst von den wohltätigen bürgerlichen Frauen und später von Sozialreformern und Sozialreformerinnen wahrgenommen wurde. Die erwerbstätige Tochter, die junge, unabhängige Frau und die arme Witwe mit kleinen Kindern waren gleichermaßen soziale Realität wie auch soziale Konstruktionen, und als solche hatten sie Einfluß auf die Gestaltung von Sozialpolitik, wie sie sich in den Gesetzen zum Mindestlohn, zur Fabrikinspektion und zum Aufbau des „Women's Bureau" widerspiegelte.

Ein weiterer Interpretationsrahmen in der Forschung zu Einwanderinnen bzw. erwerbstätigen Frauen aus sogenannten Minderheitengruppen ist das Konzept der kulturellen Beschränkung bzw. Einengung. Diese kulturellen Zwänge, so wurde argumentiert, würden die Auswahlmöglichkeiten der Frauen auf dem Arbeitsmarkt einschränken und sie somit auf Arbeit in abhängigen und marginalen Positionen reduzieren. Innerhalb dieses Interpretationsrahmens war es die patriarchale Kontrolle, die italienische Frauen daran hinderte, eine Anstellung in einer Fabrik zu suchen; es war der geringe Wert, den man einer Ausbildung beimaß, der polnischen Jungen und Mädchen den Zugang zu besser bezahlten Arbeitsplätzen versperrte; und es war die kulturell bedingte Abneigung gegen persönliche Dienstleistungen, die jüdische Frauen davon abhielt, eine Anstellung als Dienstbotin aufzunehmen.

In einem dritten Interpretationsmodell wird die eingewanderte Arbeiterin als Kämpferin für die Rechte der Arbeiter und Arbeiterinnen wahrgenommen. Hier erinnert man sich an die irische Mother Jones, die schwedische Mary Anderson oder die jüdische Rose Schneiderman, bekannte Wortführerinnen und Organisatorinnen der amerikanischen Arbeiterbewegung. Ähnlich wie ihre männlichen Kollegen in der Gewerkschaftsbewegung brachten sie ein europäisches Verständnis von sozialer Gerechtigkeit, einen durch das Leben in den USA geprägten Sinn für Individualismus und Gleichheit sowie ein weibliches Konzept von Verantwortung für die Gemeinschaft mit.

Keines dieser Interpretationsmodelle spiegelt jedoch den Diskurs über Arbeit wider, wie er sich unter Deutschamerikanerinnen am Ende des 19. Jahrhunderts herauskristallisierte. Arbeit als allgemeingültige soziale Kategorie wurde von den deutschamerikanischen Frauen hoch geschätzt und nahm in ihrer Vorstellung von Frau-Sein und Weiblichkeit einen zentralen Platz ein. Sie brachten der Arbeit eine prinzipielle Wertschätzung entgegen.

> Es ist ganz gleich worin diese Arbeit besteht, solange sie mit Ernst und Ausdauer gethan wird. Ob eine Frau ihre Geschicklichkeit und Erfahrung im Kochen in einem Restaurant anwendet; ob sie ihre Fertigkeit im Nähen und Schneidern zu Geld macht; ob sie ihre geistigen Errungenschaften im Schulzimmer oder auf dem Podium des Vortragssaal verwerthet: das kommt auf eins heraus. Es sind die Arbeitsleistungen, die in Geld umgesetzt werden, und es den Betreffenden ermöglichen, damit ihre Lebensbedürfnisse zu bestreiten. Keinem Menschen, der die Arbeit als solche achtet, fällt es ein, diejenige der Lehrerin über die der Näherin, die der Köchin über die der Rednerin zu stellen.[7]

In diesem von Amalie von Ende beschriebenen Konzept von Arbeit spielte „Klasse" keine vorherrschende Rolle, „Geschlecht" als analytische Kategorie war jedoch ein wichtiges strukturierendes Element, allerdings in entschieden anderer Form als zuvor gezeigt. Der diskursive Rahmen, wie er in den Frauenseiten der bürgerlichen deutschamerikanischen Presse Formen annahm, wurde durch die allgemeine Akzeptanz von „Arbeit", ihre Notwenigkeit und ihre generell positive Bedeutung geprägt, d. h. durch die protestantische Arbeitsethik und durch eine individuelle Beziehung zur Arbeit. „Arbeit" war nicht durch industrielle Entwicklung gekennzeichnet, nicht durch wirtschaftliche Zyklen und Gewerkschaftsaktivitiäten, sondern durch Lebenslauf, Ehestand, Klasse und Geschlecht. „Arbeit" konnte unter der Überschrift der „Frauenfrage" und der „Damenfrage" diskutiert werden, sie konnte im Modell des Dienstmädchens, der Arbeiterin, der Lehrerin Formen annehmen, und wurde im Modell der Hausfrau bei der Heirat relevant. Heirat und Ehe führten jedoch nicht zu einem arbeitsfreien Zustand, sondern Arbeit nahm nur andere Formen an, Heirat veränderte die Arbeit. Heirat konnte auch die Optionen auf Karriere bzw. Aussichten und Perspektiven durcheinanderbringen. Dennoch, es galt die Arbeit gut zu machen, wo immer und in welcher Form sie stattfand.

Die Frauen, die über die verschiedenen Konzepte von Arbeit diskutierten, waren jedoch nicht so naiv bzw. romantisch, daß sie nur das kreative Potential von Arbeit zur Kenntnis genommen hätten. Sie interessierten sich durchaus für die profaneren Aspekte von Arbeit, wie z. B. die Höhe der Löhne und die Notwendigkeit, einen Lebensunterhalt zu verdienen. Sie sahen sogar die Möglichkeit des sozialen Aufstiegs durch eigene Arbeit. Immer wieder wurde darauf hingewiesen, daß die Arbeiterehefrau durch harte Arbeit, Sauberkeit und Sparsamkeit durchaus in

---

7   Frauen-Zeitung, 5.5.1895.

der Lage war, einen angenehmen, respektablen Haushalt zu führen und dadurch den sozialen Aufstieg zu beeinflussen.

Louise Deckmann war eine 24 Jahre alte Friseuse. Sie wohnte 1900 in der North Clark Straße, im Zentrum des ältesten deutschen Wohnviertels auf Chicagos Nordseite. Ihre Familie war 1882 in die USA ausgewandert, ihr Vater war Arbeiter, ihre älteste Schwester Mary, 30 Jahre alt, arbeitete als Schneiderin, der Bruder William, 20, hatte eine Stelle als „clerk", d. h. er arbeitete vielleicht als Verkäufer in einem Laden oder als kleiner Angestellter in einem Büro. Eine weitere Schwester, 19 Jahre alt, war ebenfalls Friseuse und die Jüngste, Lilian, ging mit 13 Jahren noch zur Schule.[8] Die Mutter organisierte den ziemlich großen Haushalt und verwandte ihre Zeit und Kraft auf die Reproduktion der Arbeitskraft ihrer Kinder und ihres Mannes. Alle weiblichen Mitglieder dieser Familie aus der ersten Einwanderergeneration – bis auf Lilian waren alle in Deutschland geboren – trugen die typischen Merkmale der weiblichen städtischen Arbeiterschaft um die Jahrhundertwende in sich. Sie waren jung, zwischen 15 und 24 Jahre alt, unverheiratet und lebten zusammen mit ihrer Familie. Mary stellte die bezeichnende Ausnahme der Regel dar. Mit 30 war sie weitaus älter als das typische „working girl" und hätte längst verheiratet sein sollen. Sie hatte jedoch einen hochqualifizierten Beruf. Eine erfahrene Schneiderin war nicht nur in der Lage, ein eigenes Geschäft zu führen und mehrere Angestellte zu beschäftigen. Wenn sie geschickt war und die Bedürfnisse ihrer Kundinnen zu befriedigen wußte, konnte sie bis zu \$40 in der Woche verdienen. Das Bureau of Labor in Illinois bemerkte dazu:

> Vielleicht kann man die Schneiderei als die Königin der Gewerke bezeichnen, in denen Frauen die Macht haben. Talent und ausführende Fähigkeiten sind immer gefragt und treffen auf sofortige Anerkennung und großzügige Entlohnung. Die Frau, die in der Lage ist, ein modisches Kleid oder einen Anzug zu schneidern, d. h. zuzuschneiden, anzupassen und zu nähen, kann in Chicago jederzeit gut entlohnte Anstellung finden.[9]

---

8 Die Informationen über die Familie Deckmann wurden den handschriftlichen Volkszählungslisten entnommen. United States, Bureau of the Census, Census of the Population 1900.

9 Illinois Bureau of Labor Statistics, 7th Report, Part I: Working Women in Chicago. Part II: The Sweating System in Chicago, Springfield/IL 1892, S. 45. Übersetzung durch C.H.

Es ist also durchaus vorstellbar, daß Mary bewußt den Ehestand für sich ablehnte, ihr professionelles Leben genießend und zum Wohlergehen der Familie beitragend. Die Arbeit als Friseuse, der ihre Schwestern nachgingen, war jedoch nicht so angesehen und wurde auch nicht so gut bezahlt, vielmehr bedeutete dies geringen Lohn, lange Arbeitszeiten und ungesunde Arbeitsbedingungen.

Die jungen Frauen der Familie Deckmann verdeutlichen uns auch die typischen Aspekte der deutschen weiblichen Arbeiterschaft der ersten Einwanderergeneration. Als erwachsene, unverheiratete Frauen sahen sie die Erwerbstätigkeit außerhalb des Hauses als selbstverständlich an, sie blieben jedoch in der Nachbarschaft, im Wohnviertel, um ihrer Arbeit nachzugehen. Hier fanden sie gemeinsam mit anderen deutschen Frauen Arbeit, und in der Regel wird auch ihr Arbeitgeber aus Deutschland gekommen sein. Das brachte jedoch keineswegs höhere Löhne oder bessere Arbeitsbedingungen mit sich. Die meisten von ihnen arbeiteten im privaten Dienstleistungsbereich, als Dienstmädchen oder Friseusen, als Näherinnen und als Verkäuferinnen in den zahllosen kleinen Läden der Nachbarschaft. Hier erhielten sie Löhne, die unter dem Durchschnitt lagen, waren aber auch weniger von saisonaler Arbeitslosigkeit bedroht. Das konnte sich durchaus stabilisierend auf ihren Arbeitslohn auswirken.

Die Frauen der zweiten Einwanderergeneration, also die Frauen, die bereits in den USA geboren waren, eroberten sich, wenn auch vorsichtig und zurückhaltend, die prestigeträchtigeren Arbeitsplätze. Damit waren jedoch nicht immer höhere Löhne verbunden. Sie mieden die persönlichen Dienstleistungen, arbeiteten nicht als Dienstmädchen, Wäscherinnen oder Reinemachefrauen, sondern eher im Handel, im Transportgewerbe oder in der Produktion. Hier bewarben sie sich jedoch nicht um die besser bezahlten Jobs als Büroangestellte, Verkäuferinnen in Kaufhäusern oder Arbeiterinnen in den Zukunftsindustrien wie z. B. Elektro- oder Chemieindustrie, sondern sie blieben, ähnlich wie ihre Schwestern aus der ersten Generation, im Wohnviertel und arbeiteten in den Nachbarschaftsgewerben.[10]

Während Louise Deckman das prototypische, ethnisch universelle „working girl" der Stadt darstellte, repräsentierte Wilhelmine Wiebusch die typische weibliche Einwanderin aus Deutschland. Wilhelmine wur-

---

10 Zur Erwerbstätigkeit von Deutschamerikanerinnen vgl. Harzig (wie Anm. 3), S. 162–208.

de 1859 als uneheliche Tochter einer Hamburger Arbeiterin geboren.
Nachdem sie zunächst von ihren Großeltern in einem kleinen Ort an der
Niederelbe aufgezogen worden war, wurde sie mit zwölf Jahren nach
Hamburg geschickt, um dort erst als „Pflegekind", später als Dienstmädchen ihren Lebensunterhalt zu verdienen. Nach über zehn Jahren
harter Arbeit als Dienstmädchen in verschiedenen Stellungen beschloß
sie 1884, gemeinsam mit einer Freundin auszuwandern. Die Freundin,
ebenfalls ein Dienstmädchen, verfügte über alle notwendigen Informationen. Die Alltagskultur der Auswanderung war in der zweiten Hälfte
des 19. Jahrhunderts in Deutschland weit verbreitet. Sie enthielt die frühe Trennung von der Ursprungsfamilie, ein Informations- und Unter-
stützungsnetzwerk, die alltägliche Gegenwart von Menschen, die sich
(in Hamburg) auf der Durchreise befanden sowie eine starke Prise Abenteuer und Wanderlust. Dies wird den Auswanderungsbeschluß beeinflußt bzw. ausgelöst haben.[11]

Einmal in Amerika eingetroffen, hatten die beiden Frauen keinerlei
Schwierigkeiten, eine Stelle zu finden, denn sie waren bereit, als Dienstmädchen zu arbeiten und brachten die nötigen Berufserfahrungen mit.
Zunächst arbeitete Wilhelmine in verschiedenen Stellungen. Sie bekam
dort die größere Arbeitsintensität in amerikanischen Haushalten zu spüren, konnte aber ihre Freizeit in der deutschamerikanischen „community" New Yorks verbringen und genoß mit Vergnügen, was die große
Stadt einer unabhängigen jungen Frau zu bieten hatte. Ab und zu hatte
sie Heimweh, eine Rückkehr zog sie jedoch nie ernsthaft in Erwägung.
Nach vier Jahren heiratete sie einen deutschamerikanischen Arbeiter,
brachte fünf Kinder zur Welt und führte gemeinsam mit ihrem Mann ein
Restaurant, später ein Hotel in einem der Vororte der großen Stadt. Nicht
zuletzt wurde sie selbst Arbeitgeberin für ein 14jähriges Dienstmädchen,
Tochter deutscher Einwanderer. Für Wilhelmine Wiebusch war Erwerbstätigkeit nicht nur eine mehr oder weniger kurze Episode in ihrem Leben, sondern in der einen oder anderen Form eine lebenslange Erfahrung, der sie nicht durch die Ehe zu entfliehen suchte. Vielmehr machte
sie die Erwerbstätigkeit zum Mittelpunkt ihres Ehelebens.

In der Forschung über deutsche Dienstmädchen in Amerika wird im
allgemeinen argumentiert, daß die Erfahrungen als Arbeitskraft in ame-

---

11 Das Leben der Wilhelmine Wiebusch ist dokumentiert in: Wolfgang Helbich/
    Walter D. Kamphoefner/Ulrike Sommer (Hrsg.), Briefe aus Amerika. Deutsche
    Auswanderer schreiben aus der Neuen Welt, 1830–1930, München 1988, S. 493
    – S. 570.

rikanischen Haushalten den Akkulturationsprozeß dieser jungen Frauen beschleunigt haben. Sie paßten sich dem amerikanischen Lebensstil an, lernten die kulturellen Gewohnheiten und die Sprache schneller als all die Männer und Frauen, die weitgehend innerhalb der deutschen ethnischen „community" verweilten. Aufgrund der Bereitschaft, als Dienstbotinnen zu arbeiten, konnten die jungen Einwanderinnen die kulturellen Werte aus der Heimat, wo die Arbeit des Dienstmädchens als gute Vorbereitung für die Ehe relativ hoch bewertet wurde, mit dem eher unabhängigen und selbstbestimmten Lebensgefühl der Großstadt gut in Einklang bringen. Die Erfahrung als Dienstmädchen, eine Tätigkeit, die von den „Amerikanerinnen" deutlich abgelehnt wurde, konnte somit als entscheidend für den Amerikanisierungsprozeß gewertet bzw. interpretiert werden; die jungen deutschen Dienstmädchen wurden „active agents of assimilation."[12]

Ein Interpretationsansatz, der die Einwanderin lediglich als „working girl" wahrnimmt und die Erwerbstätigkeit allein als eine spezifische Phase kennzeichnet, ohne sie in den Kontext des gesamten Lebenslaufes zu stellen, eine Forschung, die die Dienstbotentätigkeit am unteren Ende der ungeschriebenen Job-Hierarchie ansiedelt,[13] weil oder weswegen sie in der Regel von amerikanischen Frauen gemieden wurde, war bislang nicht in der Lage, die Funktion der Arbeit als Dienstmädchen im Rahmen des Urbanisierungsprozesses zu erfassen. Noch weniger konnte die Position der Einwanderinnen in diesem Kontext angemessen bewertet werden. Zu wenig Aufmerksamkeit galt dabei dem Wert, den die Frauen ihrer Tätigkeit beimaßen, gleichermaßen wurde übersehen, in welchem Maße „Arbeit" integraler Bestandteil ihres gesamten Lebenslaufes war.[14]

Wenn wir jetzt Maria Werkmeister, Clara Michaelis und Carla Wenckebach vorstellen, überschreiten wir nicht nur Klassengrenzen, son-

---

12 Silke Wehner, German Domestic Servants in America, 1850–1914: A New Look at German Immigrant Women's Experience, in: Dirk Hoerder/Jörg Nagler (Hrsg.), People in Transit. German Migrations in Comparative Perspective, 1820–1930, Washington 1995, S. 267 – S. 294, S. 269.

13 Vgl. dazu die Diskussion in Alice Kessler-Harris, Out to Work: A History of Wage-Earning Women in the United States, New York 1982.

14 Vgl. Christiane Harzig (Hrsg.), Peasant Maids- City Women. From the European Countryside to Urban America, Ithaca/NY 1997, vor allem das Kapitel über Schwedinnen: Margareta Matovic, Embracing a Middle-Class Life: Swedish-American Women in Lake View.

dern müssen auch unsere traditionelle Wahrnehmung arbeitender Einwanderinnen erweitern. Maria Werkmeister war nicht erwerbstätig, dennoch investierte sie einen großen Teil ihrer Zeit und vielfältige Anstrengungen in das, was man später „social homemaking" (gesellschaftliche Hausarbeit) nannte. 1900 wohnte sie in der South Ashland Avenue, einem Nobelviertel von Chicago, und führte einen großen Haushalt mit mehreren Generationen. Neben ihrem Ehemann wohnten dort drei erwachsene Töchter, ein Schwiegersohn, diverse Enkel, zwei Untermieter und drei Dienstboten. Ihre älteste Tochter war mit einem deutschen Architekten verheiratet, ihr Sohn war Arzt, die jüngste Tochter arbeitete als Lehrerin an einer „high school". Insgesamt eine solide bürgerliche Existenz. Während der letzten zwanzig Jahre ihres Lebens beteiligte sich Maria Werkmeister am Aufbau einer ethnischen weiblichen Öffentlichkeit in Chicago.[15] Sie war das Herz und die Seele zunächst einer Idee, später einer Institution. Aufgrund ihrer deutlichen Fähigkeit, integrierend und ausgleichend zwischen Konfliktparteien zu wirken, wurde sie bald Präsidentin des „Frauenvereins Altenheim" und behielt dieses Amt bis zu ihrem Tode 1902. Unter ihrer Führung konnte der Frauenverein eine große Wohltätigkeitsinstitution errichten. Gleichzeitig beteiligte sie sich am Auf- und Ausbau der ethnischen „community" in Chicago. Die Arbeit in dem Verein wurde zum Übungsfeld für öffentliches Engagement von deutschen Einwanderinnen.

Mit dem Begriff „social homemaking" kennzeichnen feministische Historikerinnen die Aktivitäten von Frauen in diversen Klubs, Organisationen und Bewegungen. Die Teilnehmerinnen engagierten sich in der Abolitionisten- und Temperenzbewegung, sie setzten sich für die professionellere Ausbildung von Lehrerinnen und Krankenschwestern ein, sie gründeten die „Consumer's League" zum Schutze der Verbraucher und Verbraucherinnen, stellten in „settlement houses" den Einwanderern und Einwanderinnen ein sozialreformerisches Beratungsangebot zur Verfügung oder kämpften gemeinsam mit Arbeiterinnen in der „Women's Trade Union League" um bessere Arbeitsbedingungen und höhere Löhne von Fabrikarbeiterinnen. Die „social homemakers", diese öffentlichen Hausfrauen, so wurde argumentiert, „had turned the cult of domesticity on its head, form an ideal which limited and retricted women to

---

15 Vgl. Christane Harzig, The Ethnic Female Public Sphere: German-American Women in Turn-of-the-Century Chicago, in: Lucy Murphy/Wendy H. Venet (Hrsg.), Work and Community, Diversity and Power. A Volume of Essays, Bloomington 1997, S. 141–157.

the domestic sphere to a rationale for women's rights."[16] Sie standen an
der Spitze einer Frauenbewegung und prägten unser Verständnis von
Feminismus.

Indem wir jedoch die Wahrnehmung des Engagements dieser „öffentlichen Hausfrauen" durch unsere gegenwärtige Vorstellung von Frau-
enrechten und Emanzipation filtern und den Feminismus weißer, meist
angelsächsischer Frauen als Maßstab für Geschichtsmächtigkeit benut-
zen, haben wir viele sozial engagiert handelnde Menschen einer multi-
ethnischen städtischen Kultur aus der historischen Erinnerung verstoßen. Obwohl das Wirken von Maria Werkmeister anscheinend nie über
die ethnische „community" hinauswies, war sie doch umfassend in das
amerikanische urbane Leben eingebunden. Die Arbeit, das Engagement
und die Aktivitäten der Einwanderinnen haben die öffentliche Kultur
amerikanischer Städte ebenso geprägt und gestaltet wie die Darbietun-
gen ihrer berühmteren angloamerikanischen Schwestern der sozialen
Reform- und Frauenbewegung.

Carla Wenckebach war die ungewöhnlichste Persönlichkeit unter den
Frauen, die hier vorgestellt werden, ungewöhnlich allerdings nur bezogen auf das Stereotyp der deutschen Einwanderin; nicht so ungewöhnlich, wenn wir sie als Vertreterin der ersten Generation akademisch aus-
gebildeter Frauen in den USA betrachten. Sie wurde 1853 in Hildesheim in eine niedere Adelsfamilie hineingeboren und wuchs auf dem
Gut der Familie in Ostfriesland auf. Hier konnte sie eine Jugend in un-
gewöhnlicher Freiheit genießen, bis die Familie beschloß, daß es Zeit
wäre, sie als Mädchen zu erziehen. Glücklicherweise, möchte man mei-
nen, bedeutete das zunächst lediglich, daß man sie in Mädchenkleider
pferchte und sie mit erfolglos verlaufenden Versuchen traktierte, sticken
zu lernen. Es bedeutete nicht, ihre eine Ausbildung vorzuenthalten.

Als Jugendliche besuchte sie mehrere private Ausbildungseinrich-
tungen in Hildesheim und konnte dann am „Höheren Lehrerinnenseminar" in Hannover 1872 das Lehrerinnenexamen ablegen. Diese Ausbil-
dungsform war in der 1860er bis 1910er Jahren für Mädchen aus ländlichen Gebieten mit weitergehenden Bildungsambitionen durchaus üblich. Sie brachte es jedoch mit sich, daß sich die Mädchen schon früh
vom Elternhaus lösen mußten und entweder in einem Internat oder Pen-
sionat unter der strengen Aufsicht der Anstaltsregeln ihr Leben einrich-

---

16 Teresa L. Amott/Julie A. Matthaei, Race, Gender and Work. A Multicultural Eco-
    nomic History of Women in the United States, Boston 1991, S. 188.

teten oder sich als Externe ein Zimmer bei einer Witwe mieteten; dann waren sie vielleicht in der Lage, ein gewisses Maß an Freiheit zu genießen.

Carla Wenckebach besuchte zu einem Zeitpunkt als Externe das Lehrerinnenseminar, als sich hier die Ausbildung in einem gewissen Professionalisierungsprozeß befand. Nach der Eingliederung Hannovers nach Preußen und der damit verbundenen Übernahme des preußischen Bildungswesens mußte auch über einen staatlichen Abschluß in Form einer Prüfungsordnung für Lehrerinnen entschieden werden. Durch die Prüfungsordnung von 1868 wurde, einer Einschätzung von Karin Ehrich zufolge, die städtische Lehrerinnenausbildung in Hannover „entprivatisiert". Während man die Lehrerinnenausbildung bis dahin häufig als weiterführende Allgemeinbildung für Frauen betrachtete, konnte sie nun als Berufsausbildung gestaltet werden: „Durch die Lehrerinnenprüfung änderte sich das Bewertungsschema städtischer Lehrerinnenausbildung ganz entscheidend, und zwar weg von der „Almosen"-Ausbildung hin zu einer über Berechtigung geregelten qualifizierten Berufsausbildung."[17]

Für Carla W. war die Ausbildung nie „nur" Weiterbildung für Frauen, denn schon früh hatte sie entschieden, Lehrerin zu werden. Da sie jedoch nicht bereit war, die reduzierte Position einzunehmen, die der preußische Staat Frauen im öffentlichen Schulwesen zur Verfügung stellte, beschloß sie, ins Ausland zu gehen. Sie wollte als private Erzieherin arbeiten und dabei gleichzeitig die Welt kennenlernen. Nach einigen unangenehmen Erfahrungen in England und Schottland, wo sie in schmerzhafter Weise die Klassengrenzen zu spüren bekam, die man dort Dienstboten entgegenbrachte – in Deutschland gehörten Erzieherinnen nach dem allgemeinen Landrecht explizit nicht zum Dienstpersonal –, ließ sie sich auf einen abenteuerlichen Aufenthalt bei einer russischen Adelsfamilie in Tiflis im Kaukasus ein. Hier hatte sie jedoch grundlegende Differenzen mit der Hausfrau und Mutter über Prinzipien in der Kindererziehung. Danach machte sich Carla nach Amerika auf.

---

17 Karin Ehrich, Städtische Lehrerinnenausbildung in Preußen. Eine Studie zu Entwicklung, Struktur und Funktionen am Beispiel der Lehrerinnen-Bildungsanstalt Hannover 1856–1926, Frankfurt a. M. 1995, S. 55. Ich danke K. Ehrich dafür, daß sie mir vielfältiges Material über Carla Wenckebach zur Verfügung gestellt hat.

The old passionate Wanderlust that had gnawed at her peace all through the last
months, was upon her so intensely that any sort of motion was welcome and the
voyage was one prolonged delicious sensation to her, from the day she left Bremen (August 3, 1879) to the morning when, after a ‚quick‘ trip of fourteen days,
the ‚Neckar‘ entered the ‚wonderfully beautiful‘ New York harbor.[18]

Zunächst trat sie wieder eine Stellung als private Erzieherin in einer
amerikanischen Familie an. Hier mußte sie zwar hart arbeiten und viele
Stunden unterrichten, sie wußte aber auch den Respekt und den Anstand
zu schätzen, den man ihr entgegenbrachte. Mit Begeisterung wandte sie
sich dem neuen Land zu, genoß die Freiheiten, die es einer unabhängigen, alleinstehenden Frau zu bieten hatte. Eine kurze Zeit versuchte sie
auch sich selbständig zu machen. Sie gründete eine private Lehranstalt,
der durch eine private Agentur Schüler(innen) vermittelt werden sollte.
Daneben schrieb sie Artikel für die „New Yorker Staatszeitung“. 1883
wurde sie von Alice Freeman, Präsidentin des Wellesley College in
Massachusets aufgefordert, dem Germanischen Seminar dieser reinen
Frauenuniversität beizutreten und Deutsch zu unterrichten.[19] Dieser
Kontakt war aufgrund der weiterhin freundlichen Beziehungen zu ihrem ersten New Yorker Arbeitgeber zustande gekommen.

In Wellesley hatte sie nun endlich ihren Platz und ihre Aufgabe im
Leben gefunden, und aus dem vorübergehenden Aufenthalt im Ausland
war Auswanderung geworden. Sie baute eine renommierte Germani-
stik-Abteilung auf und erwarb sich als Lehrerin und Pädagogin eine her-
vorragende Reputation. Da sie wenig Interesse daran hatte, Bibelstun-
den zu geben und Andachten abzuhalten, wandelte sie diese Einrichtung
in eine Vorlesung zu Fragen der Pädagogik um und veröffentlichte eine
Reihe von Textbüchern zu diesem Thema. Darüber hinaus verstrickte
sie sich in intensive Beziehungen zu ihren weiblichen Kolleginnen. Sie
starb 1902 im Alter von 48 Jahren, nachdem sie zu viel gelebt und gearbeitet hatte und – nach Angaben ihrer Freundin, Kollegin und Biogra-
phin – dickköpfig jeglichen Rat der Ärzte und Freundinnen zurückge-
wiesen hatte.[20]

Wie sah nun Carla Wenckebachs Vorstellung von Arbeit aus? Sicherlich betrachtete sie „Arbeit“ nicht als eine Interimsperiode in ihrem

---

18 Margarete Müller, Carla Wenckebach, Pioneer, Boston/London 1913, S. 188.
19 Patricia Ann Palmieri, In Adamless Eden. The Community of Women Faculty at
    Wellesly, London 1995, S. 41.
20 Müller (wie Anm. 18), S. 283.

Leben. Es ist davon auszugehen, daß Heirat und Ehe für sie nicht in
Betracht kamen. In Hannover hatte sie mehrere Anträge ausgeschlagen,
aller Wahrscheinlichkeit nach zog sie „romantische Beziehungen" zu
Frauen vor. Die Vorstellung „nicht-zu-arbeiten" bzw. ohne Arbeit zu sein
gab es für sie nicht. Sie hatte ein durch und durch professionelles Verhältnis zu ihrer Arbeit und beteiligte sich auch an der Weiterentwick-
lung der Frauenbildung und des Mädchenschulwesens. 1891 nahm sie,
während eines Aufenthaltes in Deutschland, an der ersten Generalver-
sammlung des Allgemeinen deutschen Lehrerinnenvereins teil und wurde dort als eine Kollegin begrüßt, „die in fremden Landen auf solchen
neuen Bahnen schon ein Stück Weges zurückgelegt hat." Helene Lange
widmete ihr einen Nachruf.[21]

Aber Carla W. hatte nicht nur die akademische Arbeit im Blick. Sie
wies auch die Vorurteile zurück, die ihrer Meinung nach viele deutsche
Frauen gegen „niedere" oder körperlich schwere Arbeit hatten. So gab
sie bürgerlichen und gebildeten Einwanderinnen den Rat, Dienstbotin-
nenarbeit durchaus anzunehmen, vor allem um Erfahrungen zu sammeln. Denn im Gegensatz zu Europa, so argumentierte sie, waren die
sozialen Strukturen in Amerika flexibler, wurde frau durch eine solche
Position nicht für das Leben festgelegt. Hatten die Einwanderinnen erst
einmal korrektes Englisch gelernt und standen sie der neuen Umgebung
offen gegenüber, gab es ihrer Meinung nach keine Hindernisse für den
sozialen Aufstieg. Darum warnte sie die jungen Frauen auch davor, eine
potentielle Karriere für eine frühe Heirat aufzugeben:

> Das eingewanderte Mädchen hüte sich, die möglichen Chancen der gewählten
> Karriere durch die Hoffnung auf baldige Verheirathung zu beeinträchtigen. Es
> ist eine erfreuliche Tatsache, daß die Möglichkeit, sich zu verheirathen für das
> Mädchen in den Ver. Staaten eine größere ist als in Deutschland. […] Diese im
> stillen Herzen genährte Hoffnung lähmt die Energie der Frau und macht die Ar-
> beit minderwerthig. Hierzulande, wo die Gleichberechtigung der Geschlechter
> auf manchem Gebiet anerkannt, wo der Konkurrenzkampf in voller Wuth ent-
> brannt ist, müssen die Frauen das Äußerste bieten, um im wahren und nicht im
> romantischen Sinne ebenbürtige Mitarbeiterinnen des Mannes zu werden.[22]

---

21 Helene Lange, Professor Carla Wenckebach, in: Die Frau Bd. 11 (1903/04), S.
    232.
22 Karla Wenckebach (sic), Erwerbsmöglichkeiten für deutsche Frauen in Ameri-
    ka, Frauen-Zeitung in der Chicagoer Freien Presse, 8. Mai 1894.

Für Carla Wenckebach war es nicht nur der finanzielle Aspekt, der sie zwang, einer Erwerbstätigkeit nachzugehen, obwohl sie durch ihr eigenes Einkommen immer ihre Familie im Emsland unterstützen konnte. Das war besonders notwendig geworden, als der verwöhnte Sohn, Bruder, Erbe einen großen Teil des Familienvermögens durch einen aufwendigen Lebensstil durchgebracht hatte. Carla sorgte für die kleinen und nicht so kleinen Extras für ihre Geschwister. Trotz der Geldknappheit hätte sie ohne weiteres relativ sorglos und bequem auf dem elterlichen Gut leben können. Es war jedoch ihr Wunsch zu unterrichten, eine gute und erfolgreiche Lehrerin zu sein. Dieses erweiterte Konzept von Arbeit/Beruf/Berufung, das in der Regel Männern zugeschrieben wurde, bestimmte ihr ganzes Leben.

Clara Michaelis, ebenfalls eine bürgerliche Frau, leistete einen weiteren, speziellen Beitrag zum Diskurs über Arbeit in der deutschamerikanischen „community". Sie war die Ehefrau des bekannten Herausgebers der „Chicagoer Freien Presse", Richard Michaelis. Fünf Jahre lang gab sie ihre eigene Frauenzeitung heraus. Sie erschien als Sonntagsbeilage der „Freien Presse". In ihrer Zeitung argumentierte sie mit Nachdruck für den volkswirtschaftlichen Wert der Hausarbeit und forderte ihre Anerkennung. Auch hatte sie sehr klare Vorstellungen von der großen Verantwortung einer guten Haus-Vorsteherin und Managerin:

> Sind sich denn die Frauen bewußt, welche große Rolle sie im Staatshaushalt spielen, wenn sie ihre Möbel putzen, ihre Wäsche ausbessern, kräftige einfache Nahrung für die Familie bereiten. [...] Wissen sie, welche große Aufgabe sie dem Gemeinwesen gegenüber erfüllen.[23]

Sie kann ohne weiteres als Vorläuferin der „Lohn für Hausarbeit"-Debatte betrachtet werden, die in der neuen Frauenbewegung lange Zeit eine wichtige Rolle gespielt hat. Sie betrachtete ihren Job ebenfalls unter den Aspekten von Qualität, Können und Fertigkeiten, und sie hätte sich nie als „nicht-arbeitend" wahrgenommen. Auch für sie war Arbeit nicht eine vorübergehende Phase im Lebenslauf.

Das Konzept von Arbeit, das sich im diskursiven Raum der Frauen in der deutsch-amerikanischen „community" entwickelte, bricht die engen, durch die Geschlechterrollen geprägten Vorstellungen von Arbeit auf, die die „working daughter" oder die „young immigrant working woman" konstruierten. Ihr Verständnis von Arbeit ließ sich nicht auf

---

23 Frauen-Zeitung in der Chicagoer Freien Presse, 28.2.1897.

eine spezifische Phase im Lebenslauf reduzieren, vielmehr war es ein integrierter Aspekt ihres Lebens und Bestandteil ihres Verständnisses von Frau-Sein in der Gesellschaft. Ihr Arbeitsbegriff entwickelte sich und wuchs mit ihnen im Kontext ihrer Lebensperspektive. Er beinhaltete: Respekt vor einem guten Arbeitsergebnis, Anerkennung des prinzipiellen Wertes von Arbeit, Arbeit zur Unterstützung der Familie, Arbeit als Vehikel für Aufwärtsmobilität, Arbeit als Mittel im Amerikanisierungsprozeß. Alle diese unterschiedlichen Elemente des Arbeitsbegriffes waren immer vorhanden, wurden jedoch zu verschiedenen Zwecken heraufbeschworen, etwa um eine Erwerbstätigkeit zu suchen, die Arbeitskraft der Familie zu reproduzieren und einen Haushalt zu organisieren, um eine Wohltätigkeitseinrichtung aufzubauen; manchmal wurde auch die Karriere zum alleinigen Lebensmittelpunkt. Indem wir den arbeitenden Frauen zuhören und sie als Agentinnen ihres eigenen Lebens betrachten, können wir erkennen, welche große Bedeutung Arbeit darin hatte. Das kann zu einem komplexeren Verständnis des Arbeitsbegriffes der Frauen führen und trägt uns über die Dichotomie Gleichheit versus Differenz hinaus. Es könnte uns auch zur geschlechtsspezifischen Analyse und damit zu einem besseren Verständnis der Beziehungen zwischen sozialer und ökonomischer Entwicklung führen.

Autorinnen und Autoren

Dr. Renate Dürr (Historikerin), Frankfurt/Stuttgart.

Dr. Barbro Eberan (Journalistin), Hamburg.

Sabine Geldsetzer M.A. (Historikerin), Bochum.

Dr. Christiane Harzig (Historikerin), Bremen.

HD Dr. Marita Krauss (Historikerin), Bremen/München.

Dr. Peter Maidl (Historiker), Augsburg.

Rita Müller M.A. (Historikerin), Mannheim.

PD Dr. Sibylle Quack (Historikerin), Berlin.

PD Dr. Sylvia Schraut (Historikerin), Tübingen/Mannheim.

Prof. Dr. Holger Sonnabend (Historiker), Stuttgart.

PD Dr. Beate Wagner-Hasel (Historikerin), Darmstadt.

Dr. Hatice Yurtdas (Ethnologin), Köln.

STUTTGARTER BEITRÄGE
ZUR HISTORISCHEN MIGRATIONSFORSCHUNG
Herausgegeben vom Stuttgarter Arbeitskreis Historische Migrationsforschung e.V.

2. **Andreas Gestrich / Gerhard Hirsch-feld / Holger Sonnabend,** Hrsg.: **Ausweisung und Deportation.** For-men der Zwangsmigration in der Geschichte. 1995. 167 S., kt.
6662-4

3. **Mathias Beer / Martin Kintzinger / Marita Krauss,** Hrsg.: **Migration und Integration.** Aufnahme und Eingliederung im historischen Wan-del. 1997. 168 S., kt. 7190-3

4. **Andreas Gestrich / Marita Krauss,** Hrsg.: **Migration und Grenze.** 1998. 167 S., kt. 7224-1

5. **Marita Krauss/Holger Sonnabend,** Hrsg.: **Frauen und Migration.** 2001. 190 S., kt. 7815-0

(Band 1: Lit-Verlag, Münster/Hamburg)

FRANZ STEINER VERLAG STUTTGART
ISSN 0947-5834